즐거움으로 읽고 은혜 받고 다시 읽는

평신도 주기도문

즐거움으로 읽고 은혜 받고 다시 읽는

평신도 주기도문

One plus One
Jou pluse Grace

엘맨
하나님의 사람을 만들어 가는 ELMAN

머리말

주 예수 그리스도의 존귀하신 이름으로 문안드립니다.

기도에 대한 좋은 경건서적이 많이 나왔는데 제가 또 발간할 필요가 있을까 하는 망설임이 있었습니다.

그러나 혹 교회의 99%이상을 차지하고 있는 평신도들이 부담없이 읽고 은혜 받을 수 있는 책이 필요하다면 하는 생각에 결단을 내렸습니다.

기도는 그 무엇이 아니라 우리 하나님 자녀들의 모든 것이요, 생사를 좌우하는 경건입니다. 기도를 통하여 얻은 것만이 하나님이 주신 최상의 것임을 알고 살아가는 하나님의 자녀가 되어야 합니다. 그러므로 예수님께서는 친히 사랑하는 제자들에게 기도의 모범을 가르쳐 주심으로 기도에 대한 진리를 아는데 그치지 않고, 기도의 세계로 나아가도록 하셨습니다. 이런 의미에서 이 책이 성도님들의 중요한 기도생활에 작은 이정표, 나침반이 되었으면 하는 소박한 마음을 담아 드립니다.

이 책을 발간하며 먼저는 하나님께 큰 영광을 돌립니다. 또한 부모님께 감사드립니다. 물론 참 좋으신 우리 교회 교역자들, 장로님들, 그리고 진심으로 사랑하는 성도들에게도 같은 마음을 전합니다.

특히, 나의 사랑하는 아내와 아들, 딸에게 고마움을 전해야 할 것은 저를 교회와 교인들에게 빼앗긴 것 같은 마음을 애써 감추며 격려와 기도로 함께해 주었기 때문입니다.

마지막으로, 이 책을 발간하는데 크게 동역하신 엘맨출판사 사장님과 직원들에게 감사의 뜻을 전하며 이 책을 읽는 모든 분들께 하나님의 축복이 있으시길 기원합니다.

샬롬!

지은이 **이 건 영 목 사**

CONTENTS

제 1 부

기도에 대한 이해

기도의 정의

1장 기도의 정의

기도의 정의는 여러 가지가 있을 수 있습니다. 그 중, 저의 마음에 감동으로 다가온 정의는 '예수님에 대한 뜨거운 사랑의 원천'이었습니다. 그 누군가를 뜨겁게 사랑하게 되면 어떤 현상이 일어납니까? 그분에 대한 전폭적인 신뢰감이 생기게 됩니다. 그리고 그를 의지하고 싶은 마음이 들게 될 것입니다. 다른 이들이 볼 때에는 위험할 정도로 말입니다.

성도님은 예수님을 진정으로 사랑하는 그리스도인이십니까? 그렇다면 주님을 의지하고 싶은 마음이 당연히 들게 될 것입니다. 그리고 결국 그분에 대한 전폭적인 신뢰감이 기도로 연결될 것입니다. 이런 믿음의 모습은 결코, 그 누구의 강요로 인하여 이루어지는 것이 아닙니다. 자동문에 가까이 가면 문이 자동으로 열리듯이, 주님을 진심으로 사랑하고 그분 곁에 가까이 가고 싶다면 기도의 문은 자연적으로 열리게 되어 있습니다.

'내 구주 예수를 더욱 사랑' 하고 싶습니까? 그러면, 자연히 다음의 찬송가 가사가 신앙고백이 될 것입니다. "엎드려 비는 말 들으소서 내 진정 소원은 내 구주 예수를 더욱 사랑"(새찬송가 314장). 애인을 향한 사랑의 마음이 깊어지고, 넓어지게 되면 그와 함께 있는 시간이 더욱 많아지는 것이 자연스럽듯이, 진정으로 예수님을 사랑하게 되면 그분과 함께 있는 시간들이 자연적으로 많아지게 될 것입니다.

즉 성경을 보는 시간, 말씀을 듣는 시간, 찬송을 부르는 시간, 특히 기도하는 시간이 더욱 많아지게 됩니다. 왜냐하면 그 경건의 시간들은 주님을 더욱 사랑하는 증거이기 때문입니다. 또한 조금이라도 주님과 더 교제하고 싶기 때문입니다. 이는 결국 주님의 우리를 향한 사랑과 은총으로 연결되게 됩니다.

그러나 주님을 향한 뜨거운 사랑의 표현인 기도생활 없이 기도하는 척하며 교회생활하는 것만큼 힘들고 괴로운 일은 없을 것입니다. 저는 먼저는 하나님의 은혜요, 다음으로는 섬기는 교회의 사랑으로 찬양테이프를 제8집까지 제작하게 되었습니다. 어느날 기독교 계통의 서점에 갔었습니다. 경배와 찬양테이프를 판매하는 곳에 중년, 장년, 그리고 노년을 위한 찬양테이프가 너무나 적은 것을 보았습니다. 아니 거의 없다고 해도 과언이 아닐 정도였습니다. 그 많은 청소년들을 위한 테이프에 비교해 볼 때 말입니다.

그것을 안타깝게 여기고 있던 저에게 하나님께서는 장년을 위한 찬양테이프 사역을 감당할 수 있는 기회를 주셨습니다. 목사인 제가 돈이 없는 것을 주님께서 아시고, 교회가 그 많은 제작비를 매년 협력해 주시므로 사명을 가지고 제작을 시작한 지 벌써 7년이 지나고 있습니다. 그런데 제4집을 녹음할 때(2000년 11월)였습니다.

"내 기도하는 그 시간 그 때가 가장 즐겁다"(새찬송가 364장)라는 찬송을 녹음하는 순간이었습니다. 정말로 진땀을 뺐습니다. 처음 뿐 아니라, 고음 처리도 다른 찬송가에 비하여 이렇게 안 될 수가 없었습니다. 정말 제가 듣기에도 낙심이 될 정도였으니까요. 너무나 힘이 들어 잠시 휴식을 취하면서 녹음실 밖에서 저의 찬양테이프 전 제작 과정을 책임지고 있었던 임임택 장로님 내외분과 아내에게 이렇게 고백했습니다.

"다른 곡에 비하여 참으로 힘이 들고, 무엇인가 꽉 막혀 있는 느낌이네요. 그 이유를 조용히 생각해 보니 이번 주간 바쁘다는 핑계로 새벽기도와 개인 기도시간을 많이 갖지 못한 결과인 것 같아요. 교인들보다 기도하는 시간을 많이 가지지 못하였으면서 내 기도하는 그 시간 그 때가 가장 기쁘다 라고 하니 성령님께서 너무나 어이가 없으신 모양입니다." 라고 말입니다.

예수님을 진정으로 사랑하기에 우선적으로 기도하는 경건에 들어가야 합니다. 모든 계획과 선택, 그리고 시간 배정의 우선순위를 기도하는 시간으로 정하는 결단을 보여야 할 때입니다. 그래서 때로는 기도시간에 주님께서 다함이 없는 사랑의 눈길로 자신을 바라보시는 영적 체험이 있으시기를 소원합니다. 이런 아름다운 관계가 늘 지속되며, 동시에 상승곡선을 타는 여생이 되어지기를 원합니다.

표준적인 기도

2장 표준적인 기도

「고구마 전도왕」이라는 책의 저자인 김기동 집사님 가정에서 일어났던 이야기입니다. 그동안 살던 집에서 이사할 수밖에 없어서 집을 찾고 있었는데, 귀신이 나오는 집이라고 소문난 아파트가 마침 자신이 가지고 있는 돈의 액수와 적당히 맞기에 계약을 하였다는 것입니다.

사람이 끊임없이 죽어 나가거나 투신자살하는 아파트였기에 값이 매우 싼 편이었으며, 그 집주인은 계약을 해준 김 집사님께 도리어 감사하다는 인사까지 하였습니다. 그 아파트의 위치는 경기도 어디에 있는 ○○아파트 ○○○동 ○○○호였습니다. 드디어 그 집으로 이사한 그 날 밤, 화장실에 가서 볼일을 보고 나오는데, 갑자기 김 집사님의 뒷머리가 쭈뼛하고 서는 듯 하더니 공포감을 느끼기 시작하였습니다.

총총걸음으로 겨우 안방에 들어와 보니 믿음이 좋은 아내는 곤히 잠을 자고 있었고, 그 모습을 보니 '한 집안에 지옥과 천국이 같이 있구나!' 하는 생각에 아내를 흔들어 깨웠다는 것입니다. 그리고 "여보, 내가 기분이 영 안 좋으니 우리 거실로 나가서 손잡고 같이 기도합시다!"라고 제의를 하고 같이 기도하기 시작하였습니다.

김 집사님도 그동안 교회를 다니며 들은 풍월이 있어 이렇게 기도하였다는 것입니다. "내가 예수의 이름으로 명하노니 마귀, 귀신, 사탄아 물러가라, 무울러 가아라아!" 몇 번 그렇게 외치고 있는데 희미하게 들려오는 소리가 있더라는 것입니다. 그 기분 나쁜 소리의 내용은 이런 것이었습니다. "그만 해…"

얼마나 소름이 끼치겠습니까? 그 집사님은 아내의 손을 더욱 힘차게 잡고 다시 기도하였습니다. "내가 다시 예수의 이름으로 명하노니 사탄아, 물러가라!" "그만 해!" "물러가라" "그만 해!" 대개 사람이 겁이 나면 목소리가 더욱 커지지 않습니까? 그래서 "물러카라아…!"라고 고함을 쳤더니 "고만 해요오…!"라고 역시 큰 소리로 대답을 하더라는 것입니다.

이상한 생각에 혹시나 해서 눈을 떠보니, 손을 붙잡고 기도하던 아내가 고통스러운 표정으로 "그만 해요!"라고 하더라는 것입니다. 남편 김 집사님이 아내의 손을 얼마나 세게 잡고 기도하였으면 손에 쥐가 나서 "그만 해…" "그만 해요!"라고 호소를 하였겠습니까? 서로 웃음을 참다가 다시 기도하기도 쑥스러워 그냥 침실로 돌아가고 말았다는 이야기를 들었습니다.

성도님들은 사탄, 즉 악한 영들에 대하여 어떤 신앙자세를 가지고 계십니까? 성도들은 악한 영을 무시해 버려서도 안되고, 반대로 지나친 과민반응을 보이는 것도 정상적인 신앙생활에 유익하지 않습니다.

성도님들께서는 사탄은 결코 하나님과 경쟁자가 될 수 없음을 인식해야 합니다. 다만 하나님의 권세 아래, 제한된 공간과 기간 내에서 활동하고 있는 존재임을 인식하며 대항해야 합니다(욥 1:12). 특히 성경은 "너희는 믿음을 굳게 하여 그(마귀)를 대적하라"(벧전 5:9)고 명령하고 있습니다.

즉 타협이나 야합을 피하고 정면으로 대적해야 합니다. 특히 세상권세, 마귀권세, 그리고 사망권세를 이기신 우리의 대장 되시는 예수님의 이름을 의지하여 기도하며, 찬송하고, 말씀을 선포하는 일에 권위가 있는 성도가 바로 악한 영을 대적하는 방법을 제대로 아는 성도일 것입니다. 이 말씀은 뒤집어 생각해 보면 어떤 결론이 나올까요? 사탄, 마귀가 제일 싫어하는 사람은 바로 예수님의 이름으로 기도하며, 또한 그의 보혈의 공로를 의지하여 세상을 살아가는 사람이라는 것입니다.

그러므로 그 악한 영은 성도들에게 기도만은 못하게 만들고 있습니다. "네가 예배를 드리는 것, 교회에 봉사하는 것, 성도들과 친교를 즐겁게 나누는 것은 내가 다 눈감아 주겠어!"라고 속삭입니다. 그러나 단 한 가지, 기도만은 하지 말라는 것입니다. 그러나 그럼에도 불구하고 기도하는 분들이 있지 않겠습니까? 그런 성도에게 그 영이 악하게 도전하는 방법이 있으니 기도를 하게 하되, 그 기도를 성경적인 원칙에 의거하여 드리지 못하게 하는 것입니다.

즉 중언부언케 합니다. 외식적으로 하게 합니다. 형식적인 기도로 이끌어 갑니다. 그리고 기도하는 도중에 시험들게 만듭니다. 그래서 "본 교회 중심의 기도보다, 어디 더 화끈한 곳이 없나?"하고 기웃거리게 만듭니다. 그래서 결국 "이거, 기도 좀 한다는 교인이 더 교회를 어지럽히는구먼!"하는 말을 듣는 교인으로 만들어 갑니다.

그러므로 무엇이든 원칙이 중요하듯이, 기도에도 표준적인 기도가 필요합니다. 그리고 그 표준적인 기도에 대한 지식이 중요합니다. 그것의 중요함을 아셨던 우리 예수님께서 12제자들에게 "너희는 이렇게 기도하라"(마 6:9)며 주기도를 가르쳐 주셨습니다.

우리나라가 원칙이 존중받는 나라가 될 때 많은 문제들이 해결될 것이듯이, 우리 교회와 성도님들이 기도의 원칙을 존중하며 기도할 때 그동안 혹 보류되었던 기도응답이 있을 것입니다. 깨달음과 기쁨, 그리고 확신 있는 기도가 주님의 이름으로 바쳐질 것입니다. 이같은 기도사역으로 인하여 생활 속에 두려움이 사라지고 담대함이 늘 충만하시기를 진심으로 축원합니다.

제 2 부

주기도 강해

주기도의
기본적인 내용들

3장 주기도의 기본적인 내용들

주 기도는 다음과 같은 내용으로 골격이 구성되어 있습니다. '경배, 간구, 송영'이 바로 그것입니다. 주님께서 가르쳐 주신 주기도의 시작 부분인 '경배'에서는 하나님을 향한 찬송의 내용이 담겨져 있습니다. 그 다음으로는 '간구' 부분인데 7가지 간구의 내용으로 구성되어 있습니다. 그리고 마지막 부분은 '송영'인데 그것은 기도를 들어주시고, 또한 주실 하나님을 향한 감사의 마음이 담겨져 있습니다.

이런 주기도를 배우며 암송할 때 조심해야 할 것이 있습니다. 그것은 주기도 자체에 어떤 신비하고 주술적인 능력이 있는 것으로 착각하고 미신적으로 외우는 것입니다. 마치 염불을 외우거나 주문을 중얼거리면서 외우듯이 하면 안 됩니다. 왜냐하면 우리 예수님께서 중언부언하는 기도(마 6:7)를 금하셨기 때문입니다. 주기도를 유창

하게 외운다고 좋은 것은 아닙니다. 다만 그 내용을 믿음으로 인정하며, 동시에 자신의 하나님을 향한 신앙고백으로 여기며 외우는 것이 중요합니다.

그러기 위해서는 할 수 있거든 빨리 암송하는 것을 금해야 합니다. 그것은 발음을 빨리 하지 못하시는 연세 많은 분들을 위한 예의이기도 하지만, 궁극적으로는 그 내용을 깊이 묵상치 않고 형식적인 주문처럼 끝낼 수 있기 때문입니다. 아래의 글은 우리 교회 인터넷 게시판에 올려졌던 권오용 집사님의 글과 그 글을 읽고 답신을 보낸 정선 간사님의 글을 발췌한 것입니다. 주기도 경건에 유익이 될 것 같아 소개해 드립니다.

"주기도문은 주님이 가르쳐 주신 기도의 모범이자, 완성입니다. 우리는 집회를 마치면서 주기도문을 암송할 때가 종종 있는데, 이것은 회중을 대표하여 한 분이 기도하거나, 각자 통성 또는 묵상으로 하는 기도를 대신하는 기도로 이해하고 있습니다.

그런데 많은 경우, 주기도문을 너무 빠른 속도로 암송함으로써 주기도문의 내용을 자신의 기도로써 마음에 새기고 하나님께 드리기도 전에 암송이 끝나 안타까울 때가 많았습니다.

이상이 저의 생각인데 다른 분들은 어떻게 생각하시는지... 오늘은 전형적인 가을 날씨로 너무 맑아 상쾌합니다. 샬롬."(권오용 집사).

〈답신〉

"집사님의 말씀에 깊이 공감되네요.

요즘 성도님들이 주기도문을 마치 주문처럼 외우고 있는 것이 아닐까 염려하시던 어느 목사님의 말씀이 떠오릅니다. 어떤 때는 습관적으로, 타성에 젖어 입술로만 기도문을 외우고 있을 때가 저도 얼마나 많은지 부끄럽습니다.

'이름이 거룩히 여김을 받으시오며' 하면서 참으로 제가 얼마나 그분의 거룩함을 훼손치 않고 살았는지 생각하기도 하고, '우리가 우리에게 죄 지은 자를 사하여 준것 같이' 하면서 내가 아직도 맘 한구석에서 용서 못하고 있는 그 친구를 떠올리면서 회개하기도 하고… 그럴 적도 있지만, 비율로 따지자면 그렇지 못할 때에 비해 형편없이 기울어지지요.

집사님의 의견에 공감하는 건 그래서입니다. 그래도 차분하게, 느린 속도로 기도할 땐 주기도문의 단어들이 혀끝에서 머릿속으로, 그리고 다시 가슴으로 긴 여운이 남거든요.

주기도문은 결코 학창시절의 수업 끝 종처럼 예배순서 마지막을 마감하는 주문이 아니라, 그 어느 기도보다도 아름답고 소중한 기도문인 것 같아요. 무엇보다도 예수님께서 친히(!), 친히 가르쳐 주셨다는 사실, 얼마나 완벽한 기도문인지요.

너무 두서 없고 긴 얘기였죠?" (정선 간사).

우리 예수님께서 직접 제자들에게 가르치셨던 주기도, 초대교회 및 중세교회에서도 매우 중요한 경건으로 여겨졌던 주기도, 그리고 현대교회의 예배에서도 큰 비중을 차지하고 있는 주기도를 제대로 선용해야 합니다. 주문이 아니라 기도로 선용해야 합니다. 그러기 위해서는 너무 빨리 외워버리는 습관을 버려야 합니다. 혹 가족 중, 또는 구역과 전도회원 중 독주하듯이 급히 암송하는 분이 계시거든 조심스럽게 권면해야 할 것입니다. 왜냐하면 교회생활하면서 하나님 때문에 시험 드는 분은 그리 많지 않습니다. 대개 다른 교인들을 통하여 시험에 들거나 낙담케 됩니다. 그것도 자주 만나며 친교를 나누던 분들을 통하여 말입니다.

그러므로 빨리 암송하는 것보다는 좀더 큰 소리로 천천히 암송하는 것이 유익할 것입니다. 그래도 계속 그 습관이 고쳐지지 않으면 적당한 시기와 장소에서 일대일로 이런 말씀을 주시면 유익할 것입니다. "담임 목사님이 그러시는데 주기도문은 천천히 암송하며 그 뜻을 묵상하고 그 내용을 자신의 기도제목처럼 드리는 것이 유익하다고 하시네요!"라고 말입니다. 물론 표정관리를 잘 하시면서 말입니다. 이 주기도는 마치 되새김질 하듯이 천천히, 그리고 그 뜻을 믿음으로 묵상하며 드리는 좋은 경건이 나와 우리에게 필요합니다.

| 4 장 |

기도의 대상

* 하늘에 계신 우리 아버지여

●
●
●

4장 기도의 대상

* 하늘에 계신 우리 아버지여

이 기도 내용은 두 가지로 그 내용을 분류할 수 있습니다. 첫째는 '우리는 과연 어느 분에게 기도를 드려야 하는가?', 그리고 둘째는 '기도드려야 할 대상과 기도드리는 사람과의 관계'를 강조하고 있습니다. 좀더 자세히 주님의 음성을 듣고자 합니다.

1. 기도를 드려야 할 대상

"하늘에 계신 우리 아버지 하나님"입니다. 그러면 '하늘에 계시다'란 의미는 무엇입니까? '그 하늘들 안에 계신'이란 말씀입니다. 즉 하나님이 거하시는 곳이 하늘에 지정된 어느 특정 공간이라는 의미는 아닙니다. 왜냐하면 우리 하나님은 무소부재하신 분이시기 때문입니다(왕상

8:27). 다만 하나님은 만물의 창조자요, 그 만물과 인간을 다스리는 분임을 강조하는 것입니다. 그리고 그분의 권위와 능력을 강조하는 표현이 바로 "하늘에 계시는"이란 기도내용을 가리키는 것입니다.

그러므로 우리들이 기도드리는 대상으로서의 하나님이 '세상 모든 것의 유일하신 주인'이심을 믿음으로 인정하며 기도하면, 놀라운 기도내용의 변화가 있게 될 것입니다. 그 변화는 몇 가지로 나타날 수 있는데, 그 중 세 가지만 살펴보고자 합니다.

▲ 하나님을 경외하는 자세로 기도하게 됩니다.

그 이유는 하나님은 만물의 창조자요 통치자인 동시에 이 세상 모든 것의 주인이시기 때문입니다. 그러므로 경외하는 마음으로 기도해야 합니다. 즉 두렵고 떨리는 마음과 감히 내가 그분께 기도할 수 있다는 감사의 마음을 담아 기도해야 할 것입니다.

제 딸이 겨울방학을 맞이하여 아르바이트를 하겠다고 하여 허락을 하였습니다. 레스토랑에서 종업원으로 일하는 것이었습니다. 많은 학생들이 찾아 왔으나, 제 딸이 결정되었다는 것입니다.

그곳에 채용되지 못하였던 학생의 이야기를 들어보았습니다. 면접 시 주인이 "레스토랑에서 일해 본 경험이 있습니까?"라고 물었더니 어이가 없다는 표정으로 대답하기를 "그럼요, 이 레스토랑보다 더 큰 곳에서도 일했는데요, 여기는 정말 작은 곳이네요"라고 대답하였다는 것입니다.

물론 젊은이의 자유로운 표현력을 무시하는 것은 아닙니다. 그럼에도 불구하고 그 여학생에게는 주인을 향한 최소한의 예의가 없었던 것입니다. 그 레스토랑이 아무리 작아도, 주인에게는 생명과 같은 곳입니다. 자신의 모든 것을 바쳐서 운영하는 레스토랑입니다. 그런 위치와 권위를 인정하는 태도로 인해 우리 딸이 종업원으로 채용되었던 것입니다.

마찬가지입니다. 우리들의 기도 속에 기도의 대상이신 하나님을 향한 경외심이 가득해야 합니다.

만일 예수님이 말씀하신 그 바리새인처럼 "나는 다른 사람 곧 토색, 불의, 간음하는 자들과 같지 아니하고 지금 저기서 기도하고 있는 세리와도 같지 않습니다. 왜냐하면 저는 일주일에 두 번씩은 꼭 금식하기 때문입니다. 그리고 소득의 십일조를 틀림없이 드리는데, 저 세리는 드리는지 안 드리는지는 잘 모르겠으나 아마도 안 드릴 것이 분명합니다"(눅 18:11~12)라는 식으로 기도를 드린다면 그것은 하나님 앞에서 자기를 자랑하고 있는 것이지, 기도는 아닙니다. 이는 마치 자기를 인정하고 귀한 자리에 앉게 해주신 대통령 앞에서 자기도 자격이 되어 이 자리에 앉아있는 것이라며 자랑을 늘어놓는 것과 다를 바가 없을 것입니다.

그런 기도를 계속 하다가는 성경의 언약 중, "무릇 자기를 높이는 자는 낮아지리라"(눅 18:14)라는 말씀만 응답될 수도 있을 것입니다. 다만 세리의 기도 모습이 우리 성도들의 하늘에 계신 하나님을 향한 기도 모습이 되어야 합니다.

"세리는 멀리 서서 감히 눈을 들어 하늘을 우러러 보지도 못하고 다만 가슴을 치며 이르되 하나님이여 불쌍히 여기옵소서 나는 죄인이로소이다"(눅 18:13).

그렇습니다. "저는 감히 하나님을 아버지라고 부르며 기도할 수 있는 자격이 없는 사람입니다"라는 고백이 우리들의 기도 속에 있어야 합니다. 즉 회개기도가 자신의 기도 내용의 중심이 되는 기도자가 되어야 합니다. 그리고 감히 하나님 앞에 무엇을 간구하는 것이 무례한 것이나, 그저 이번만 기억해 달라는 겸손이 담겨져 있는 기도가 되어야 합니다.

물은 낮은 곳으로 흐르지 결코 높은 곳으로 흐르지 않기 때문입니다. 이런 기도자들에게 "무릇 자기를 낮추는 자는 높아지리라"(눅 18:14)는 말씀이 응답되는 은총을 누리게 될 것입니다.

▲ 하나님께서는 우리에게 응답치 못할 것이 없음을 인정하며 기
도해야 합니다.

"하늘에 계시다"란 의미는 '전지전능하시다'란 뜻입니다. 즉 모르
시는 것이 없으시고, 못 이루실 것이 없으신 하나님이시라는 것입니
다. 즉 인간들의 기도를 들으시고, 그 모든 사람들, 그들의 많은 기도
제목에 응답하지 못할 것이 하나도 없는, 한 분 뿐이신 하나님이심을
고백하며 기도해야 합니다.

때로는 기도하다가 잠시 스쳐 지나가는 생각에 '야, 이렇게 많은 성
도들이 기도하고 있는데 나 같은 자의 기도를 들으실까?' 또는 '아
니, 매일 새벽 기도하시는 장로님, 권사님들도 계시는데 나같이 겨우
금요일 밤에나 기도하는 교인의 기도까지 그분이 기억하실 수 있을
까?' 혹은 '이런 기도제목은 내가 생각하기에도 응답하시기에 벅차
실 것인데 이것을 가지고 계속 기도할 필요가 있을까?' 하는 생각이
드신 적은 없으신지요? 아마도 한 두 번씩은 있지 않았을까 합니다.

이것은 정말 쓸데없는 생각이요, 망상입니다. 하나님은 이 자리에
서 기도하고 있는 모든 성도들을 동시에 보실 수 있으며 또한 그 중,
나 한 사람을 정확히 보실 수 있는 하늘에 계신 분이십니다. 그리고
이 많은 성도들 중, 나 한 사람의 기도내용을 들으시며, 나 한 사람의
기도에 응답해 주실 수 있는 유일하신 참되 신, 한 분뿐인 하나님이시

라는 뜻이 바로 '전지전능' 하신 하나님이라는 표현입니다.

'어찌 그런 일을 행하실 수 있을까?' 라고 우리 인간들 편에서 그렇게 생각할 수 있습니다. 그러나 전지전능하신 하나님 편에서는 넉넉히, 그리고 충분히 그렇게 하실 수 있습니다. 그래서 그 진리를 깨달았던 신앙의 선진 욥은 하늘에 계신 하나님을 향해 이렇게 신앙고백을 하였습니다. "주께서는 못하실 일이 없사오며 무슨 계획이든지 못 이루실 것이 없는 줄 아오니 무지한 말로 이치를 가리는 자가 누구니이까 나는 스스로 깨닫지도 못한 일을 말하였고 스스로 알 수 없고 헤아리기도 어려운 일을 말하였나이다"(욥 42:2~3).

유치원을 다니고 있는 귀여운 딸이, 퇴근하여 집에 들어오는 아빠에게 다짜고짜 이렇게 물었습니다. "아빠, 나 오늘 에버랜드에 놀러 갔게, 안 갔게?" "갔지!" "어, 아빠 어떻게 알았어?"라며 딸은 신기한 표정으로 다시 물었습니다. "그럼, 아빠, 내가 엄마랑 그리고 친구 엄마 두 명이랑 친구 둘 하고 같이 갔게, 안 갔게?" "같이 갔지!" "우아! 우리 아빠는 천재다, 어떻게 6명이 갔다 온 것을 정확히 알 수 있었을까?"라며 존경하는 눈초리로 다시 물었습니다.

"그런데 아빠, 그 에버랜드에서 5월이 어린이 달이라고 어린이들에게 아기곰 인형을 선물로 주었게, 안 주었게?" "주었지!" 그러자 딸은 희한하다는 표정으로 다시 아빠에게 물었습니다. "아마 이건 아빠라도 못 맞출 거야. 그러면 그 인형이 검은색이게 아니게?" "검은색이지!"

그러자 그의 딸은 아빠를 아빠가 아니라, 경외하는 신을 보는 것처럼 쳐다보면서 마지막으로 이런 질문을 하였습니다. "그런데 아빠, 마지막으로 물어볼게. 에버랜드가 용인에 있게 다른 곳에 있게?" "용인에 있지!" "어, 어떻게 우리 아빠는 내가 물어 보는 것을 다 알 수 있을까?" 하며 그 어린 딸은 감격해서 눈물까지 흘렸다는 것입니다.

마찬가지입니다. 우리들이 생각할 때 신기하고 놀라운 일이며 불가능한 것 같아도 우리 하나님에게는 그리 어렵지 않은 것입니다. 마치 아빠에게는 그 딸의 질문에 대답하는 것이 너무나 간단하고 쉬운 것이듯 말입니다. 그러므로 기도세계에서 문제는 하나님이 아니라 바로 나 자신이요, 나의 믿음이 문제입니다. 지금 나의 기도를 들으시는 하나님은 전지전능하신 분이라는 믿음이 있느냐, 없느냐, 그것이 문제입니다. 그 믿음의 양과 질을 보시고 그 하늘에 계신 전지전능하신 하나님께서 응답의 때, 그리고 응답하실 방법을 결정하실 것입니다.

'울어도, 힘써도, 참아도 못할 것' 입니다. 그러나 믿으면 될 것입니다. 주 예수만 믿어서 그 은혜를 힘입고 오직 주께 나가면 영원 삶까지 응답을 받게 될 것입니다. 자신의 하나님을 향한 믿음을 키우며 기도하시기 원합니다. 하갈에게 임하신 하나님은 "나를 살피시는 하나님"(창 16:13)이셨습니다. 100세의 아브라함에게 임하신 하나님은 "전능한 하나님"(창 17:1)이셨습니다. 그 하나님이 나의 하나님이십니다. 그리고 우리들의 하나님이십니다. 우리의 모든 것을 감찰하시고 이루실 수 있는 전능하신 하나님께만 기도하는 은총을 누리시기를 원합니다.

▲ 주시는 기도 응답에 순종하겠다는 자세로 기도해야 합니다.

왜냐하면 하늘에 계신 아버지 하나님은 세상 모든 것과 사람을 창조하시고 지금도 다스리시는 주인이시기 때문입니다. 그 하나님께 우리들은 여러 가지를 간구할 수 있습니다. 그러나 그 응답이 어떠하든지 주인의 뜻과 방법에 순종하려는 자세로 간구해야 할 것입니다. 결코 주인되시는 하나님을 설득하려거나 혹은 협박하는 자세의 기도는 그분께서 기뻐하지 않으실 것입니다.

그러므로 우리가 무슨 기도를 드리든지 그 응답을 기다리는 자세는 오직 한 가지일 뿐입니다. 즉 "마리아가 가로되 주의 계집종이오니 말씀대로 내게 이루어지이다"(눅 1:38)라는 그분의 뜻대로 내게 이루어지기를 원하는 순종의 마음이 담긴 간구이어야 합니다.

어느 마을에 자기는 참으로 못된 아이라고 스스로 인정하는 아이가 있었습니다. 성탄절이 다가오며 많은 아이들이 예수님께 받을 선물 이야기들을 하자, 자기도 선물을 받고 싶었습니다. 그래서 엄마에게 이렇게 물어 보았습니다.

"엄마, 예수님은 어떤 아이에게 선물을 주실까? 궁금하네요." 그러자 그의 엄마는 미소를 머금으며 "물론 착하고, 거짓말하지 않고, 친구들과 싸우지 않는 아이에게 좋은 선물을 주지요"라고 대답해 주었습니다.

그래서 그 아이는 예수님께 선물을 받고 싶은 마음에 편지를 쓰기 시작하였습니다. 그러나 자기의 지난날을 생각해 볼 때 도무지 착한 일한 것이 기억나지 않았습니다. 도리어 거짓말도 많이 하였고, 친구들하고 싸우는데도 늘 앞장섰던 것만 기억이 나서 결국 편지 쓰기를 포기하고 말았습니다.

그러나 성탄절 후, 다른 친구들은 자기는 착하게 생활해서 예수님께 이런 저런 선물을 받았다고 자랑을 할 것인데, 그 때는 왕따가 될 것 같아 다시 편지를 쓰기 시작하였습니다. 지난날은 그렇게 나쁜 아이였으나 앞으로는 착한 아이가 되겠다는 내용으로 편지를 써내려 가던 이 아이에게 또 고민이 생겼습니다. 왜냐하면 앞으로도 자기가 착한 일을 하며, 친구들과 전혀 싸우지 않을 자신이 없었기 때문입니다.

결국 편지를 구겨서 쓰레기통에 던져 버리고 말았습니다. 그리고 고민하던 이 아이는 무슨 묘책이 생각났는지 야릇한 미소를 머금고 동네 성당으로 뛰어가는 것이 아닙니까? 한밤중에 아무도 없는 성당 마당에서 그 녀석은 작은 성모 마리아상을 훔쳤습니다. 그리고 의기

양양하여 다시 예수님께 편지를 쓰기 시작하였습니다.

"예수! 내 말을 잘 들어라. 절대 협박용이 아니다. 실제 상황이란 말이다. 지금 내가 네 어미를 인질로 잡고 있다. 네 어미를 살리고 싶거든 48시간 내에 선물을 보내도록 하라! 선물을 가져올 장소는 추후 연락하겠다. 이상!"

우리 성도님들 중에도 그 나쁜 아이처럼 '협박조 기도'를 하는 성도님들이 있지나 않을까 염려해 봅니다. "이번에 제 자녀를 원하는 대학에 합격시켜 주시지 않으면 당신이 살아 계시다는 것을 더 이상 믿지 않을 것입니다. 그리고 교회봉사를 당분간 쉴 것입니다." 또는 "이번 사업 계약을 좋은 조건으로 성사시켜 주시지 않는다면, 더 이상 십일조를 드리지 않을 작정입니다."

그런데 더한 협박조 기도자는 이런 분이십니다. "이번 교회 임직 투표 때 당선되지 않으면 하나님도 믿지 않을 것이고, 교회와 목사도 가만히 두지 않을 것이니 좌우간 알아서 하세요!"라고 큰소리로 기도하지 않으나, 마음으로 생각하는 성도님도 있지 않을까요?

우리들에게 기도의 표준을 가르쳐 주셨던 예수님은 이런 기도를 하셨습니다. "아버지여 만일 아버지의 뜻이거든 이 잔을 내게서 옮기시옵소서 그러나 내 원대로 마시옵고 아버지의 원대로 되기를 원하나이다"(눅 22:42). 우리들의 평생 영적 호흡인 기도생활은 경건 생활이요, 그 경건에는 훈련이 필요합니다.

계속해서 내 뜻 안에 주님의 뜻을 집어넣으려고 하지 말고, 오직 주님의 뜻이 자신의 뜻을 이끌어 가도록 훈련하는 지혜자들이 되어야 할 것입니다. 그런 성도님은 기도 후, 기도한 내용대로 좋은 일이 있으면 하나님께 감사하게 됩니다. 마음으로 감사, 몸으로 감사, 물질로 감사하게 될 것입니다. 그리고 "주께서 이를 행하셨으므로 내가 영원히 주께 감사하고 주의 이름이 선하시므로 주의 성도 앞에서 내가 주의 이름을 사모하리이다"(시 52:9)라는 시편 기자의 고백이 자신의 간증이 되는 생활이 될 것입니다.

분명한 것은 불평하는 성도님에게는 더 큰 불평이라는 불청객을 만날 확률이 많이 있습니다. 그러나 감사하는 성도님들에게는 더 큰 감사거리가 가정의 담을 넘어 올 것입니다. 또한 교회에서 맡겨진 그 봉사 사역과 가정 일을 겸하여 하기에 정신 없이 바빠 기도하지 못하였던 기도 제목까지 응답되는 역사를 체험하게 될 것입니다.

왜냐하면 우리 하나님은 헌금이나 헌신, 또는 정성을 다하는 마음으로 감사하는 성도를 가만히 두시지 못하시는 성품을 지니셨기 때문입니다. "우리 하나님이여 이제 우리가 주께 감사하오며 주의 영화로운 이름을 찬양하나이다"(대상 29:13). 이 말씀이 주제 말씀이 되어지는 이 계절이 되어지기를 소원합니다.

그러나 특별한 기도를 작정하고 드렸으나 자신의 기도 내용과 다른 현실을 보게 되더라도 그것도 기도 응답으로 여기는 믿음이 필요합니다. 그러므로 진심으로 기도하며 하나님 중심으로 살았는데 '이게 아닌데…?' 하는 결과가 나왔다면 이제는 그 현실을 하나님의 기도응답으로 여길 줄 아는 기도자가 되어야 합니다. 혹 그렇게 작정 기도까지 하였는데, 유산되었습니까? 그러면 유산된 것이 하나님의 기도 응답입니다. 혹 부도났습니까? 재수하게 되었습니까? 감옥에 가게 되었습니까? 하나님의 징벌, 시험이 아닙니다. 기도 응답입니다.

왜냐하면 우리의 기도를 지금까지 들으신 분이 정확하시며, 결코 실수하는 일이 없으신 하나님이시기 때문입니다. 그러므로 그분께서 주신 그 결과에 대하여 순종하십시오. 그리고 그 현실로 인하여 하나님과 더욱 가까워지시기 원합니다. 그러면 조만간 그런 결과를 주신 하나님의 뜻과 목적을 깨닫고 소리 높여 감사찬송을 하게 될 것입니다. 감사기도를 드리게 될 것입니다.

즉 유산된 것이 자신에게 도리어 복이었음을, 부도나게 된 것이나 물질을 잃어버리게 하신 것이 나의 건강을 지키시기 위한 하나님의 손길이었음을, 재수하게 된 것이 나를 통하여 구원받을 청년들을 벌써 그 학원에 보내셨기 때문입니다. 또 감옥에 가게 된 것이 그동안 텔레비전은 하루에 4~5시간 보면서도, 신문은 하루만 오지 않더라도 지국에 전화하기를 신속하게 하면서도, 하루에 성경은 단 1절도 읽지 않았던 나를 강제로 묶어놓아 성경 읽게 하시고 기도하게 하시려는 계획임을 깨닫고 '이 풍랑 인연하여 더 빨리 가겠다' 는 헌신을 하게 하기 위함임을 "할렐루야 아멘!"으로 고백하게 될 것입니다.

　이와 같이 기도 결과에 순종하는 자세가 철저한 분들은 결국 합력하여 선을 이루신 하나님을 조만간 만나 보시게 될 것입니다. 또한 그러한 기도 결과에 대한 우리들의 순종의 자세가 바로 맞춤양복같이, 하나님 마음에 딱 맞는 경건이 되어 전화위복의 은총을 포도송이처럼 받게 될 것입니다.

2. 하나님과 우리와의 관계

하나님과 우리와의 관계는 "우리 아버지여"라고 말씀해 주신 기도 내용 속에 그 해답이 담겨져 있습니다. "우리 아버지"라는 말씀 안에서 사향보다 더 짙고, 불란서 향수보다 더 향기로운 하나님의 사랑의 냄새가 풍겨나오는 것을 맡을 수 있습니다. 그 이유는 그 높으신 하나님께서 우리같이 하찮은 인생들의 아버지가 되시기 때문입니다. 우리들을 자식처럼, 아니 자식으로 인정해 주셨으니 말입니다.

그러면 우리들의 관계가 이미 그런 복된 관계가 된 것을 어떻게 알 수 있을까요? "성령이 친히 우리의 영과 더불어 우리가 하나님의 자녀인 것을 증언하시나니"(롬 8:16)라고 하셨으니, 성령님께서 우리가 하나님의 자녀된 것을 증거하십니다. 그런데 그 성령님께서는 하나님의 말씀과 함께 역사하십니다. 즉 성령님이 역사하실 때 말씀이 선포되며, 동시에 말씀이 선포될 때 성령님도 역사하시는 것이 사도행전의 흐름이요, 진리입니다.

그러므로 예수님의 은혜로 우리가 하나님의 자녀가 되었다는 말씀이 주의 사자들을 통하여 선포될 때 그 말씀이 믿어지고 감사하며 "그러면 나는 무엇으로 보답할꼬?"라고 고백하게 된다면, 그는 이미 성령님의 역사하심을 체험한 성도입니다. 그리고 이미 하나님의 자녀로 인치심을 받은 귀한 분입니다. 진심으로 하나님께 감사드려야 합니다.

그리고 "아, 하나님의 은혜로 이 쓸데없는 자 왜 구속하여 주는지 난 알 수 없도다 내가 믿고 또 의지함은 내 모든 형편 아시는 주님 늘 보호해 주실 것을 나는 확실히 아네"(새찬송가 310장)란 찬송 가사가 우리들의 아버지 하나님을 향한 평생의 사랑고백이 되어야 할 것입니다. 그리고 기도할 때마다, 이제 더욱 더 하나님을 아버지로 모신 자식으로서의 분명하고 마땅한 자세가 있어야 합니다. 이제 그 자세들을 살펴보며 은총을 사모하고자 합니다.

▲ "용서해 주세요!"

흑인들이 모여 살고 있는 미국의 할렘가에서 전도하시는 분이라면, 아마도 하나님을 "아버지"라 설명할 때에 부작용이 많이 있을 것입니다. 왜냐하면 그곳에서 성장하는 아이들의 대부분이 아버지에 대한 긍정적이며, 좋은 추억을 간직하고 있지 않기 때문입니다. 그러므로 그곳에서 하나님이 너의 아버지와 같은 분이라고 소개한다면 그런 하나님은 믿지 않겠다고 거절할 확률이 대단히 높을 것입니다.

그러나 정상적인 가정에서 자상하면서도 때로는 엄한 아버지의 사랑을 받고 자란 자녀라면 하나님을 아버지라고 표현할 때 이해가 훨씬 잘될 것입니다. 특히 내가 아버지의 입장에 서서 보아도 이해하기 어려우며, 용서하기 힘든 일을 행하였어도 "잘못했어요. 용서해 주세요!"라고 말씀드리면 결국에는 용서해 주시는 아버지를 떠올릴 수 있는 자식이라면 하나님 아버지를 넉넉히 이해하며 담대하게 '회개기도'를 드릴 수 있을 것입니다.

어느 날, 빌라도에게 끌려가 심문을 받으시던 예수님의 눈과 그 예수님을 세 번이나 부인, 저주하였던 베드로의 눈이 마주쳤습니다. 그 순간 베드로는 예수님을 향한 자신의 죄악상을 명백히 깨닫게 되었습니다. 그는 어찌할 바를 몰라, 그저 성문 밖으로 뛰어 나갔습니다. 그리고 통회 자복하기 시작하였습니다. 얼마나 울며 회개하였는지 알렉산드리아의 클레멘트는 그 순간의 베드로에 대하여 기술하기를, 그는 울며 회개하느라고 새벽닭 우는 소리를 듣지 못하였다고 하였습니다.

그 날, 베드로가 자신의 죄를 마음으로 깨닫고 눈물로 통회할 때 예수님은 방금 전의 배신자, 베드로를 회상하시며 심히 책망을 하셨습니까? "꼴도 보기 싫으니 내 곁에서 떠나가라!"고 소리를 치셨습니까? 혹은 쳐다볼 가치도 없는 인간이라는 표시로 베드로를 향하여 등을 돌리시며 냉담한 반응을 보이셨습니까?

결코 그렇게 대하지 않으셨습니다. 다만 회개하는 베드로의 마음과 모습을 보시고 동이 서에서 먼 것같이 그의 죄를 용서해 주셨을 뿐입니다. 마치 기억상실증에 걸리신 것같이 그의 죄를 더 이상 기억하지 않으셨습니다. 그리고 베드로와 주님과의 차디찬 빙산과 같은 관계에 은혜로운 해빙기가 찾아 왔습니다. 그것은 바로 오순절 역사를 통한 성령의 임재입니다. 베드로를 다시 복음과 하나님 나라 사역을 위한 큰 도구로 사용받게 하시는 아버지 하나님, 그분이 바로 우리들의 하나님이십니다. 아니, 나의 하나님이십니다.

그러므로 우리들이 회개하지 못할 무엇이 있겠습니까? 한때 실수하였던 삼손, 다윗, 도마 그리고 베드로도 용서를 받았는데, 왜 우리들이 용서받지 못하겠습니까? 그리스도의 이름과 보혈의 능력을 마치 땅 속에 감추어진 보물처럼 여겨서는 안 될 것입니다. 도리어 그분의 이름과 보혈을 의지하여 회개기도하는데 민감한 성도들이 되어야 합니다. 더욱 '간구기도'보다 '회개기도'가 결국 우리들의 영육에 복된 기도입니다. 회개하여 용서받은 후 드리는 간구기도가 아름다운 기도요, 응답의 때가 앞당겨지는 복된 기도이기 때문입니다.

◆ 후회가 아닙니다. 회개입니다.

우리들은 때때로 '후회'를 '회개'로 착각할 수 있음을 경계해야 합니다. 이 후회와 회개의 차이는 가룟 유다와 베드로의 차이입니다. 유다는 예수님을 은 30에 팔아 넘긴 후, 후회하였습니다. 그래서 그 몸 값인 은 30을 성전에 던져 자신은 그 돈과 무관하기를 소망하였습니다. 결국에는 양심의 가책을 이기지 못하여 자살을 하고 말았습니다. 그런 그의 행동은 회개가 아닙니다. 다만 후회일 뿐입니다.

그러면 회개란 무엇입니까? 그것은 '방향 전환'입니다. 즉 마음의 회심이 그의 삶의 방향 전환으로 이어진 증거가 있을 때, 바로 그것이 성경적인 회개입니다. 베드로처럼 말입니다. 어쩌면 베드로의 예수님을 향한 한 때의 배반은 가룟 유다보다 더 질적으로 나쁜 것일지 모릅니다. 왜냐하면 예수님의 베드로를 향한 사랑은 다른 제자들에 비하여 특별했기 때문입니다. 그러므로 예수님께서 가룟 유다보다 베드로의 배반에 대하여 더 큰 마음의 상처와 아픔을 가지고 계셨을 것이 분명합니다.

그런데 어떻게 그런 베드로가 하나님과 복음을 위하여 크게 쓰임받을 수 있었을까요? 삶의 방향 전환이 하나님께 분명하게 보여진 회개자였기 때문입니다. 물론 그 베드로도 가룟 유다처럼 주님을 부인하며 배반한 후, 성밖 어두운 곳에서 슬피 울며 후회를 하였습니다. 그러나 그는 후회한 후, 마음만 바꾼 것이 아닙니다. 즉 용서해 달라는 마음만 가지고 있었던 것이 아닙니다. 부끄러움을 무릅쓰고 주님의 말씀대로 순종하여 믿는 이들의 공동체를 떠나지 않았습니다. 그리고 경건 생활에 주력하는 삶의 방향 전환이 분명하였습니다.

그러자 오순절의 때가 임하였고 성령의 충만함을 체험하였습니다. 삶의 목표가 바뀌었고 생활이 바뀌었습니다. 드디어 새로운 행동이 결정되어 행하여지기 시작한 것입니다. 그의 고백을 들어보시면 더욱 이해가 되실 것입니다. "베드로와 요한이 대답하여 이르되 하나님 앞에서 너희 말을 듣는 것이 하나님의 말씀 듣는 것보다 옳은가 판단하라 우리는 보고 들은 것을 말하지 아니할 수 없다 하니"(행 4:19~20).

만약, 우리들이 초행길인 기도원을 가다가 길을 잘못 들었다는 것을 알았을 때, 마음만 다시 옳은 길로 가야겠다고 다짐한들 무슨 유익이 있겠습니까? 길을 잘못 들었기에 마땅히 차를 돌려 새로운 방향이지만 기도원으로 갈 수 있는 길을 택하여 다시 운행해야 하지 않을까요? 그런 회개의 열매는 탕자의 모습에서 찾아볼 수 있습니다. "이에 일어나서 아버지께로 돌아가니라"(눅 15:20). 또한 삭개오의 삶에서도 회개의 열매를 보게 됩니다. "재산의 절반은 가난한 사람들에게 그리고 토색한 것은 네배로 갚겠습니다"(눅 19:8)라는 생활의 변화와 결단에서 우리는 참된 회개를 깨닫게 됩니다.

우리들은 지금까지 후회만 매 주일 반복하고 있지는 않는지요? 그리고 그것을 회개로 착각하고 있지는 않은지요? 우리 하나님은 만홀히 여김을 받지 않으시는 분이십니다. 즉 우리들의 외모뿐 아니라, 중심을 보시는 분이십니다. 후회가 아닙니다. 회개, 즉 방향전환의 열매를 보여 드리는 삶으로 전진해야 합니다. 그럴 때, 우리 아버지 하나님께서 용서하실 것입니다. 그리고 회개의 열매가 분명한 길을 걸어갈 수 있도록 성령을 통하여 안내해 주실 것입니다.

때로는 자식을 향한 어머님의 사랑은 일방적이요, 맹목적일 수도 있습니다. 그러나 아버지의 사랑은 방향을 전환할 수 있도록 도와 주시는 실질적인 사랑입니다. 그러므로 결단을 내려야 합니다.

지금 돌이켜야 할 것이 무엇인지, 본인만큼 잘 아는 분이 어디에 있습니까? 그것을 더 방치하였다가 자신의 영혼과 가정, 그리고 교회생활에 심각한 영향을 줄 수 있다는 것을 자신보다 더 잘 아는 분이 누가 있겠습니까?

자신이 다니고 있는 교회의 목사님, 장로님이십니까? 아닙니다. 아내, 혹은 남편과 자식, 또는 부모님이시겠습니까? 결코 아닙니다. 내가 나를 제일 잘 알고 있습니다. 그러므로 그 환경에서 떠나야 회개의 열매는 시작되는 것입니다.

자신만이 알고 있는 그 환경에서 떠나시기 원합니다. 그러면 바로 그때, 아버지 하나님이 그 결단을 도우시고 있다는 것을 영의 눈으로 볼 수 있을 것입니다. 또한, 세상 사람 날 부러워 아니하여도 나도 역시 세상 사람 부럽지 않다는 고백이 자신의 것이 될 것입니다.

▲ 사랑합니다.

 "우리 아버지여"라고 기도한다는 것은 곧 자녀로서 하나님 아버지
를 더욱 사랑하겠다는 고백과 같은 것입니다. 어떻게 그런 고백을 할
수 있을까요? 회개하는 우리들에게 아버지 하나님께서 죄를 용서해
주셨기 때문입니다. 우리들의 회개를 받으신 증거 중 최고의 증거는
그 하나님께서 우리들의 죄를 용서해 주신 것입니다. 예수님의 이름
으로 용서해 주신 것입니다. 그러므로 그 하나님을 더욱 사랑하는 삶
은 특별한 것이 아니요, 당연한 것입니다.

 "만일 우리가 우리 죄를 자백하면 그는 미쁘시고 의로우사 우리 죄
를 사하시며 우리를 모든 불의에서 깨끗하게 하실 것이요"(요일 1:9)
라는 언약을 우리에게 이루신 하나님이십니다. "너희가 회개하고 돌
이켜 너희 죄 사함을 받으라 이같이 하면 새롭게 되는 날이 주 앞으로
부터 이를 것이요"(행 3:19)라는 말씀으로 우리의 영육을 사하여 주
신 하나님이십니다. 그러므로 더욱 하나님을 사랑하는 증거가 있는
삶을 살아야 합니다.

 만일 우리들이 이 원죄와 자범죄를 용서받지 못하고 살아간다면 그
삶 자체가 저주가 됩니다. 그 이유는 자신의 죄를 용서받지 못한 삶
이 바로 하나님의 영원한 진노를 쌓아가는 과정이기 때문입니다. 또
한 죄를 용서받지 못하게 되면, 이 세상을 살아가면서 스스로 지혜 있

다고 하나 우둔하게 되어 썩어지지 아니하는 하나님의 영광을 썩어질 사람과 금수와 버리지 형상의 우상으로 바꾸어 살게 되며, 동시에 하나님께서 저희를 마음의 정욕대로 더러움에 내어 버려 두사 저희 몸을 서로 욕되게 하는 일만 하게 되기 때문입니다(롬 1:22~24).

그러므로 진노 받아 마땅한 삶에서 우리를 구원해 주시기 위해 이 세상에 독생자 예수님을 보내주신 하나님을 더욱 사랑하는 여생을 살겠다고 결심하시길 원합니다. 또한 그 하나님의 사랑과 구주 예수님의 구속의 은총을 소개하며 살아도 시간이 모자라는 것이 바로 우리 믿는 이들의 여생임을 깨닫는 은혜가 계시기를 원합니다.

◆ 죽겠네! 살았네!

모든 사람들에게 한 번 죽는 것은 정한 이치요, 그 후에는 심판이 있을 것입니다(히 9:27). 하루 하루 산다는 것은, 동시에 하루 하루씩 죽어간다는 것을 의미합니다. 그 내세를 우리나라 사람들은 자신들의 언어 속에서 분명히 증거하고 있으며, 그 존재를 인정하고 있습니다. 다른 나라 사정을 정확히 알 수는 없으나 아마도 우리나라 사람들처럼 "죽겠네, 죽겠다"라는 말을 많이 하는 민족도 그리 흔치 않을 것입니다.

"배고파 죽겠네, 예뻐 죽겠어, 좋아 죽겠네, 미워 죽겠어, 바빠 죽겠네, 심심해 죽겠어." 또한 우리 성도들이 자주 사용하는 말에도 죽겠다는 말이 많이 있습니다. "정말 설교 시간에 졸려 죽겠어. 요새는 기도가 잘 되지 않아 죽겠어. 저 분은 정말 소리를 내지 않았으면 좋겠는데, 오히려 목소리가 제일 커서 죽겠어."

심지어, 요사이 젊은이들도 자신들이 배달민족의 후예라는 것을 입증이라도 하듯이 죽겠다라는 말을 자주 사용하고 있어 저도 죽을 심정입니다. 왜냐하면 말의 위력을 알고 있기 때문입니다. 즉 어느 젊은 자매들의 이야기를 옆에서 들었는데 이런 이야기를 하는 것이었습니다. "예, 그 가수 ××있지? 그 애 라이브 콘서트에 갔었는데 목소리 죽여주더라." "그래? 정말 네가 부럽다. 나는 부모를 잘못 만나서 그런 콘서트 한 번 가지도 못하잖아." 정말 부모노릇 하기가 참으로 힘든 세상이 되는 것 같습니다.

또한 어느 젊은 형제들의 이야기를 중계 방송해 드리겠습니다. "야, 너 지금 무엇하고 있니?" "하와이(하루 종일 마누라와 이불 속에 있는 한심한 친구)야!" "야, 너같이 머리 좋은 녀석이 그게 무슨 말이야, 내게 죽이는 사업계획 하나가 있는데 한 번 같이 해볼래? 염려마, 내가 돈을 대고 너는 머리만 대는 사업이니까 말이야."

이처럼 우리 민족의 대화 속에 진하게 숨겨져 있는 "죽겠네, 죽겠어, 죽겠다"라는 말은 아마도 한민족의 민족적 정서를 잘 반영해 주고 있는 것이라 여겨집니다.

첫째, 흑백 논리에 강한 민족성을 가지고 있습니다. 즉 대화문화가 발달되었다기보다는 항상 극단적인 대립으로 가고 있는 국회와 여, 야당을 보면서 죽기 아니면 까무러치기 식의 민족성을 보게 됩니다.

그리고 또 하나의 민족성은 늘 우리들의 내면세계에 죽음과 그 후의 세계에 대한 소망과 동경, 그리고 궁금증이 특별하다는 것입니다. 그것에 대하여 기독교와 성경은 우리 민족에게 분명한 해답을 주고 있으며, 그로 인하여 우리나라 밤하늘에는 그 많은 교회 십자가가 있게 되었다는 것을 부인할 수 없을 것입니다.

그런데 죄를 용서받지 못한 사람의 죽은 후 영혼의 거처는 처절한 영벌의 처소, 즉 지옥임을 성경은 선포하고 있습니다. "그들은 영벌에, 의인들은 영생에 들어가리라"(마 25:46). 또한 그 곳에 들어가는 이들의 상태를 주님께서 우리들이 이해할 수 있는 단어로 "슬피 울며 이를 갈리라"(마 25:30)고 예언하셨습니다. 그러므로 죄 용서받지 못한 결과적인 비극은 이 땅보다 내세에서 더 치열하고 극렬합니다.

그러므로 죄 용서 받는다는 것은 예수님 믿고 부자가 되는 것, 명예를 얻는 것, 그리고 건강해지는 것보다 더욱 중요한 문제입니다. 또한 무엇보다 우선되어야 할 과제입니다. 왜냐하면 죄 용서 받지 못하고도 부자가 되며 명예를 얻을 수 있으며 건강하게 장수할 수 있으나, 지옥가는 것은 면함을 받지 못하기 때문입니다. 그러므로 반드시 지옥을 피하며, 영벌의 치욕을 면하기 위해서는 죄 용서함을 받아야 합니다.

독생자 예수님께서는 우리의 과거, 현재, 미래, 그리고 현세와 내세에서 받을 모든 형벌의 근원인 죄를 대속하시기 위해 십자가에서 단번에 그리고 영원히 보혈을 흘리셔서 죽임을 당하셨습니다. 마치 대속 제물의 어린 양처럼 말입니다. 그 은혜로 말미암아 우리들은 죄 용서함을 받고 구원의 백성이 되어 하나님을 아버지로 부를 수 있는 특권을 누리게 되었습니다.

나의 죄를 대속하시기 위해 독생자 예수님을 이 땅으로 보내어 죽이시면서까지 사랑하셨다는 것을 믿음으로 받아들이는 성도들은 당연히 하나님을 사랑하게 됩니다. 아니 그분과 교회, 그리고 거룩한 사역을 위하여 자신의 모든 것을 드려도 아깝지 않을 것입니다. 왜냐하면 내가 내 목숨을 드려서 그분을 사랑하는 표현을 하였다 해도 하나님과의 관계에서는 겨우 무승부에 지나지 않기 때문입니다.

그러므로 "우리 아버지"를 부를 때에는 "하나님, 사랑합니다!" "진심으로 사랑합니다!" "무엇으로 그 사랑에 보답을 할까요? 이 기도시간에 말씀하옵소서!"라는 고백과 기원이 들어 있어야 합니다.

그러면 우리들이 그분을 사랑하는 표현 중, 최고의 표현은 무엇이라고 생각합니까? 그것은 예배입니다. 그분께서 인간의 행위 중 제일 기뻐하시는 것은 바로 예배입니다.

◆ 기침과 사랑 같은 예배

기침과 사랑만큼은 그 누구도 참을 수 없습니다. 그리고 숨길 수도 없습니다. 마찬가지로 자신의 죄의 문제를 해결해 주신 하나님을 진심으로 사랑하는 성도에게 참을 수 없는 것이 있습니다. 즉 숨길 수 없는 것이 있습니다. 그것이 바로 예배요, 예배 참석인 것입니다.

흔히 하나님의 자녀들이 예배당에 모여 예배를 드리는 것을 '천국 잔치'라고 말합니다. 그 이유는 이 예배를 통하여 이미 내 마음과 삶속에 이루어진 천국의 기쁨을 다시 확인하고 계발할 수 있기 때문입니다. 동시에 다가올 천국의 축복과 즐거움을 그림자라도 볼 수 있으며, 맛볼 수 있기 때문입니다. 구약시대의 선민들은 안식일을 지키며 천지창조의 하나님을 찬양하며 경배하였으나, 신약의 성도들은 주님의 부활하심으로 자신에게 이루어진 천국의 산 소망에 대한 감사와, 동시에 예배 중 찬양, 기도, 그리고 말씀과 성령을 통하여 세상에서 위로 받을 수 없는 것들을 받아 누릴 수 있습니다. 그래서 천국잔치라고 합니다. 하나님을 사랑하는 교인은 이 천국잔치에 자원하여 참석하게 됩니다. 그리고 예배 중 영과 진리(요 4:24), 즉 성령과 말씀을 통하여 영육 간의 치유 및 회복의 은총을 맛보게 됩니다.

특별히 우리의 옛 시골이나, 어렸을 때의 잔치 집 풍경을 회상해 보면 더욱 더 이 자리에 참석하여 예배드리고 있다는 것이 감격이 될 것이요, 하나님께 사랑을 표현하는 곳에 나도 함께 있다는 것이 희열이 될 것입니다. 왜냐하면 어느 집에 잔치가 있게 되면 초대받은 자들도 참석하지만 동시에 누구나 다 그 잔치 집에 들어갈 수 있었습니다. 동네의 꼬마들과 이웃 동네의 사람들, 그리고 거지들이 비상연락망을 가동하여 사방에서 떼거리로 몰려들었으며, 상이군인과 심지어 우연히 잔치 집을 지나가던 나그네까지 들어와 한상 받아 먹었습니다. 배가 불룩할 정도로 먹고 트림을 하며 그 집을 떠났던 시절을 기억하고 계시진 않습니까?

하나님의 집, 교회의 천국잔치인 예배도 마찬가지입니다. 그 천국잔치에 동참하는 것도 어느 특정 교인만 누릴 수 있는 특권이 아닙니다. 마태복음 22:1~14의 혼인잔치의 비유에서 보여 주시는 교훈을 보면, 천국의 모형인 참된 교회의 예배에는 사거리 길에 가서 무작위로 만나는 대로 사람들을 청하는 것이요 결국 그 초청에 응한 사람들로 가득한 것을 보여 주고 있습니다.

그러므로 빈부귀천 상관 없이 이 예배에 나아올 수 있습니다. 참된 하나님의 교회는 선별하지 않습니다. 심지어 옛 잔치 집에서는 거지들과 지나가는 나그네까지 잔치 집에 들어오면 직업과 과거, 그리고 옷차림과 학벌을 물어보지 않고 한 상 차려주고 실컷 먹을 수 있었던 것과 같이, 교회로 이끌림 받는 것은 마치 기침과 사랑처럼 숨길 수 없는 것입니다. 그리고 참을 수 없는 것입니다. 우리 하나님 아버지의 사랑을 받아 죄 용서함 받은 것에 대한 감사의 마음을 표현해야 하기 때문입니다.

그리하여 그런 심정으로 천국잔치 예배에 찾아오신 성도들에게 하나님께서는 풍성한 것으로 채워 주십니다. 즉 구원의 확신, 믿음의 성장, 내세의 소망, 삶의 두려움과 외로움을 제거, 봉사의 기쁨, 물질과 건강의 채우심, 가족 및 인간 관계의 해결, 심지어 각종 은사의 채우심과 재 헌신, 심지어 사업과 학업, 그리고 결혼 및 취직, 잉태 및 출산의 기쁨, 그리고 그 무엇보다도 부부 및 부자지간, 고부 간의 갈등, 또한 의를 위하여 핍박을 받으면서도 세상에서 받을 수 없는 위로와 기쁨, 그리고 용기와 충만해지는 은총을 이슬처럼 내려 주십니다. 그래서 축복의 면류관을 씌우신 날, 그 "안식일을 일컬어 즐거운 날이라"(사 58:13)고 말씀하셨습니다.

◆ 주일예배 준비는 토요일 밤에 시작됩니다.

우리 아버지 하나님을 향한 사랑이 무르익어 가는 성도의 특징은 무엇입니까? 많은 예배와 특히 주일예배가 기다려지는 것입니다. 이러한 은혜의 세계로 들어간 하나님의 자녀들의 주일 준비는 토요일 밤부터 시작됩니다. 즉 토요일 저녁에 주일 준비에 실패하면 틀림없이 의미 없는 주일예배를 드리고, 성전 공기만 진동하고 가는 성도들이 될 수 있기 때문입니다. 또한 그렇게 주일예배를 토요일 밤부터 준비하지 않으면 주일예배 출발 전에 친구, 친척 중 한 명에게 안부 전화만 오더라도 무슨 큰일이 있는 전화라도 받은 것처럼 뛰어 나가게 될 것이기 때문입니다. 또한 교회 가기 위한 준비 중에 화장하는 아내, 늦게 일어나는 자식으로 인하여 서로 감정이 상하여 마치 전쟁터와 같은 가정 상황이 자주 벌어지게 될 것이며, 혹은 교회 오는 차 안에서 심하게 다투게 하는 영에 미혹되어 씩씩거리며 싸우듯이 교회로 들어와 예배드리므로 도리어 하나님의 영광을 가리우는 가족이 될 수 있기에 토요일 밤부터 주일준비가 시작되어야 합니다.

혹시 이런 경건이 아직 없는 성도이거든 어서 속히 도전해야 할 것입니다. 왜냐하면 사람은 영혼이 있으나, 동시에 육신을 가진 하나님의 형상이기 때문입니다. 주일 준비는 육신의 적절한 휴식과 적당한 잠에서 시작되는 것임을 결코 잊지 마시기 원합니다. 적당한 시간이 되면 더 이상 텔레비전과 인터넷의 유혹에 넘어가지 않기 위한 결단이 있어야 합니다.

자신의 신앙과 삶, 그리고 현세와 내세의 생사가 걸린 주일예배를 향기로운 제물로 드리는데 방해되는 요소를 토요일 밤부터 제거할 수 있는 결단이 필요합니다. 이 일은 마치 영적 전쟁과 같은 것입니다. 이 영적 전투에서 승리한 성도들에게 나타나는 증거는 먼저 예배시간이 지루했던 시간에서 기다려지는 시간으로 바뀌는 것입니다.

어느 교회 주일예배 설교시간의 일이었습니다. 예배당 뒷좌석에서 졸면 언뜻 보이지나 않겠지요. 그러나 맨 앞좌석에서 너무 심하게 한 교인이 주무시는 겁니다. 이로 인해 설교의 맥이 흐트러지자, 목사님은 그분 곁에 계신 교인에게 이런 부탁을 점잖게 드렸습니다. "곁에서 주무시는 그 집사님을 좀 흔들어 깨워주시겠어요?"라고 말입니다.

　흔들어 잠을 깨운 그 교인은 일어난 그 집사님의 무슨 말인가를 듣더니 우습다고 소리 없이 깔깔대며 웃는 것이 아닙니까? 목사님은 궁금하여 질문을 하였습니다. "아니, 잠자다가 일어난 그 집사님이 도대체 무엇이라고 이야기하시기에 그렇게 웃고 계십니까?" 목사님의 다그침에 머뭇거리던 그 교인은, 웃으며 이렇게 대답을 하였다는 것입니다. "목사님, 이 집사님이 그러시는데요, 자기를 깨워야 할 사람은 제가 아니래요, 자기를 재운 사람이 직접 깨우는 것이 기본 예의가 아니냐고 이야기하네요. 틀린 말 같기도 하고, 맞는 말 같기도 한데, 좌우간 재미있네요. 목사님!"

　물론 설교시간에 졸게 되는 원인은 다양합니다. 사업과 공부, 그리고 직장과 가사에 너무나 지쳤기 때문일 수 있으며, 또는 3교대 근무로 인하여 야간 근무를 하고 예배에 참석하였기 때문일 수도 있으며, 특히 늘 외근하거나 건물 밖에서 일하시던 분들이 본당이라는 좁은 공간 안에 들어오므로 졸음이 오는 생리적인 현상일 수도 있습니다.

그러나 분명히 기억해야 할 또 하나의 원인이 있습니다. 그것은 하나님의 말씀을 듣지 못하게 하는 사탄의 전략으로 잠이 올 수도 있다는 것입니다. 즉 토요일 늦은 밤이 아니라, 심지어 주일 새벽까지 텔레비전을 보게 하는 유혹에 넘어간 결과입니다. 주말의 명화, 나라 이름도 생소한 나라의 월드컵 예선전까지 생중계하는데 덩달아 춤을 추듯이 새벽을 밝히게 하는 악한 역사, 쇼핑채널의 심야 대박 프로의 유혹에 넘어감, 또는 텔레비전 프로만으로는 만족이 없어 비디오 가게에서 빌려온 테이프를 같이 보다 지친 아내에게 먼저 자라고 하면서까지 기어코 다 보게끔 하는 역사, 그것도 부족하여 가정의 화목을 위한다는 명목으로 토요 심야 극장의 프로 2개를 다 보고 집에 들어오게 하는 역사 등이 결코 우리들의 영적 상태의 문제와 관련이 없다고 할 수 없습니다.

그런 도구를 사용하여 우리를 설교시간에 깜박 졸게 하거나, 깊이 자도록 만든 그 녀석이 드디어 우리의 그 모습을 보고 비웃으며 춤을 추고 있는 것을 영의 눈으로 볼 줄 알아야 합니다. 그 이유인즉 습관적으로 조는 성도들을 많이 양산시키고자 하는 자신의 궤계, 즉 전략에 넘어간 교인이 또 한 명 생겼기 때문입니다. 그리고 한 명이라도 은혜의 세계로 들어가지 못하게 하는데 성공적인 결과를 맛보았기 때문입니다.

그러므로 맑은 정신과 육체로 예배드리는 주일, 복 받는 주일, 기다려지는 주일, 말씀이 송이꿀보다 더 달게 여겨지므로 그 안에서 자신을 향한 하나님의 음성을 들을 수 있는 주일, 그리고 자신의 심비에 새겨진 말씀이 성도의 일주일의 삶의 이정표가 되는 주일로 만들어가고 싶습니까? 그런 거룩한 욕망이 생깁니까? 예배를 드리고 나오는 분들이 은혜 받았다고 이야기하는데, 그 말이 무슨 뜻인지 자신도 한번쯤 경험하고 싶은 생각이 드십니까?

토요일 밤, 주일 준비에 성공하시면 됩니다. 이 일을 위하여 내 의지만큼 중요한 것은 성령의 이끌어 주심입니다. 이 은총이 강권적으로 내게 임하는 것을 자주 체험하는 토요일 밤이 되시기 원합니다. 그러므로 성령의 은혜와 인도로 보암직도 하고 먹음직도 한 선악과와 같은 TV 및 각종 문화매체의 유혹에서 승리하고 준비된 주일 예배자로 변화되어져가는 자신을 발견하는 역사가 있기를 원합니다(창 3:6).

"종말로 너희가 주 안에서와 그 힘의 능력으로 강건하여지고 마귀의 간계를 능히 대적하기 위하여 하나님의 전신갑주를 입으라"(엡 6:10~11)고 바울 사도께서는 권면하고 있습니다.

그 하나님의 전신갑주 중 성령님의 강렬한 인도와 통제, 그리고 결단케 하심의 은총을 받으시기 원합니다. 그리하여 토요일 밤, 승전의 깃발을 자신의 침상에 영광스럽게 꽂고 깊은 잠을 취할 수 있는 역사가 반복되어지길 원합니다. 그리고 사랑과 기침은 참을 수 없듯이 하나님 아버지를 사랑하는 표현이 열정적이며 참을 수 없는 예배참석으로 이어지는 은혜의 세계까지 경험하는 삶이 되어지기를 원합니다.

▲ 닮아 가겠습니다!

"우리 아버지"라는 기도 속에는 이제 더욱더 하나님 아버지를 닮아 가겠다는 마음의 소원이 담겨져 있습니다. 아버지 하나님께서는 자녀인 우리들에게 이렇게 말씀하셨습니다.

"너희는 거룩하라. 나 여호와 너희 하나님이 거룩함이니라"(레 19:2). 즉 자녀는 그 아버지의 형상이어야 한다는 것입니다.

우리 교회에도 아버지를 닮은 아들들이 많이 있습니다. 정말 붕어빵, 국화빵 같을 정도로 닮은 자녀들이 있습니다. 얼굴뿐 아닙니다. 말투, 표정, 걸음걸이 및 기도하는 내용까지 그렇게 닮을 수가 있을까요? 심지어 그 아버지도 설교시간에 자주 조셨다가 때로는 주무셨는데 어쩌면 그 아들도 비슷하게 닮아가는지요? 그것만은 닮지 않았으면 좋겠다는 생각인데도 말입니다.

어느 교역자가 사모하고 존경하는 선배 목사님의 목회 모습을 닮아가듯이 우리도 이러한 열정으로 하나님을 닮아가고자 해야 합니다. 이 부분의 기도를 묵상하며 암송해야 합니다.

그러면 하나님을 닮아간다는 것은 구체적으로 어떤 모습을 일컫는 것일까요? 성경은 "...옛사람과 그 행위를 벗어버리고 새 사람을 입었으니 이는 자기를 창조하신 이의 형상을 따라 지식에까지 새롭게 하심을 받은 자니라"(골 3:9~10)라고 말씀하고 있습니다.

하나님을 닮아가는 삶은 헌 옷을 벗어버리고 새 옷을 입는 것처럼 분명한 변화가 있습니다. 그런 변화는 결국 신적 영광인 거룩함을 닮아가는 것입니다.

즉, 하나님의 성품에 동참하여 점점 거룩해지는 삶을 먼저는 하나님이, 그리고 자신이, 마지막으로 주위 사람들이 볼 수 있을 정도의 분명한 변화인 것입니다.

이런 변화를 통한 거룩한 삶을 우리 예수님께서는 "세상의 소금과 빛"(마 5:13~14)이 됨으로 완성됨을 증거하고 계십니다. 그래서 세상 사람들이 우리를 보면서 하나님을 닮아가고 있음을 알게 되며 그로 인하여 그들이 하나님께 영광을 돌리게 되는 것입니다.

◆ 교회가 아니라 세상의 소금과 빛입니다.

분명한 진리는 우리 예수님께서 우리를 '교회 안'의 소금과 빛이 되라고 명령하지 않으신 것입니다. 오히려 '세상'에서 소금과 빛이 되라고 명령하셨습니다. 물론 그 세상이란 말씀 속에는 교회가 포함되어 있음을 부인하지는 않습니다. 그러나 그럼에도 불구하고 세상을 강조한 것은 우리들에게 '세상 속에서의 거룩성'이 있어야 함을 말씀하시는 것입니다.

다시 말씀드리면 세상 속에 살고 있으나, 세속화되지 않은 모습이 우리들에게 필요함을 역설하시고 계시는 것입니다. 그 모습이 바로 하나님을 닮아 가는 모습입니다. 또한 그런 삶이 결국 어두움 속에서 빛이 되는 삶입니다. 그러므로 세상 사람들이 하나님께 돌아오게 하는 영적 중매쟁이의 역할을 감당하는 자녀가 되어야 할 것입니다. 우리 주님은 이렇게 권면하십니다. "이같이 너희 빛이 사람 앞에 비치게 하여 그들로 너희 착한 행실을 보고 하늘에 계신 너희 아버지께 영광을 돌리게 하라"(마 5:16).

예컨대, 우리들의 고정관념 중, 수재의연금은 기독교 계통의 신문사에 기탁해야 한다는 개념을 동이 서에서 먼 것처럼 던져 버려야 합니다. 왜냐하면 그 신문들은 독자층이 거의 기독교인이기 때문입니다. 즉 빛들끼리 서로 비추어 보아야 그 효력은 별로 크지 않습니다. 백 만원, 아니 천 만원을 기탁하더라도 그런 선한 일을 한 것을 아는 이들은 다 교인 독자들 뿐입니다. 그러나 단돈 오천원을 내더라도 비기독교계통 일간지에 기탁하게 되면 믿지 않는 분들이 그 사실을 알게 됨으로 빛을 보게 될 것입니다.

만일 우리나라에 있는 약 6만 여개의 교회들이 그런 결단을 내린다면, 아니 그 중 십분의 일에 해당되는 교회들 만이라도 이 일에 동참한다면 믿지 않는 사람들에게 믿는 교회와 성도들을 향한 부정적인 시선들이 바뀌게 될 것은 분명합니다. 그리고 틈만 있으면, 교회와 목사님들을 향하여 독설을 퍼붓던 '백설공주들'이 '우거지들'로 변할 것입니다. 즉 '백방으로 설치고 다니면서 교회에 대하여 악담을 하던 공포의 주둥이들'이 '교회를 향하여 우아하고 거룩하고 지성적인 말을 하기 시작하는 사람들'로 말입니다.

어떻게 이런 일이 일어날 수 있을까요? 그것은 빛들이 빛 가운데 거하는 것이 아니라, 어두움 속에 거하여 빛을 발하는 것을 그들이 드디어 보게 되기 때문입니다. 또한 세상 사람들이 우리들의 하나님의 거룩을 닮아가는 그 모습을 보고 그 하나님을 두려워하고 사랑할 수 있는 기회를 드릴 수 있기 때문입니다. 결국 믿는 사람들은 자기들끼리만 놀아난다라는 고정관념이 무너지게 되어 단기적으로는 교회 다니는 가족들을 향한 핍박이 줄어들 것이요, 장기적으로 하나님의 때가 차매 너와 네 집이 구원을 받으리라(행 16:31)는 예언이 이루어지는 지름길이 될 것입니다.

그러나 이렇게 세상의 빛과 소금이 되어 하나님의 거룩을 닮아가고자 한다면 자연적으로 감수해야 할 일이 있습니다. 그것은 이 세상의 각종 조직 속에 있는 썩어진 부분과 어두운 부분에서 소금과 빛이 되고자 하니 결국 그 조직 속에서 환영받는 다수 속에 동류할 수 없다는 것입니다. 도리어 핍박받는 소수임을 자처할 수밖에 없을 것입니다.

◆ 우리들은 '환영받는 다수'가 아니라 '핍박받는 소수' 입니다.

이 세상 속에서 내게 임한 복음을 파수하며 복음대로 살고자 한다면, 바늘이 가는 곳에 당연히 실이 있듯이 핍박받는 소수에 속할 수밖에 없습니다. 또한 "네 하나님이 어디 있느냐, 내 주먹을 믿어라, 내 능력을 의지하라"는 무신 세계 속에서 기독교 문화를 형성하는 기수로 삶을 살아가고자 할 때 마땅히 환영받는 다수 속에 들어갈 수는 없을 것입니다. 나의 삶이 무언의 설교요, 간증이며, 복음의 번역이요, 하나님의 자녀로서의 호적등본이어야 합니다. 세상 사람들이 거룩한 하나님을 닮아가는 나의 모습이 눈에 부시고 그 냄새가 역겨워 마음의 옷을 벗어 던지고 돌을 들고 나를 치려고 할 때 기억해야 할 주님의 말씀이 있습니다.

"의를 위하여 박해를 받은 자는 복이 있나니 천국이 그들의 것임이라 나로 말미암아 너희를 욕하고 박해하고 거짓으로 너희를 거슬러 모든 악한 말을 할 때에는 너희에게 복이 있나니 기뻐하고 즐거워하라 하늘에서 너희의 상이 큼이라 너희 전에 있던 자들도 이같이 핍박하였느니라"(마 5:10~12).

물론 우리들의 이런 빛과 소금이 된 삶이 이 거대한 빙산과 같은 사회, 이미 소돔과 고모라와 비슷해진 이 민족 앞에 무슨 힘이 될 것인가라는 생각을 떨쳐 버리지 못하는 분들이 적지 않을 것입니다. 바위에 계란 던지기식이라는 자조섞인 목 메인 목소리를 낼 수도 있습니다. 그럼에도 기억해야 할 것이 있습니다. "월터루 전쟁의 주권자는 하나님이셨습니다." 그렇습니다. 우리 하나님은 역사의 주관자이십니다.

그러므로 우리나라의 흥망성쇠의 고삐 역시 바로 우리 하나님이 쥐고 계신 것입니다. 이 나라가 가인의 후예들의 독무대가 되는 것 같더라도 의인 열 명만 있다면 이 나라를 제2의 예루살렘으로 사용하시겠다는 하나님의 음성을 들을 줄 아는 귀를 가지고 있어야 합니다. 귀 있는 자들은 성령께서 교회와 성도들에게 하시는 말씀을 영의 귀를 열고 들어야 할 것입니다.

우리 하나님의 역사가 기록된 성경에서 하나님께서는 이방 민족들과 변론하기를 기뻐하지 않았습니다. 하나님이 변론하시며 때로는 화 나셔서 혼을 내주신 민족은 오직 선민 이스라엘이요, 기뻐 회복을 시켜주신 민족도 선민 이스라엘이었습니다. 그러므로 하나님의 관심은 이방민족이 아니었습니다. 바벨론, 앗수르, 페르시아와 같은 막강한 전력과 많은 국민 수에 유념하지 않으셨습니다. 너무나 미약한 군사력을 가진 이스라엘, 그리고 그 막강한 민족들의 인구수에 비하면 한 족속의 숫자도 되지 않을 이스라엘이었습니다.

그 이스라엘을 표현할 때, 그 민족, 그 사람들을 가리킬 때도 이스라엘이었습니다. 야곱의 개명된 이름을 지칭할 때도 이스라엘, 그리고 신약시대에 예수 그리스도의 대속의 은총으로 인하여 구원받아 하나님의 자녀가 될 우리들도 영적으로는 이스라엘입니다. 즉 성도입니다. 그러므로 우리 하나님은 이 나라에 대다수를 차지하고 있는 비기독교인들과 변론하실 분이 아니십니다. 그들의 삶을 보시고 기뻐하시거나 혹은 너무 슬퍼하실 분이 아니십니다. 그 중에 소수인 우리 성도들이 어떤 자세로 이 어두운 세상에 거하느냐에 초미의 관심을 가지고 계십니다.

만일 우리들이 응원군을 기대하지 않고 이 세상에서 하나님의 거룩하심을 닮아가려고 전력하며 희생적인 삶을 살아간다면 하나님은 이 나라를 버릴 수 없을 것입니다. 사회에서 적당히 사기치며 거짓말하다가 들통이 나서 어려움 당하는 것을 핍박이라 여기지 않고 복음대로 살다가 핍박받는 소수(갈 6:17)가 살아 있다면 하나님은 이 민족에게 다시 복 주실 수밖에 없습니다.

그 까닭은 그들을 자신의 전도와 선교사역에 사용하셔야 하기 때문입니다. 지금은 의인 열 명이 있기를 소원해야 할 시기입니다. 아니, 우리들이 그 의인 열 명 중, 한 명이 되어야 한다는 의무와 특권의식을 가지고 동네로, 학교로, 사회로, 군대로 오늘도 나가야 할 것입니다. 하나님을 닮은 우리들의 모습을 보시고 하나님이 영광을 받으시며 동시에 사회의 썩어져 감이 감소되며 어두워져가는 부분들에서 서서히 빛을 보게 될 것입니다.

"하늘에 계신 우리 아버지여!" 이 기도 내용을 가지고 참으로 귀한 기도를 드리고 싶습니까? 음악에서 참으로 아름다운 연주는 오케스트라의 연주일 것입니다. 마찬가지입니다. 기도도 우리들의 마음과 혀와 동시에 믿음이 연합되어 드려질 때 최고의 기도가 될 것입니다. 그리고 하늘에 계신 우리 아버지 하나님의 보좌에 상달되는 기도가 될 것입니다.

간구(1)

* 하나님과의 관계 형성을 위한 기도

5장 간구(1)

* 하나님과의 관계 형성을 위한 기도

1. 이름이 거룩히 여김을 받으시오며

예수님께서 우리들에게 가르쳐 주신 너무 모범적인 기도의 기원 중 첫 번째 기도 내용입니다.

주기도에는 일곱 가지의 기도가 있는데, 그 내용상으로는 이렇게 구분해 볼 수 있습니다. 즉 인간이 하나님과의 관계 형성을 위한 기도로서 세 가지가 있으며, 나머지 네 가지의 기도는 인간과 인간과의 관계 형성 속에서 드려야 할 내용입니다.

이는 마치 네 개의 계명은 하나님을 향한 의무 감당을 증거하며, 나머지 여섯 계명은 부모와 이웃 사람들을 향한 의무 감당을 증거하는 십계명과 흡사한 면이 있습니다. 성경을 관계적인 면으로 해석한다면 관계를 맺으라는 것을 알려주는 경전임을 알 수 있을 것입니다.

즉 하나님과의 관계, 사람과의 관계, 자신과의 관계, 그리고 자연과의 관계를 알려주는 책이 바로 성경입니다. 그 중 하나님과의 관계를 잘 맺기 위해 "이름이 거룩히 여김을 받으시오며"라는 기도를 배우기를 원합니다.

(1) 거룩히 여김을 받아야 할 하나님의 이름

이름은 그 사람의 인격과 성품을 대변해 주는 것입니다. 그런데 부모님의 고집, 또는 무지로 말미암아 이름 때문에 자신은 그런 인격이나 성품을 지니지 않았건만 평생 놀림감이 되는 분들이 있습니다. 그래서 법원에 자신의 이름 정정 신청을 제출하였던 사람들이 있습니다.

이름이 '기진'인데 성은 '허'씨, 그래서 '허기진'입니다. 또한 이름은 '샌다'인데 성은 '김'씨입니다. 그래서 '김샌다'씨입니다. 정말 본인으로서는 사람들을 대하며 생활할 때 김새는 일을 많이 당할 수밖에 없는 이름입니다. 그 외에 '이분노', '나죽지', '여인숙', '고추자', '배신자', '주길자', 그리고 여성분의 이름인데 '김남근'씨가 있으며, '성관재'(혀 짧은 분들은 발음에 조심해야 함) 등이 있습니다. 이 중에 '여인숙', '고추자', '배신자'는 여러 가지 사유로 인해 정정이 되지 않는다고 합니다.

칼릴 지브란이란 분은 이런 이야기를 우리에게 전해 주고 있습니다. "당신의 자녀들은 당신의 것이 아닙니다. 그들은 생명의 아들이고 딸입니다. 그들은 당신을 통하여 왔으나, 당신으로부터 온 것은 아닙니다. 당신과 함께 있으나, 당신의 것은 아닙니다. 그들에게 사랑을 줄 수 있으나, 생각은 줄 수 없습니다. 왜냐하면 그들도 자신의 생각이 있으니 말입니다. 당신은 그들의 몸을 가둘 수 있으나, 마음은 가둘 수 없습니다. 왜냐하면 그들의 마음은 미래의 집에 거주하고 있기 때문입니다. 당신은 그 곳을 방문할 수 없습니다. 꿈속에서 당신이 그들처럼 되고자 해도 좋으나, 그들을 당신처럼 만들려고 하지는 말아야 합니다. 왜냐하면 인생은 과거로 가는 것이 아니며, 이제는 머무르지도 않기 때문입니다."

우리 하나님은 사랑이십니다(요일 4:8). 즉 하나님은 사랑을 목적으로 존재하시며, 동시에 사랑이라는 방법으로 우리 가운데 찾아오시는 분이십니다. 그러므로 기독가정의 가족들은 서로에게 사랑을 나누어주기 위해 존재하며, 동시에 사랑이라는 거울로 서로를 바라보아야 할 것입니다.

또한 우리들 가정에 내주해야 할 그 사랑이란 '자아중심적' 해석을 거부하는 사랑이어야 합니다. 도리어 '상대방의 입장'에서 해석하는 사랑을 사모해야 할 것입니다. 가정의 모든 일과 특히 자녀들의 이름을 만들어 주는 것에서도 말입니다. 이렇게 사람들의 이름을 짓는 일도 신중해야 하고 그 이름이 불려질 때 그 결과가 적지 않음을 아는데, 우리 하나님의 성호를 부를 때 그 의미와 뜻을 알지 못하고 부르는 것은 무지한 성도의 모습입니다.

그래서 "너는 네 하나님 여호와의 이름을 망령되게 부르지 말라 여호와는 그의 이름을 망령되게 부르는 자를 죄 없다 하지 아니하리라"(출 20:7)라고 하나님은 권면하신 것입니다. 하나님의 이름을 가지고 농담을 하여 사람들을 웃기는 일은 참으로 어리석은 일입니다. 하나님의 이름은 결코 코미디의 주제가 될 수 없습니다. 또한 되어서도 아니됩니다. 이는 결코 권위주의의 발상이 아닙니다. 다만 권위에 대한 절대적인 예의입니다. 그리고 그 하나님께서 자신의 이름을 망령되이 취급하는 것은 죄라고 분명히 말씀하고 계시기 때문입니다.

(2) 하나님의 성호(聖號)

▲ 여호와(출 3:14~15)

하나님의 성호를 말씀드린다는 것은 그분의 존재, 권세, 성품, 그리고 언약을 다 포함하여 표현하는 것임을 먼저 알아야 할 것입니다. 그러므로 역대하 7장 14절에서 "내 이름으로 일컫는 내 백성이 그들의 악한 길에서 떠나 스스로 낮추고 기도하여 내 얼굴을 찾으면 내가 하늘에서 듣고 그들의 죄를 사하고 그들의 땅을 고칠지라"고 말씀하셨습니다.

그러면 '여호와' 라는 성호의 뜻은 무엇일까요? 이는 하나님의 자존성과 영원성을 계시해 주는 귀한 성호입니다. "하나님이 모세에게 이르시되 나는 스스로 있는 자이니라 또 이르시되 너는 이스라엘 자손에게 이같이 이르기를 스스로 있는 자가 나를 너희에게 보내셨다 하라"(출 3:14)고 말씀하셨습니다. 이는 우리가 믿는 하나님은 피조물이 아니라 창조주이심을 증명하는 성호입니다.

◆ '스스로 계신' 여호와 하나님

다시 말씀드려서 여호와 하나님이란 피조된 것들과 완전 독립된 분이십니다. 또한 영원 전부터 영원까지 스스로 존재하시는 분이십니다. 그래서 이 세상의 모든 피조 세계에 얽매이지 않으시고 도리어 그의 모든 것들을 창조 및 섭리하시는 분이십니다. 그러므로 그 당시 애굽 사람들이 만들어 낸 여러 우상들과 비교하는 것 자체가 불경스러운 일임을 강조하고 있는 것입니다.

하나님은 결코 자신과 비교되는 신을 허락하신 적이 없습니다. 이 말은 독선이 아닙니다. 진리입니다. 하나 더하기 하나는 둘이 되는 것이 진리이듯이, 자존하시는 신은 우리 여호와 하나님뿐임을 증거하는 것은 진리입니다. 오직 이 진리를 믿고, 의지하며 동시에 담대히 전할 수 있는 나팔이요, 편지가 되어야 할 것입니다. 역으로 그분이 자존하신다는 것은 우리들이 마땅히 의존적인 존재가 되어야 함을 역설하는 것이 아닐까요?

그러므로 사도 바울은 인간을 표현할 때 질그릇이라고 하였습니다(고후 4:7). 또한 이사야 선지자도 "우리는 진흙이요 주는 토기장이시니 우리는 다 주의 손으로 지으신 것이나이다"(사 64:8)라고 하며 우리 인생을 흙으로 표현하였습니다. 원래 성경에 기록된 '사람'이란 단어는 '아담'입니다. 이는 '아다마', 즉 '붉다'는 말에서 기인되는 것으로서 사람은 붉은 흙으로 만들어진 존재임을 강조하는 것입니다.

이는 사람이 하나님의 형상대로 지음 받은 존귀한 존재이나 동시에 흙에서 나온 유한한 존재임을 강조하는 것입니다. 그러므로 만일 하나님의 형상인 인간이 그 하나님과의 관계를 단절한다면 정말 하찮은 흙에 불과한 일생을 살다가 저주로 눈을 감을 수밖에 없을 것입니다. 그러나 자존하시는 여호와 하나님께 범사를 의지하며 살아간다면 영광과 존귀, 그리고 현세와 내세의 복락을 아울러 받아 누리게 될 것입니다(롬 2:7~10).

그러므로 우리 인생들이 여호와 하나님을 의지하는 것은 특별한 일이 아니요, 당연한 일입니다. 마치 어린 유아가 어미 품을 그리워하는 일이 특별한 것이 아니요 자연스러운 것과 같습니다. 결코 "어허, 이 녀석 이제 늙어가더니 약해졌구먼! 하나님을 믿기 시작하다니 말이야!"하는 친구들의 말에 현혹되지 말아야 합니다. 왜냐하면 그동안 방자하게 살았다가 이제 겨우 제자리를 찾은 것뿐이기 때문입니다.

주기도의 이 부분을 고백할 때마다 더욱 여호와를 의지하겠다는 헌신이 있어야 합니다. 철저히 여호와만 섬기다가 일생을 마치겠다는 서원이 같이 드려져야 할 것입니다. 그럴 때 드디어 자신은 지금 하고자 하는 일을 성취할 능력이 없기에 오직 자비를 구하는 기도밖에 할 수 없음을 보여 드리게 될 것입니다. 동시에 나뭇가지에 앉아 노닥거리는 새가 아니라 공중 나는 새를 먹이시겠다는 하나님의 언약을 믿고 손과 발로 열심히 찾고 두드리게 될 것입니다.

◆ '영원하신' 여호와 하나님

"하나님이 또 모세에게 이르시되 너는 이스라엘 자손에게 이같이 이르기를 나를 너희에게 보내신 이는 너희 조상의 하나님, 곧 아브라함의 하나님, 이삭의 하나님, 야곱의 하나님께서 나를 너희에게 보내셨다 하라 이는 나의 영원한 이름이요 대대로 기억할 나의 칭호니라"(출

3:15) 하는 말씀 속에 여호와라는 성호의 깊은 뜻이 담겨져 있습니다. 즉 여호와 하나님은 영원하신 분이십니다.

물론 우리들이 영원이란 단어의 깊은 뜻을 이해하기에는 너무나 유한한 존재임을 고백할 수밖에 없습니다. 왜냐하면 어떤 인간도 영원히 존재하지 못하기 때문입니다. 그러나 그 영원이라는 기간을 이렇게 표현해 볼 수 있지도 않을까 생각합니다. 어느 날 작은 참새가 이런 결심을 하였습니다. 그것은 서울 남산 봉우리를 인천 영종도 매립지로 옮기기로 작정을 한 것입니다. 그래서 아침에 남산 꼭대기에 올라가 입에 작은 돌맹이 한 개를 물고 인천으로 날아와 영종도에 내려놓았습니다. 그 참새는 허기진 배를 채우기 위해 인천항으로 날아갔습니다. 외국에서 수입한 곡식들이 큰 천막으로 덮혀 있었습니다. 다행히도 덤프트럭에 곡식을 싣다가 떨어진 것들이 있어 그것으로 식사를 마친 후 다시 서울로 날아갔습니다. 또 하나의 돌을 취하여 영종도 매립지에 던져 놓으니 하루 해가 넘어가고 말았습니다. 그렇게 하루가 마감되어 어느 허름한 집 앞뜰에 있는 고목나무에서 하룻밤을 보내기로 작정하였습니다.

그리고 다음날이 밝았습니다. 또 어제와 같은 작업이 계속되었습니다. 드디어 오랜 기간이 지난 후, 남산 봉우리가 영종도로 완전히 옮겨지는 대역사가 마감되었습니다. 제가 질문을 한 가지 하겠습니다. 트럭이 아닙니다. 물론 열차도 아닙니다. 참새가 그렇게 할 수 있는 기간이 짧은 기간일까요? 아니면 상상을 초월한 엄청난 기간이겠습니까? 그렇습니다. 말로 표현하기조차 어려운 기간일 것이 분명합니다.

그러나 그 기간도 영원이라는 기간에 비교하면 겨우 시작에 불과한 기간일 것입니다. 우리가 영원하신 하나님을 감히 상상하기는 어렵습니다. 그러므로 나 여호와는 영원히 계신 하나님이라고 하시면 그저 고개 숙여 경외하는 것 외에는 다른 방도를 말하면 안될 것입니다. 다만 영원하시다는 말씀 속에 있는 한 가지의 의미만을 살펴보고자 합니다.

영원하신 분이란 시간과 공간을 초월하신 분이라는 진리가 담겨져 있습니다. 시작과 마지막이 없으시기에 시간 그 자체의 원인과 결과가 되시는 분이십니다(벧후 3:8, 요 1:3). 그러므로 우리 인간이 고백할 말은 "하나님은 높으시니 우리가 그를 알 수 없고 그의 햇수를 헤아릴 수 없느니라"(욥 36:26)라는 것 뿐입니다.

특히 영원하신 분이시기 때문에 우리들의 현세뿐 아니라 내세의 삶에도 함께하시는 분이심을 고백하지 않을 수 없습니다. 이곳에서 여호와의 진노를 피할 수 있어도 내세에서는 결코 피할 수 없습니다. 그래서 부자와 나사로의 비유 속에서 아브라함이 지옥에 간 부자에게 말씀하는 내용이 그 진리를 입증하고 있습니다. "아브라함이 이르되 얘 너는 살았을 때에 네 좋은 것을 받았고 나사로는 고난을 받았으니 이것을 기억하라 이제 그는 여기서 위로를 받고 너는 괴로움 받느니라"(눅 16:25).

우리 예수님께서도 "이 무익한 종을 바깥 어두운 데로 내쫓으라 거기서 슬피 울며 이를 갈리라 하니라"(마 25:30)고 예언하시므로 영원하신 여호와의 진노를 피할 영혼이 없음을 증거하셨습니다. 반대로 영원하신 하나님을 믿는 사람들은 현세에서는 심령의 천국을 맛볼 것이요, 죽음 후에도 그분께서 주시는 영원한 위로의 평강을 받을 처소가 있음을 대망하게 됩니다. "모든 눈물을 그 눈에서 닦아 주시니 다시는 사망이 없고 애통하는 것이나 곡하는 것이나 아픈 것이 다시 있지 아니하리니 처음 것들이 다 지나갔음이러라"(계 21:4).

그러므로 우리 기독교인들만 죽음 앞에서 찬송을 유일하게 부를 수 있는 것입니다. 우리 영혼이 영원하신 여호와께서 예비하신 천국에 들어가는 것이기 때문입니다. 이 찬송은 천국 환송가와 같은 의미가 담겨져 있습니다. 그러므로 "이름이 거룩히 여김을 받으시오며"라고 기도할 때 진심으로 감사하는 마음이 담겨져 있어야 합니다. 여호와께서 현세와 내세의 영육 간의 모든 일들을 지금부터 영원히 인도해 주실 것이기 때문입니다.

◆ 주님(아도나이, 창 15:2)

주(主)라는 뜻의 '아도나이'는 하나님의 대명사입니다. 그러므로 하나님을 주님이라고 표현하는 까닭은 그분만이 인간의 유일하신 주권자요, 통치자이기 때문입니다. 특히 하나님을 향한 성호인 '여호와'를 직접 부르는 것이 두려운 선민들이 대신 사용한 성호가 바로 주님인 것입니다. 심지어 성경을 필사하는 사역을 맡았던 서기관들은 '여호와'라는 성호를 기록해야 할 때마다 사용하던 붓을 일곱 번이나 깨끗한 물에 씻어서 '아도나이'라고 기록하였다고 합니다. 그러므로 주님이라는 성호는 아무나 부를 수 있는 것이 아닙니다. 자신의 삶의 유일한 주권자요, 통치자로 여호와를 모신 분들만 사용할 수 있는 성호입니다.

특히 주님이라는 명칭은 인격적으로 상대방에게 종속되겠다는 결심이 있을 때 사용할 수 있는 것입니다. 그러므로 하나님을 주님이라고 부를 수 있는 사람은 누구이겠습니까? 하나님을 임금과 왕처럼 받들어 섬기겠다는 절대적 종속의 의지가 있는 사람들입니다. 바로 우리들입니다. 아니 '나'입니다.

우리들, 아니 나는 예수님 안에서 "그의 소유된 백성"(벧전 2;9)임을 고백하는 사람입니다. 또한 "충성된(진실한) 청지기"(눅 12:42, 벧전 4:10)요, 그분의 제자(마 8:9)임을 감격적으로 인정하는 사람입니다. 그러므로 우리들의 임금이요 만왕의 왕 되시는 주님을 위하여 모든 것을 아낌없이 드리고자 하는 삶을 살아야 합니다. 왜냐하면 그분만이 우리에게 모든 것을 주실 수도 있고, 또한 일순간에 거두어 가실 수 있는 분이기 때문입니다.

◆ 모든 것이 내 것이 아닙니다. 모두 주님 것입니다.

"이는 만물이 주에게서 나오고 주로 말미암고 주에게로 돌아감이라 그에게 영광이 세세에 있으리로다"(롬 11:36). 그러므로 자신의 은사, 재능, 건강, 물질, 가정, 자녀, 심지어 생명까지도 결코 자신의 것이 아님을 인정하는 사람이 바로 하나님을 주님으로 모시는 자입니다. 그리고 그 모든 것들을 영원한 임금이요, 왕이신 하나님과 그분의 교회와 복음을 위하여 필요하다면 언제든지 드릴 수 있는 사람이 바로 하나님을 주님이라고 부를 수 있는 자격과 특권을 가지고 계신 분들이십니다.

물론 자본주의 체제와 흐름에 완전히 정복당한 것 같은 이 사회생활 속에서 이런 말씀을 아멘으로 받아들이며 실천에 옮기는 것은 결코 자아 의지로는 불가능합니다. 오직 보혜사 성령님의 도우심으로 가능하기 때문에, 그 성령의 역사가 우리 성도들에게 있기를 소망합니다. 왜냐하면 그 주님께서 우리들에게 파신 것은 하나도 없고 다만 맡겨주신 것이기 때문입니다. 만일 오늘밤 가져가시기로 작정하시면 순간적으로 가져가실 수 있습니다. 결코 우리는 항거할 수 없습니다(눅 12:13~21).

"또 내가 내 영혼에게 이르되 영혼아 여러 해 쓸 물건을 많이 쌓아 두었으니 평안히 쉬고 먹고 마시고 즐거워하자 하리라 하되 하나님은 이르시되 어리석은 자여 오늘밤에 네 영혼을 도로 찾으리니 그러면 네 준비한 것이 누구의 것이 되겠느냐 하셨으니 자기를 위하여 재물을 쌓아 두고 하나님께 대하여 부요하지 못한 자가 이와 같으니라"(19~21).

그런데 감사할 일이 있습니다. 물질을 맡겨주신 주님께서 십의 일을 드리라고 하신 것입니다. 십의 일만 드리라고 하셨으니 망정이지 만일 십의 사를 드리라고 하셨다면 우리가 그분에게 항거할 수 있겠습니까? 감사와 기쁨으로 드려야 할 것입니다. 또한 어린 아이의 오병이어를 받으시고 감사하셨으니 망정이지 재산 전체를 바치라고 하셨다면 또 어찌 항변할 말이 있겠습니까? 그러므로 자신에게 있는 최선의 것으로 주님께 드리며 신앙생활하는 여생이 되어지기를 원합니다.

우리 교회 구성전 마당의 화단은 아마도 인천에서는 최고의 시설이었다고 여깁니다. 물론 그 일에 깊은 관심을 가지고 계셨던 원로목사님께서 가꾸신 정원인 이유도 있지만, 그곳에 있는 모든 꽃과 나무에 즐거움으로 물을 주시는 70세가 훨씬 넘으신 어르신 집사님이 계셨기 때문입니다. 그분이 주님이신 하나님의 집을 위하여 바칠 수 있는 오병이어는 물통을 가지고 때를 따라 물을 주는 것입니다.

우리 교회 제직들은 연초 제직수련회의 마지막 순서로 제직 봉사서에 자신이 할 수 있는 오병이어를 기록하도록 합니다. 즉 약 130여 개의 봉사내역이 담겨져 있는 용지에 자신이 한 해 동안 봉사할 내역에 체크를 하는 시간입니다.

그렇다면 하나님을 주님으로 섬기는 분들의 임종의 순간은 어떠해야 할까요? 다시 말씀드리면 자신의 일평생을 주권적으로 인도하셨고 선한 길로 통치하셨던 그 주님을 위한 마지막 순간의 자세가 어떠해야 할까요?

◆ '유산의 십일조'를 준비합시다!

어느 날 우리 교회 어느 은퇴장로님께서 면담을 요청하셨습니다. 전도와 심방에 늘 충성하시던 어르신이셨으며, 늘 밝은 웃음으로 후배 성도들을 지도해 주시던 분이셨습니다. "목사님, 나이가 점점 들어가고 이제는 80을 바라보게 되니 삶의 마지막을 준비하게 됩니다. 저에게 남은 것이라고는 작은 집 하나 뿐인 것을 아시지요? 딸들에게 이미 이야기하였고 허락을 받아냈으니 염려하지 마세요. 목사님, 저의 집을 하나님의 사역을 위한 마지막 헌물로 드리고자 합니다. 제가 집문서를 가져올 것이니 받으시고 교회재산으로 명의를 변경해 주시면 감사하겠습니다. 그리고 저의 내외가 소천하게 되면 그 때 교회에서 꼭 필요한 사역에 사용해 주시면 감사하겠습니다."라고 말씀하시는 그 어르신의 표정에서는 이제야 그 동안의 기도제목이 응답되었다는 기쁨과 후련함이 진하게 담겨져 있었습니다.

그 장로님의 말씀 중, "목사님, 제가 죽어 천국에 갔을 때, 그 주님께 말씀드릴 보고자료가 생긴 것 같습니다."라는 고인의 음성이 지금도 제 귀에 쟁쟁합니다. 만일 우리들에게 인생의 마침표를 찍어야 할 순간이 다가왔다고 합시다. 그래서 지금까지의 모든 유산을 어떻게 나누어야 할 것인가를 법적으로 정해야 할 순간이 다가왔다고 합시다. 그 때, 자신의 자식과 손주들을 위해 그 모든 것을 나누어주고 죽어갔다고 합시다. 이제 육신은 활동이 중지되었습니다. 그리고 그 육신에서 홀연히 빠져나온 영혼이 천군과 천사의 들림을 받아 죽음의 요단강을 건너 천국에 입성하였다고 합시다. 그 때 상급을 계수해야 할 것인데 혹 주님께서 "너는 마지막 유산을 누구에게 어떻게 주고 왔는가?"라고 물어 보신다면 어떻게 대답할 수 있을까요? 자식들에게만 주고 왔다고 할 것입니까? 그 유산 중, 십일조라도 주님과 그분의 사역을 위하여 드리고 왔다고 말씀드릴 수 있겠습니까? 천국에서 개털모자를 쓸 것입니까? 아니면 금 면류관을 원하시고 계십니까?

물론 내세와 그 곳에서의 상급을 믿지 못한다면 더 이상 이야기할 필요가 없겠지만 말입니다. 그러나 왜 믿고 계십니까? 왜 교회를 열심히 다니십니까? 그 이유가 무엇입니까? 베드로 사도는 이렇게 그 해답을 말씀하시고 계십니다. "믿음의 결국 곧 영혼의 구원을 받음이라"(벧전 1:9). 예수님을 자신의 영육의 구주로 모심은 영혼이 구원받기 위함입니다. 그런 분들에게 한걸음 더 나아가야 할 방향이 있습니다.

그래서 사도 바울은 이렇게 말씀하고 있습니다. "내가 선한 싸움을 싸우고 나의 달려갈 길을 마치고 믿음을 지켰으니 이제 후로는 나를 위하여 의의 면류관이 예비되었으므로 주 곧 의로우신 재판장이 그 날에 내게 주실 것이니 내게만 아니라 주의 나타나심을 사모하는 모든 자에게 도니라"(딤후 4:7~8). 즉 상급인 것입니다. 의의 면류관인 것입니다. 물론 유산의 십일조는 그 면류관을 받을 수 있는 경건 중에 하나일 것은 분명합니다. 그 외의 많은 경건을 통하여 그 상급이 가능할 것입니다.

그래서 성경은 우리에게 다시 말씀하십니다. "부지런하여 게으르지 말고 열심을 품고 주를 섬기라"(롬 12:11). 열심히 주님을 섬기라는 이 말씀의 "열심"이라는 단어의 비유는 '뜨거운 불꽃 위에서

부글부글 끓다가 그 물이 넘치는 상태'를 암시하는 것입니다. 즉 우리 주님을 향한 사랑과 직무에 대한 열정이 끓어 넘쳐야 한다는 것입니다.

그 이유는 주님이신 하나님께서 나 같은 죄인을 위하여 독생자 예수님을 죽이시기까지 사랑하시고 대속의 직무를 감당하셨기 때문입니다. 그러므로 우리들이 주님과 주님의 몸된 교회, 그리고 주님의 복음을 위하여 죽음에 이르는 순교를 당하여도 겨우 예수님의 사랑과 무승부 정도에 불과한 것입니다. 그분의 우리들을 향한 성역감당의 양과 질에 조금이라도 비슷해지는 것에 불과하기 때문입니다.

그러므로 주님의 자신을 향한 사랑과 희생적 직무감당의 은총을 아는 성도들은 복음을 위하여 살아가며, 아무리 어려운 일을 하고 있어도 결코 십자가를 지고 있다고 말하지 않습니다. 즉 그 정도의 복음을 위한 어려움을 가지고 감히 주님의 사랑과 비교하는 것이 불경건이라는 것을 이미 알고 있기 때문입니다. 다만 감사와 기쁨으로 감당할 수 있다고 고백할 따름입니다. 그 이유는 우리들의 삶에 주권적, 그리고 통치적인 권한을 가지고 계신 주님이신 하나님과 함께 그 일을 감당하고 있다는 믿음 때문입니다. 종이는 참으로 약하기 짝이 없습니다. 종이 한 장 채로는 쉽게 찢어지고 많은 사람들에게 밟히기 쉽습니다. 그러나 그 종이가 벽에 붙어 있기 시작할 때부터는 결코 약하지 않습니다. 견고하며 찢어지지 않습니다. 물론 사람들의 발에 밟히지도 않을 것입니다.

우리와 주님이신 하나님과의 관계도 마찬가지입니다. 더욱 주님을 사모하시기 원합니다. 그분을 삶의 중심에 모시는 경건에 게으르지 않기를 바랍니다. 열심히 모이시고 제대로 흩어지시기 원합니다. 그리하다가 주님이 나의 하나님이심을 고백하는 능력자, 십자가의 군병들이 되시기를 진심으로 원합니다.

▲ 여호와 이레

여호와 이레는 '준비하시는 하나님' 이라는 하나님의 호칭입니다. 하나님께서 모리아 산에서 아브라함의 아들 이삭을 대신하여 한 마리의 숫양을 준비하셨던 성경적 사실을 근거로 한 하나님의 호칭입니다. "여호와의 산에서 준비되리라"(창 22:14). 이 뜻은 '여호와께서 보여 주실 것이다', 혹은 '여호와께서 그 자신을 나타내실 것이다' 라는 의미와 일치됩니다.

◆ 순종하면 준비하시는 하나님

하나님이 아브라함에게 외아들 이삭을 제물로 바치라고 말씀하신 것은 결코 권면이 아니었습니다. 즉 "아들을 바치든지, 아니면 그만 두든지 자네 뜻을 존중하겠네!" 정도가 아니라, 강한 하나님의 명령이었습니다. 그것도 상식을 초월한 명령이었지만 오직 하나님의 명령이기에 순종하는 아브라함에게 피할 길과, 피할 것을 준비하시는 하나님이셨습니다. 아브라함이 자신의 삶으로 증거하는 순종이란, 순종하면 어떤 좋은 결과가 언약되었기에 하는 순종이 아니었습니다. 또한 자신의 합리적인 판단 능력으로 볼 때, 순종할 만한 가치가 있기에 하는 순종이 아니었습니다. 다만 하나님의 명령이기에 순종하는 순종입니다. 그러므로 우리 성도들도 하나님의 말씀인 성경이 하라고 명령하면 장애물과 어려움을 무릅쓰고 순종하는 믿음을 가져야 합니다. 또한 하나님의 음성인 성경이 하지 말라고 명령하면 돈과 명예, 그리고 칭찬과 행복이 보이더라도 하지 않아야 합니다. 바로 그런 삶이 바로 아브라함과 같은 삶입니다. 이와 같은 제사 드림 보다 나은 순종에는 반드시 여호와 이레 하나님께서 자신의 영광과 이름이 욕되지 않도록 좋은 것으로 준비하고 계십니다. 그런 하나님의 역사를 가리켜 바로 '여호와 이레' 라고 합니다.

우리는 아브라함의 철저한 순종의 모습을 마음의 눈으로 유심히 바라보며 자신의 경건으로 삼아야 할 것입니다. 다시 한번 유심히 살펴보아야 할 성경구절이 있습니다. 그것은 "아들 이삭을 번제로 드리라!"(2절 하)는 말씀과 "아브라함이 아침에 일찍이 일어나…"(3절 상) 사이에 다른 말씀이 들어가 있지 않다는 것입니다. 그것은 아브라함이 하나님의 명령을 들은 날 저녁이나 깊은 밤 침상에서 아내 사라와 아들을 제물로 바쳐야 할 일에 대하여 이야기를 나누지 않았음을 확인해 주는 것이 아닐까요?

아마도 아브라함이 아내와 함께, 그날 밤 백세에 얻은 외아들 이삭을 동물이나 태워 죽이는 번제물로 드릴 것을 의논하였다면 사라의 반응은 분명 이러하였을 것입니다. "어찌 치매증세가 보이지 않으신다 하였더니 이제야 왔네요! 이삭을 제물로 드리고 싶거든 차라리 나를 죽여요, 죽여!"

혹은 "우리가 믿는 하나님은 절대로 그런 비인간적인 명령을 하실 분이 아니잖아요? 하나님께서는 소나 양, 혹은 비둘기를 제물로 드리라고 하실 분인 것을 당신이 더 잘 아시고 계시잖아요? 아마도 목장 일을 며칠 동안 계속하시더니 마음과 몸이 허해지신 것 같아요. 며칠 좀 푹 쉬셔야 할 것 같군요. 그리고 지금 하신 말씀, 절대로 아들에게 이야기하시면 안되는 것 아시죠?"라고 말입니다.

아브라함 자신이 생각하기에도 아내가 그렇게 반응을 할 수밖에 없는 하나님의 명령이었기에, 사전에 그 누구하고도 상의하지 않은 아브라함에게서 우리는 하나님을 향한 절대적 순종을 배우게 됩니다. 그리고 인격적인 하나님께서 아브라함의 그런 순종에 대한 선물로 한 숫양을 준비하시는 역사는 마치 한 폭의 그림과도 같습니다. 그러므로 늘 그럴 것은 아니지만, 하나님의 명령에 순종하는 삶을 살아가려면 때로는 부부 간에도 상의하지 말아야 할 것이 있을 수 있습니다. 더 나아가 부자지간, 혹은 교회 안팎의 어느 상담자에게도 상의하지 말아야 할 것이 있다는 것을 명심해야 할 것입니다.

◆ 아비가일의 지혜

'아비가일' 을 기억하시나요? 아주 불의하고 배은망덕한 남편, '나발' 과 함께 살던 지혜로운 아내였습니다. 오직 자기 자신과 돈밖에 모르는 남편, 그래서 과거에 자신의 생명과 재산을 보호해 준 다윗 일행이 먹을 것을 좀 구하였으나 냉정하게 거절하던 남편을 모시고 있던 여인이었습니다. 그 아비가일이 남편의 잘못된 처신으로 인하여 배신감을 느낀 다윗과 그의 군사들이 자기 가정을 향하여 돌진한다는 소식을 듣고 어떻게 처신을 하였는지 아시는지요?

아비가일이 그의 남편인 나발과 그 긴박한 문제를 가지고 상의하였을까요? 아닙니다. 성품이 불 같은 남편과 싸움으로 치닫게 될 그 일을 상의한다는 것은 마치 불붙는 곳에 다시 휘발유를 붓는 것과 같은 일이 될 것이라는 것을 그녀는 잘 알고 있었습니다. 그래서 그 일만큼은 남편과 아무런 상의 없이 홀로, 그리고 급히 나귀에 용서를 비는 많은 예물들을 싣고 다윗에게로 달려갔던 것입니다(삼상 25:18~35). 그리고 아비가일이 다윗에게 찾아가 용서와 회복을 비는 모습을 통하여, 아내 사라와 아무런 협의 없이 아침 일찍 이삭을 나귀에 태우고 떠나는 아브라함을 다시 바라보게 됩니다. 그리고 여호와 이레의 하나님을 다시 바라보게 됩니다.

저희 교회에는 불신 남편 몰래 십일조를 드리는 여집사님들이 계십니다. 그들의 그 모습을 '몰래' 라는 단어로 표현하는 것을 결코 부정적이요, 잘못된 표현으로 치부할 수는 없을 것입니다. 왜냐하면 십일조를 드리라는 하나님의 명령을 순종하는 일이기에, 때로는 부부 간이라도 상의할 수 없을 때가 있는 것입니다. 왜냐하면 불신 남편과의 상의한 결과가 바로 하나님의 명령을 정면으로 대항하게 되는 지름길이 되기 때문입니다. 그리고 자신의 가정 범백사를 향한 하나님의 은혜와 물질의 복을 스스로 끊게 되는 우매자의 판단이기 때문입니다(말 3:6~12). 또한 십일조 명령을 불순종함으로 불신가족들의 불신앙에도 불구하고 가정이 여호와 이레의 복을 받을 수 있는 영적 비결을 벗어나는 것이기 때문입니다.

지금은 권사님이 되신 어느 여성도님이 계십니다. 너무나 유교적인 사상에 푹 잠긴 그 여성도님의 시아버님께서, 며느리의 수요일 밤 예배참석을 허락한다는 것은 불가능한 일이었습니다. 그럼에도 불구하고 평소에 그 시아버님을 정성으로 모시다가, 수요일 저녁이 되면 잠시 시장을 다녀오겠다고 말씀드리며 장바구니에 성경, 찬송을 넣어 교회로 오던 여성도님이었습니다. 요즘 장바구니를 들고 무도장이나 모텔로 들어가는 아줌마들 하고는 감히 비교할 수 없는 얼마나 아름다운 모습입니까? 그리고 예배 참석 후, 급히 간단한 반찬거리를 사 들고 들어가던 그 여성도님은 이제 훌륭한 권사님이 되셨습니다. 아마도 그 때, 그 시아버님과 교회 출석 횟수 문제를 상의하였다면 모이기에 힘쓰라는 성경말씀(히 10:25)을 준행하는 성도가 되기 어려웠을 것입니다. 그리고 가족 구원의 은총은 커녕 권사라는 직분도 받지 못했을 것입니다. 왜냐하면 우리 하나님은 자신의 명령대로 순종하는 성도에게 결코 무심한 분이 아니시기 때문입니다. 결국에는 여호와 이레로 역사하시는 하나님이시기 때문입니다.

◆ 성령님보다 앞서가지 마세요!

어느 가정을 향한 이런 성령님의 역사도 있습니다. 제가 알고 있는 여집 사님께서 가지고 있는 신앙적 문제를 상의해야 할 대상은 함께 신앙생활을 하는 남편 집사님이었습니다. 그 여집사님은 하나님께서 자기 가정보다 연약한 가정이나 사람에게 늘 아낌없이 주는 가정이 되라고 말씀하신 것을 준행하기를 원하던 집사님이었습니다. 그리고 "주는 자가 받는 자보다 복되다"(행 20:35)는 말씀을 늘 기억하던 분이셨는데, 어느 날 자신에게 있는 것을 꼭 주고 싶은 대상이 생겼습니다. 가지고 있던 것은 순금 행운의 열쇠였으며, 우리 교회의 '평일 장애우 치료사역'을 위하여 헌물을 하고 싶었던 것이었습니다.

그러나 남편 집사님의 동의를 얻지 못하고 있었습니다. 왜냐하면 그 순금 행운의 열쇠는 남편이 아내인 그 여집사님에게 선물로 준 것이었기 때문이었습니다. 그럼에도 불구하고 그 아내는 성령님이 역사하실 때를 기다리는 인내와 지혜가 있었습니다. 즉 성령님의 역사보다 앞서가지 않기를 원하더니, 때가 차매 결국 그 부부가 같은 마음으로 그것을 헌물하면서 저에게 전해 준 편지내용을 들어보시겠습니까?

"하나님의 인도하심을 내 삶 속에서 느끼며 지냈지만, 이번 부흥집회에서 너무도 세밀하게 간섭해 주시는 주님을 느끼게 하심에 더욱 감사드립니다. 어제 낮과 저녁, 주님 앞에서 저의 속을 완전히 들추어내임 당해서 얼마나 부끄러웠던지요.

제게는 남편이 준 순금 열쇠가 있습니다. 남편이 늘 자랑스럽게 여기던 모교 동문회 총무직을 잘해서 받은 것입니다. 제게 그것을 건네며 반지, 혹은 목걸이 등 원하는 것을 만들라고 주었지만 받는 순간 생각난 것은 하나님이었습니다.

남편에게 교회에 헌금하고자 했을 때 대답이 없어서 원치 않으시는 구나 라고 느끼며 서랍 속에 들어가지도 않고 몇 주를 이곳 저곳 밀쳐 두다 안되겠다 싶어 눈에 띄지 않는 곳에 씁쓸한 마음으로 넣어 두었습니다.

볼 때마다 마음이 무거웠는데, 이용걸 강사 목사님께서 하나님의 일에 옳다 싶으면 의논 없이 즉시 행하라는 말씀에 전율이 왔습니다. '그래 이거다!' 생각하며 오늘 저녁예배 때 주님께 드리고 싶었는데, 남편의 수고로 받은 것을 말 한마디 없이 내 생각대로 행함이 미안하여 실천으로 옮기지 못했습니다.

마지막 날 저녁집회 내내 금 열쇠가 눈에 밟혔는데, 마지막 참았던 담임 목사님의 한 마디가 저희 부부를 무너뜨렸습니다. 통성기도 때 얼마나 울었는지... 거의 한 달 동안 근심 덩어리였던 열쇠가 이제는 기쁨의 열쇠가 되었습니다. 교회 문을 나서면서 남편이 "우리를 앞지른 사람이 있었네"하는 이 한 마디에 주님의 세밀한 간섭을 느꼈습니다.

하나님, 우둔한 저희에게 한 달을 참으며 깨달음으로 인도하심을 감사드립니다. 이용걸 목사님, 이건영 목사님 감사합니다. 저희에게 믿음을 주셨던 것, 주님의 것이라 다시 주님께 드립니다. 주님! 감사합니다.

※ 추신 : 이 행운의 열쇠를 장애우 평일 사역인 '삼일특수교육센터'를 위해 써 주세요.

　그러므로 그 상의할 대상이 믿음이 있고 하나님의 사역을 향한 열린 마음이 있는 아내, 남편, 혹은 자식, 부모님이시거든 너무 성급히 결단을 내리지 말아야 합니다. 그리고 좀 더 시간을 가지고 기도하며 대화하고 기다리는 것도 지혜로운 방법일 것입니다. 그 이유는 하나님께서 그 일을 원하시면 성령, 혹은 말씀을 통하여 그리고 그 외의 어떠한 방법을 동원해서라도 역사하실 것이기 때문입니다. 또한 우리 성도들이 주기도를 고백할 때, 소리내어 고백하는 대상인 하나님은 여호와 이레의 하나님이시요, 합력하여 선을 이루시는 하나님이시기 때문입니다(롬 8:28).

　성령님은 자신이 보시기에 제일 알맞은 때에, 그리고 알맞은 장소로 우리를 이끄시는 영이십니다. 마치 빌립 집사를 에디오피아 여왕의 내시가 성경을 읽고 있지만 도저히 이해하지 못할 구절을 가지고 고민하는 그 때에 바로 그 장소로 이끄시듯이(행 8:26~39) 우리 믿는 식구들을 이끄시는 영이 바로 성령님이십니다. 그러므로 믿음의 가족이라면 할 수 있거든 서로간의 회복을 중요하게 여겨야 합니다. 그러기 위해 지금도 자신의 가족을 이끄시는 성령님에게 결정의 시기와 방법을 맡기는 지혜와 여유가 필요합니다. 그런 성도는 결국 여호와 이레 하나님을 예비된 그 때와 그 장소에서 만나는 감격이 있을 것입니다.

◆ 예수님을 준비하신 여호와 이레의 하나님

이삭을 제물로 바치려고 했던 모리아산은 아브라함 시대 이후로부터 이스라엘 민족의 중요한 예배처소가 되었습니다. 그래서 다윗과 솔로몬도 모리아산에서 하나님께 큰 영광을 돌렸습니다(삼하 24:18~25, 대하 3:1). 그러므로 모리아산에서 일어난 '여호와 이레 사건'은 '구약의 갈보리산 사건'이라고 말할 수 있을 만큼 그 신앙적인 의미가 큽니다.

왜냐하면 모리아산에서 독자 이삭을 제물로 바치려고 했던 성경의 사건은, 신약시대에 있을 하나님의 독생자 예수 그리스도의 갈보리산 상에서의 대속의 희생을 예표하는 사건이기 때문입니다. 그러므로 예수님을 통한 구속사의 성경적인 흐름을 살펴볼 때에, 만일 이 모리아산에서 있었던 이삭을 바치는 사건을 제외한다면 구속사의 설명은 거의 불가능하게 될 것입니다.

◆ 이삭과 예수님은 쌍둥이(?)

특히 이삭을 바치는 사건과 예수님께서 십자가를 지시는 사건을 비교해 보면 공통점이 많이 있는 것을 발견하게 됩니다. 그 첫째는 대속 제물을 통한 희생제사입니다. 즉 하나님께서 이삭을 대신하여 미리 준비해 두셨던 양을 제물로 삼으신 것처럼, 우리들을 위하여 하나님께서 예수님을 대속의 어린 양처럼 희생 제물로 삼으셨기 때문입니다 (벧전 1:19, 사 53:7).

둘째로는 결코 주저함이 없었으며, 동시에 자원하여 드린 제사였다는 것입니다. 즉 아브라함이 이삭을 바치려고 할 때 전혀 주저함이나 억지로 함이 없었듯이, 우리 하나님께서 인류를 대속하기 위하여 독생자 예수님을 십자가에 못박히게 하실 때 전혀 주저함이나 억지로 하시는 모습을 보여 주시지 않으셨던 것입니다(요일 4:10).

셋째로는 하나님께서 미리 준비하신 어린양 제물로 인하여 다시 살게 된 이삭의 새 생명과 새 생활은, 십자가에 죽으셨다가 사흘만에 부활하신 주님으로 인하여 우리들이 영생이라는 새 생명과 천국에서 살게 되었다는 새 생활을 예표해 주고 있지 않습니까? 그러므로 우리 하나님의 자녀들은 이제 더욱 더 이런 신앙고백을 감격적으로 드리며 살아야 할 특별한 사람들입니다.

"사망아 너의 승리가 어디 있느냐 사망아 네가 쏘는 것이 어디 있느냐 사망이 쏘는 것은 죄요 죄의 권능은 율법이라 우리 주 예수 그리스도로 말미암아 우리에게 승리를 주시는 하나님께 감사하노니 그러므로 내 사랑하는 형제들아 견실하며 흔들리지 말고 항상 주의 일에 더욱 힘쓰는 자들이 되라 이는 너희 수고가 주 안에서 헛되지 않은 줄 앎이라"(고전 15:55~58).

이런 고백을 하며 두려움 없이 산 소망 속에 살아갈 수 있도록 하기 위하여, 우리 하나님께서는 예수 그리스도를 미리 준비해 주신 여호와 이레의 하나님이십니다. 그래서 찬송가는 이런 가사로 우리를 이끌고 있습니다. "주 예수 내가 알기 전 날 먼저 사랑했네 그 크신 사랑 나타나 내 영혼 거듭났네 주 내 맘에 늘 계시고 나 주의 안에 있어 저 포도비유 같으니 참 좋은 나의 친구. 내 진실하신 친구여 큰 은혜 내려 주사 날 항상 보호하시고 내 방패 되옵소서 그 풍성한 참 사랑을 뉘 능히 끊을쏘냐 날 구원하신 예수는 참 좋은 나의 친구"(찬송가 90장).

◆ 왕자를 원하셔야 합니다.

옛날 이야기입니다. 어느 추운 겨울날이었습니다. 한 농부가 땔감을 얻기 위하여 산에서 나무를 하고 있었습니다. 그런데 갑자기 비명소리가 들려 그 소리난 곳으로 뛰어가 보니, 낭떠러지에 한 소년이 떨어져 피를 흘리고 있는 것이 아닙니까? 농부는 그 소년을 자기 집으로 데려가 정성껏 치료해 주었습니다. 그래서 그 소년은 회복되었습니다.

소년이 돌아간 얼마 후에 알게 된 사실은 농부를 깜짝 놀라게 했습니다. 자신이 치료해 준 그 소년이 아버지 몰래 사냥을 나왔다가 길을 잃어버린 임금님의 아들이라는 것이었습니다. 농부의 착한 행실은 임금님께 전해졌고, 임금님은 그 농부에게 아들을 살려준 보답을 하겠다고 하였습니다. "집, 농토, 권세, 아니면 많은 돈, 자식의 취직 문제 등 무엇이든지 이야기하면 내가 들어 주리라!" 그러나 그 농부는 점잖게 그 모든 것을 사양하였습니다. 그리고 한 가지의 소원을 말씀 드렸습니다. "임금님, 임금님께서 사랑하는 세자를 일 년에 한 열흘씩만 저의 집에 유숙케 하시면 소원이 없겠습니다." 물론 약속한 것이 있으니 임금님은 그 농부의 소청을 쾌히 허락하였고, 그런 소식을 들은 동네 사람들은 농부를 향하여 참으로 어리석은 사람이라고 핀잔을 주었습니다.

드디어 그 왕자가 농부의 집에서 쉬기로 작정한 날이 다가오기 시작하였습니다. 그러자 관가에서 일꾼들이 나와 왕자가 편히 그 집에 도착할 수 있도록 길을 새롭게 닦기 시작하였습니다. 집도 새롭게 고치고 아름다운 정원도 만들었습니다. 그리고 왕자가 편히 쉴 수 있도록 그 농부나 동네 사람들은 평생 보지도 못했던 새로운 가구들이 들어왔습니다.

또한 왕궁에서 일하는 요리사들이 도착하여 많은 음식 재료를 창고에 가득 채웠습니다. 그리고 왕자를 모시는 농부 가족들이 너무 초라하면 왕자의 마음이 괴로울 것이라 하며 농부의 식구들을 위한 아름다운 의복을 가득 실은 마차도 도착하였습니다. 그리고 왕자를 위하여 이 농부가 대접할 일이 있으면 사용하라고 평생 만져보지도 못하였던 엄청난 돈을 보내 주었다는 것이 아닙니까?

이 농부는 임금님께 아무것도 구하지 않았습니다. 다만 왕자를 자기 집에 모심으로 모든 것을 얻게 되었습니다. 참으로 지혜로운 농부의 모습이요, 하나님 존전에서 우리 성도들 신앙의 모습이 바로 그리해야 할 것입니다. 우리 예수님은 만왕의 왕이요, 만주의 주이십니다. 그리고 이 세상을 창조하신 창조주이시오, 지금도 우리와 만물을 다스리시는 섭리자이십니다.

그 분을 자신의 영육의 구주로 영접하는 마음이 무엇보다도 급선무가 되는 신앙인이 되어야 합니다. 그 예수님께서 내 영혼뿐 아니라, 나의 삶의 현장에서 일어나고 있는 모든 일의 주관자요, 인도자로 모시는 일을 더 이상 미루지 말아야 합니다. 즉 우리들이 "나 외의 그 누구도 나를 지배할 수 없다!"라는 세속문화 속에 살고 있지만 도리어 "예수님을 나의 삶의 주인으로 모십니다!"라는 고백을 쉴새 없이 해야 할 것입니다. 그런 삶이 바로 '세속 속의 거룩성'이 있는 삶이요, 우리 주님이 기쁨과 자원하는 마음으로 그와 교제할 이유가 되는 것입니다. "볼지어다 내가 문 밖에 서서 두드리노니 누구든지 내 음성을 듣고 문을 열면 내가 그에게로 들어가 그와 더불어 먹고 그는 나와 더불어 먹으리라"(계 3:20).

아직도 예수님을 훌륭한 선생, 도덕가, 혹은 세계 4대 성인, 위대한 의사나 혁명가 정도로 믿고 계신 성도들이 계시는지요? 그렇게 오래 교회를 다녔건만 예수님에 대하여 그렇게만 믿어지도록 이끌고 있는 영이 과연 성령일까요? 아니면 악한 영일까요? 스스로 판단해 보시기 원합니다. 그리고 예수님을 자신의 영육의 구주로 영접하는 믿음의 옷깃을 다시 여미어야 합니다.

내일은 결코 내 날이 아닙니다. 그리고 여호와 이레로 예수님을 예비해 두신 하나님을 향한 불신앙을 가지고는 혹, 교회의 공기는 진동시킬 수 있으나 하나님의 자녀는 될 수 없음을 기억해야 합니다.

오늘 주님을 구주로 영접하시기 원합니다. 그분을 영접하면 모든 것을 해결 받습니다. 모든 일에 승리할 수 있습니다. 그리고 모든 일을 마친 후, 죽음이 저주가 되지 않을 것입니다.

▲ 여호와 샬롬

◆ "샬~롬!"과 "살~놈"

이 '샬롬'은 구약에 나오는 가장 중요한 신학적 용어들 중의 하나입니다. 그래서 구약성경 213곳의 독립된 구절에서 250회나 기록되어 있습니다. 그 중에, 약 50~60회 정도에서는 '분쟁이 없는 상태'를 의미할 때 사용되었습니다. 즉 완성과 성취의 상태, 다시 말해서 온전함과 일치의 상태, 그리고 회복된 관계의 상태에 들어간 것을 의미할 때 샬롬을 사용하였습니다.

그래서 이스라엘 사람이든 예수 그리스도의 은혜로 구원받은 성도들이든, 서로 만나면 반가운 마음과 복을 비는 마음으로 '샬롬'으로 인사를 합니다. 왜냐하면 이 인사법은 삶의 분쟁과 어려움이 없는 평강의 은총이 하나님으로부터 임재하기를 사모하는 성경적인 인사이기 때문입니다. 히브리어로 샬롬이 좋은 의미의 단어이지만, 한국말로도 복된 단어인 것 같습니다. "살놈!", 즉 '예수님 안에서 영원히 살게 된 분'이란 뜻으로 해석해 보면 말입니다. 물론 우스개 소리입니다. 그래도 '죽을 놈' 하는 것보다 듣기 좋지 않은가요?

그러면 여호와 샬롬, 즉 평강의 하나님이란 이름은 어느 사건을 통하여 인간들에게 주어진 하나님의 이름입니까? 구약시대에 사사

기드온이 이방 미디안 사람과 아말렉 사람, 그리고 동방 사람들과 전쟁을 하기 위해 백성들을 소집하였습니다. 그리고 큰 전쟁을 치르기 전에 과연 하나님께서 자신을 사용하셔서 선민 이스라엘을 구원하실 것인가를 알아보기 위해 하나님께 표징을 구하였습니다(삿 6:11~24, 34~40).

물론 기드온의 그런 요구는 하나님을 시험하려는 의도가 숨어있는 것은 아니었습니다. 다만 미디안 군대와 싸워야 할 자신을 향한 하나님의 소명과 함께하심을 재확인하고 싶은 소망 때문이었습니다. 물론 이처럼 표적을 구하는 것은 인간의 연약성을 증거하고 있습니다. 그러나 하나님께서 우리 모두의 하나님이 되시지만, 동시에 '나의 하나님'이심을 재확인할 수 있는 지름길이기도 합니다.

그러므로 성도들이 하나님께서 주신 사명을 감당하기 위하여 표적을 구한다면 그분께서는 냉정하게 거절하시는 하나님이 아니십니다. 도리어 기드온에게서처럼 풍성한 것으로 채워주시는 하나님이십니다(삿 6:17~21, 36~40). 그러므로 성령님께서 목사님을 통하여 임명해 주신 그 봉사사역을 감당하기에 너무나 벅차서 어쩔 줄 모르는 분이 계십니까? 기도하시기 원합니다. 하나님께서 자신을 그 사역과 봉사를 위하여 부르셨는지를 말입니다. 그리고 그 사역을 위하여 부르셨다면 무슨 표적, 혹은 마음의 확증을 허락해 달라고 기도하시기 원합니다. 하나님께서 사용하시기로 작정한 분이라면 어떠한 형태나 방법으로든지 역사하셔서 확증과 능력, 그리고 지혜를 허락해 주실 것입니다.

◆ 하나님께 표적을 구해도 되는 것일까요?

기드온은 첫 번째로 "양털 한 뭉치를 타작마당에 두리니 이슬이 양털에만 있고 사면 땅은 마르게 되는 표적"을 구하였습니다. 두 번째는 "양털만 마르고 사면 땅에는 다 이슬이 있게 되는 표적"을 구하였습니다. 기드온이 이렇게 반복하여 하나님께 표적을 구해도 되는 것일까요? 어떻게 보면 하나님을 시험하는 것 같으며, 불경스러운 것 같은, 이런 일을 해도 되는 것일까요?

성경의 대답은 가능하다는 것입니다. 만일 그 표적 구함이 하나님을 시험하거나 그 분의 능력을 의심하기 때문에 시작된 것이 아니고, 그 어느 사역을 감당하기 전에 하나님께서 자신을 부르셨는가를 알고자 하는 신앙이라면 가능합니다. 특히 자신에게 임한 소명을 재확인하려는 표적 구함이라면 하나님께서 거절하지 않는다는 것을 기드온을 통하여 분명하게 알 수 있습니다.

우리 교회 출신 평신도 선교사로 남아프리카로 파송된 김영 선교사님이 지금도 기억납니다. 그 분은 미혼일 때부터 선교에 관심이 있었던 분이었습니다. 결혼 후에도 선교사님들을 위해 기도하는 모임과 물질적으로 협력하는 일에는 늘 그림자처럼 함께계셨던 분이며, 그동안 해외 단기 선교사역을 다녀오며, 총회 해외 선교위원회에서 주관하는 평신도 선교사 훈련원을 수료하신 분이었습니다.

특히 작년에는 남아프리카로 단기선교를 다녀오며 현지 팀 선교하시는 목사님들에게 정식 선교사로 동역하자는 요청을 받았으나 확신이 들지 않았다는 것입니다. 세 번의 추가 요청이 있었지만 우리나라의 생활터전을 떠나야 한다는 부담감, 그리고 한 가정의 어미로서의 고민과 번민을 가지고 결정을 하지 못하던 중 기드온 사사가 생각이 났다는 것입니다. 그래서 이런 표적 주심을 하나님께 구하였습니다.

"하나님, 만일 저를 남아프리카 흑인 원주민에게 떡과 복음을 전하는 선교사로 사용하시기를 원하신다면 300만원을 통장에 입금을 시켜주시기 원합니다. 현재 그 선교현지에서 요구하는 선교지 입국을 위한 서류들을 작성하며, 현지 신학교의 입학을 위한 비용 300만원이 없기 때문입니다. 만일 그 돈이 제 통장에 입금이 되면 하나님께서 저와 우리 가족을 사용하시기를 원하시는 증거인 줄로 알며 주저 없이, 계산 없이 현지로 떠나겠습니다."라고 말입니다.

그리고 일주일 정도가 지난 후, 구역예배가 끝내고 혹시나 하는 마음으로 은행에 가보니 300만원이 입금이 되어있는 것이 아닙니까? 당황스럽기도 하고 실제로 두렵고 떨림을 부인할 수 없었습니다. 도대체 누가, 어떻게 300만원씩이나 나의 통장에 입금하였다는 말인가? 나중에 연락이 되어 알게 된 것인데 오래 전에 여러 선교사님을 협력하는 일에 같이 사역을 하였던, 그러나 지금은 거리상 같이 사역을 감당하지 못하고 있는 분께서 기도 중 김영 권사님에게 300만원을 드려야 한다는 생각이 계속 들기에 하나님이 주신 뜻으로 알며 보냈다는 것이었습니다. 더 이상 거부할 수 없는 증거에 그 가족은 지금 아프리카 현지에서 주님의 사역에 동참하고 있습니다.

◆ 표적 구함에 풍성하게 응답하시는 하나님

물론 자신의 안일을 위함이 아닙니다. 오직 하나님께 받은 사명과 직분을 감당하기 위해 표적을 구한 기드온에게 하나님은 풍성하게 응답하셨습니다. 즉 첫 번째 표적 요청 후, 그 다음날 아침에 양털을 취하여 이슬을 짜보니, 겨우 몇 방울의 이슬이 맺혀 있었던 것이 아니었습니다. 그 양털을 취하여 이슬을 그릇에 짜 보니 물이 그릇에 가득하였습니다. 정말 풍성하게 응답하시는 하나님을 체험한 것입니다.

그러나 그런 표적에도 불구하고 두 번째 표적 구하는 것이 부끄럽고 미안하였던 기드온은 이런 내용으로 기도하고 있지 않습니까? "주여, 내게 진노하지 마옵소서!" 그러나 두 번째에도 하나님은 결코 진노하시지 않으시고 풍성하게 응답해 주셨습니다. 즉 이번에는 구한 표적대로 양털은 마르고 땅에는 그 누가 소변을 본 것같이 약간 젖어 있었던 것이 아니었습니다. "땅에는 다 이슬이 있더라." 할렐루야!

병고침의 표적을 구한 히스기야에게 응답하신 하나님(왕하 20:8~11), 의심 많은 제자 도마에게 그의 손가락으로 자신의 못 자국에 넣으며, 옆구리에 넣어 보게 하시는 예수님(요 20:25), 심지어 말라기 선지자를 통하여 십일조를 온전히 드려서 하나님의 신실하심과 은혜 주심을 시험하여 보라고까지 하신 하나님(말 3:7~10)을 향하여 성도님들이 표적을 간구하는 것은 잘못된 신앙이 아닙니다. 이단적인 믿음도 아닙니다. 또한 잘못된 기도생활과 제목은 더욱 아닙니다. 만일 그 표적을 통하여 더욱 하나님의 사역과 그 분의 뜻을 이루어 드리기 위한 결심이 서 있다면 말입니다.

◆ 물론 표적은 간식이요, 하나님의 말씀이 주식입니다.

특별한 사명감당의 갈림길이나 그 사명을 이루기 위한 능력을 소유하기 위하여 표적을 구할 수는 있습니다. 그러나 매사에 표적을 본 후에야 열심을 내려고 하다가는 자신의 처음의 선한 의도와는 달리 잘못된 신앙인의 길을 걸어갈 수 있습니다. 그러므로 하나님의 자신을 향한 음성과 표적의 완벽한 증거인 성경이 내게 무엇이라고 말씀하시며, 어떻게 행동하라고 하시는가를 매일 단위의 은혜로 여기며 신앙생활해야 할 것입니다.

과연 성도님은 하루에 성경을 몇 장 읽고 계시는지요? 그런데 신문은 몇 페이지를 읽고 계시는지요? 과연 성도님의 하루 성경 읽는 시간과 신문 읽는 시간의 차이는 어떠하신지요? 과연 성도님은 신문을 읽으면서 이 사회의 흐름을 파악하는 능력과, 성경을 읽으면서 자신의 사명 감당을 위하여 지금도 임마누엘 하시는 하나님을 만나는 경험과의 차이는 어떠하신지요? 이런 자문자답은 참으로 귀한 신앙인격을 만드는 지름길이 될 것입니다.

그러나 그럼에도 불구하고 표적이라는 영적 간식도 필요할 때가 있습니다. 즉 이 문제를 어떻게 결정해야 할 것인가? 즉 해야 할 것인가? 하지 말아야 할 것인가? 신앙과 가정생활의 중대한 결과를 초래할 일을 위하여 표적을 구하는 일을 거부하지 마시기 원합니다. 왜냐하면 기도하라 말씀하시는 하나님, 나를 확증하라 말씀하시는 하나님, 심지어 나를 시험하라 말씀하시는 하나님께 증거를 보여 달라며 애타는 심정을 보여드리는 것은 그분의 자녀로서 마땅한 의무요, 특권입니다. 혹 우리들이 드리는 기도 중에 기드온 같은 표징을 주실지, 혹은 성경필사, 성경읽기, 설교 경청 중에 주실지, 혹은 꿈속에서 주실지, 아니면 초자연적인 역사로 주실지, 또한 교역자를 초청하여 예배를 드리므로 주실지, 아니면 작정기도를 하던 중 주실지, 신앙의 좋은 모델 교인과 상담하다가 주실지, 혹은 건강과 물질로 주실지, 혹은 자녀를 통하여, 부모님, 남편, 아내를 통하여 보여주실지 저는 모릅니다.

그러나 하나님은 아십니다. 그리고 하실 수 있습니다. 또한 절대 거절하지 않으십니다. 도리어 표적 구함에 풍성하게 응답하실 것입니다. 그리고 대적들로부터의 승리를 신앙과 삶을 통해 경험하게 하실 것입니다.

◆ 하나님이 주신 사명 감당을 위한 평강

평강이 우리에게 필요합니다. 세상 사람들은 평강이라면 자신의 모든 일이 잘되고 동시에 마음에 걱정이 전혀 없는 상태를 의미할 것입니다. 그러나 성도들이 추구해야 할 평강은 자신에게 주어진 사명을 감당하기 위한 표적 구함과 그 응답 후에 오는 평강입니다.

우리들에게 생명이 있음은 아직도 하나님의 사역을 위한 사명이 남아있기 때문입니다. 즉 우리는 주의 사역을 감당하기 위해 생존하고 있는 것입니다. 살아도 주를 위하여 살고, 죽어도 주를 위하여 죽어야 할 하나님의 자녀가 바로 우리들 아닙니까? 그리고 그렇게 살려고 작정한 우리들이 사명 감당의 표적 구함에 응답이 있었기에, 그 사명 감당하다가 아픔과 고통, 그리고 오해와 환난이 있어도 기뻠이 있는 것입니다. 또한 찬송과 담대함이 있는 것입니다.

굽히지 않는 하나님을 향한 일편단심이 있는 것입니다. 다시 말해서 현실이 그럼에도 불구하고 갖는 평강은 여호와께서 주시는 것입니다. 그것이 바로 여호와 샬롬인 것입니다. 즉 우리가 믿는 하나님은 현실이 그럼에도 불구하고 평강 주시는 하나님이십니다.

이는 마치 화창한 봄날 하늘거리는 나뭇가지 위에서 재잘거리는 새의 모습을 연상케 하는 평강이 아닙니다. 폭포수가 내려치는 곳 바로 옆, 물기가 흥건한 나뭇가지 위에서 새끼에게 무엇인가 먹이를 주기 위해 두리번거리는 그 새의 모습에서 보이는 평강을 의미하는 것입니다. 주님께서 주신 사명을 극한 어려움 속에서라도 감당하려고 준비하는 단계나 혹은 도중, 그리고 끝에 오는 평강은 내가 만들 수 있는 것은 아닙니다.

우리 예수님께서 주실 때 받을 수 있는 것입니다. "이것을 너희에게 이르는것은 너희로 내 안에서 평안을 누리게 하려 함이라 세상에서는 너희가 환난을 당하나 담대하라 내가 세상을 이기었노라"(요 16:33).

▲ '여호와 라파'

"나는 너희를 치료하는 여호와"(출 15:26)라는 하나님의 말씀이 있습니다. 이 말씀은 마라의 쓴 물을 단물로 바꾸시는 이적을 선민에게 베푸신 후에 하나님께서 자신을 나타내신 별호입니다. 즉 '여호와'와 '너희의 치료자'란 동격의 단어가 합성된 하나님의 성호입니다. 이 말씀을 직역하면 "여호와는 너희의 치료자"라 할 수 있습니다.

하나님께서는 절대자이심과 동시에 우리들의 영혼, 그리고 육신의 모든 질병과 아픔을 치료해 주시는 좋은 의사와 같은 분이십니다. 그래서 '치료하는'의 히브리어 '라파'는 의사, 혹은 의원을 가리키는 말입니다. 하나님은 우리들의 죄와 사망의 문제를 치료하시는 영적 의사인 여호와 라파이십니다. 그리고 이 세상을 살아가는 동안 모든 질병으로부터 치유케 하시는 모든 의사 중에 의사이신 여호와 라파이십니다(마 9:12).

◆ '예방'이 '치료'라고 말씀하시는 하나님

하나님은 안식일을 제정하시며, 그 날에 안식하므로 육신의 질병을 예방케 하시는 분이십니다(출 20:8~11). 우리 모두 6일 동안은 정말 열심히 일해야 합니다. 그러나 7일째는 모든 일을 쉬고 하나님께 감사의 예배를 드리며 영육 간의 안식을 취하는 것이 영혼뿐 아니라, 육신 건강의 좋은 예방책이 될 것을 성경은 증거하고 있습니다.

　지금 우리 현대인들에게 찾아온 많은 질병의 깊은 원인은 바로 이 안식일에 관한 계명을 지키지 않는 사회구조, 혹은 우리들의 욕심에 있음을 부인할 수 없을 것입니다. 육신을 위한 적절한 휴식이 질병을 위한 가장 좋은 예방이라는 것은 어느 능력 있는 의사가 첫 번째로 말씀하신 내용이 아닙니다. 다만 우리의 육신을 치료하실 능력이 계신 하나님의 우리를 향한 언약의 말씀인 것입니다.

　주일을 하나님 중심, 교회 중심, 그리고 성경 중심으로 보내기 위한 결단이 필요한 현대 사회입니다. 이 결단은 빠르면 빠를수록 성도님의 영육에 유익이 될 것입니다. 왜냐하면 우리의 몸은 기계가 아니기 때문입니다. 동시에 공중에 나는 새도 먹이시는 하나님이신데 자신의 자녀로 구별시킨 우리들을 왜 안 지키시겠습니까? 또한 보호해 주시지 않으시겠습니까?(마 5:26~34) 다만 믿음이 없기 때문에 무절제한 생활을 하게 되고, 이로 인하여 질병을 예방하지 못하는 것입니다. 그러므로 특별한 예외를 제외하고는 제일 먼저 주일을 주님의 방법으로 보내어도 그 분이 채워주실 것이라는 믿음이 중요합니다.

　"이 주일 지킴으로 새 은혜 입어서 영원히 쉬는 곳에 다 올라갑시다. 성부께 찬미하고 성자와 또 성령 참되신 삼위일체 찬송 부르세."(찬송 43장)라는 찬송을 믿음으로 드리고, 주일을 믿음으로 교회

중심으로 지켜야 합니다. 또한 "지난 이레 동안에 예수 인도했으니 주의 전에 모여서 감사찬송 합니다. 가장 복된 이 날은 하늘 안식 표로다 가장 복된 이 날은 하늘 안식 표로다."(찬송 44장)라는 찬송 가사를 힘차게 불렀으면 믿음으로 실천해야 합니다.

이제라도 "주일은 쉽니다!"라는 문장을 마음에 기록해야 합니다. 그리고 삶의 터전에 과감히 붙여야 할 것입니다. 그리하면 자신의 예상과 달리 당신의 방법으로 채우시는 하나님을 만나게 될 것입니다. 그리고 영혼과 육신의 각종 질병을 예방하며 건강하게 살게 되는 미래를 만나게 될 것입니다. 이것이 '여호와 라파'이신 하나님의 언약입니다.

그러나 주일을 잘못된 곳에서 쉬게 되면 엄청난 아픔이 영육 간에 임할 수 있습니다. 현재 사회적인 큰 파장을 불러오고 있는 강원도 어느 지역의 카지노를 우리 모두가 알고 있습니다. 그곳은 주일에 서울의 큰 교회 예배당보다 더 많은 사람들로 채워진다고 합니다. 그러나 그들 중, 대부분의 사람들이 주일의 건전한 휴식과 오락을 도모한다는 명목으로 시작하였다가 결국은 영육 간의 질병과 절망의 늪으로 빠지고 말았습니다.

그러므로 하나님의 사람은 자유와 방종을 구분할 줄 알아야 합니다. 즉 참된 자유에는 적절한 규제가 있어야 합니다. 그리고 그 제재를 도리어 귀히 여기며 주일을 지킬 때 참된 안식이 영육 간에 임하고 유지될 수 있는 것입니다. 그래서 성경은 이렇게 권면하고 있습니다. "만일 안식일에 네 발을 금하여 내 성일에 오락을 행하지 아니하고 안식일을 일컬어 즐거운 날이라, 여호와의 성일을 존귀한 날이라 하여 이를 존귀하게 여기고 네 길로 행하지 아니하며 네 오락을 구하지 아니하며 사사로운 말을 하지 아니하면 네가 여호와 안에서 즐거움을 얻을 것이라 내가 너를 땅의 높은 곳에 올리고 네 조상 야곱의 업으로 기르리라 여호와의 입의 말씀이니라"(사 58:13~14).

◆ '정결한 몸 관리와 규칙적인 생활'이 예방과 치료라고 말씀하시는 하나님

레위기 14장을 살펴보면, 하나님의 선민들이 가져야 할 건강한 몸 관리와 생활자세에 대하여 자세히 기록되어 있음을 쉽게 발견할 수 있습니다(2~32절). 특히 히브리인들은 인간의 육신을 하나님 자체로 믿었고, 이 땅에 사는 동안 하나님 자체를 잠시동안 빌려 쓰는 것처럼 믿었습니다. 그들의 생각은 마치 어느 주택을 임대하여 사는 사람에게는 그 주택을 함부로 취급할 권리가 없으며, 할 수 있거든 잘 보존해야 하는 책임이 있는 것처럼 우리 인간들도 하나님 자체이신 자신의 육신을 잘 보살펴야 하는 책임이 있다고 믿는 것이 바로 히브리인들의 육신관리 개념이었습니다. 이런 개념의 결과로 나타난 것이 바로 자신의 몸을 위한 위생개념, 식이요법, 그리고 적절한 운동, 수면에 대한 엄격한 율법 준수였던 것입니다(레 11장, 17:10~12, 신 12:23, 14장).

우리나라의 유교적인 개념으로는 우리들의 몸은 부모님으로부터 받은 것입니다. 그러나 기독교적인 진리로 볼 때, 우리들의 몸은 하나님으로부터 받은 선물임을 부인할 수 없습니다. 부모님으로부터 받은 몸도 귀한데 하나님이 만드셔서 주신 이 몸을 귀히 여기는 것은 특별한 일이 아닙니다. 당연한 일입니다. 그리고 이 몸이 건강하여 주님의 사역을 위하여 선하게 사용되어져야 하는 것은 우리들이 받은 사명과도 같은 것입니다. 특히 이 몸은 성령님께서 살아계셔서 내주해 계시는 전(고전 3:16~17)이라는 바울 사도의 말씀을 통하여 더욱 정결한 몸관리와 생활의 중요성을 인식할 수 있을 것입니다.

그러므로 자신의 나이에 맞는 적당한 양의 운동은 참으로 중요한 경건입니다. 왜냐하면 이 몸을 주님이 원하시는 예배와 봉사, 그리고 전도 및 선교, 구제를 위하여 사용해야 하기 때문입니다. 그러나 일을 해도 전신의 힘이 다 빠지고, 병을 얻을 정도로 하는 것은 간접 자살행위요, 반대로 운동을 했다 하면 감기 몸살이 날 정도로 심하게 해야 직성이 풀리는 습관도 간접적인 자살행위요, 하나님의 성령의 전인 육신을 훼파하는 행위인 것입니다.

이런 적당한 운동은 젊은이들도 필요하겠지만, 연세가 드시면 드실

수록 더욱 신경 써야 할 부분이 아닐까 생각합니다. 나이를 핑계로 아무런 운동 없이 자신의 육신을 혹사하여 걸린 질병을 하나님의 뜻이라고 말하는 것은 좀 비성경적이지 않을까요? 혹 그렇게 막창구이처럼 자신의 몸을 학대하다가 죽게 된 것을 순교라고 할 수는 없지 않을까요?

그러므로 노년에 맞는 적당량의 운동은 하나님의 권면을 준행하는 일이요, 보약 중의 보약일 것입니다. 그런데 서양 격언에 "죽음과 세금은 피할 수 없다."라는 말이 있습니다. 그 격언대로 우리 모두는 평생, 죽음과 세금의 추격을 받고 있습니다. 그런데 인생의 노년에 이 죽음의 추격을 조금이라도 멀리 떨어뜨려 놓으려면 먼저 '걷기 운동'을 쉬지 말아야 할 것입니다. 연세가 드실수록 꼭 기억해야 할 사실 한 가지가 있습니다. 그것은 노년이 될수록 "걸으면 살고, 누우면 그 때부터 죽음이 빠른 걸음으로 다가온다"는 것입니다.

일전에 만보계를 허리에 차시고 오늘은 몇 걸음이나 걸었는가를 확인하는 어느 어르신의 모습이 아름다워 보였습니다. 또한 보보고고(步步高高)라고 해서 등산을 건강의 비결로 삼아 자택 가까운 산자락을 밟고 내려오시던 어느 어르신의 뒷모습이 건강해 보였습니다. 그러나 최고의 운동효과를 얻을 수 있는 걷기 운동은 섬기는 교회 예배 시간마다 교회당으로 걸어오시는 것이 아닐까 생각합니다. 왜냐하면 그 운동은 교회까지 걸어오시기에 몸이 유익하게 되고, 동시에 예배

드리시므로 영혼에 복이 되셔서 현세를 자신 있게 살아가시며 동시에 내세를 정성으로 준비할 수 있기 때문입니다. 그러므로 자손들은 집안 어르신께서 다른 곳이 아니라 교회를 가시겠다고 할 때, 할 수 있거든 막지 말아야 할 것입니다. 물론 빙판길, 혹은 폭우 속에도 불구하고 교회 오시겠다고 하실 때 염려되는 것이 자식의 기본 도리이지만, 그럼에도 불구하고 좀 더 폭넓게 생각해 보아야 할 것입니다.

하나님은 살아 계십니다. 그리고 집안 어르신들과 함께 하십니다. 특히 하나님의 성전으로 가시고자 하는 어르신의 발걸음에 더욱 축복해 주십니다. 혹 교회를 걸어오시다 어려움을 당해 세상을 떠나신다고 해도 그것도 분명 '순교'일 것입니다. 예배시간에 세상 다른 곳으로 가시던 걸음이 아니었기 때문입니다. 물론 집안 어르신께서 그렇게 돌아가신다면 주위 사람들에게 덕이 되지 않을 것이라, 생각하는 자식들이 있음을 부인하지 않습니다.

그렇다면 골고다 언덕에서 그 많은 사람들이 보는 앞에서 십자가를 지셨을 뿐 아니라, 자신의 피와 물을 다 쏟으시고 돌아가신 예수님의 죽음이 오고 가는 많은 사람들에게 덕이 되지 않으셨을까요? 결코 그렇지 않았습니다. 그러므로 어떤 상태로 죽음을 맞이하였는가는 중요하지 않습니다. 다만 어디로 걸어가시다가 죽음을 맞이하게 되었느냐가 중요합니다. 그것이 바로 우리 가정 어르신들을 향한 하나님의 관심사이기 때문입니다.

우리 젊은 사람들은 "어떻게 늙을 것인가?", 즉 노후를 준비하기 위해 걸어가고 있습니다. 반면에, 어르신들은 "어떻게 죽음을 준비할 것인가?", 즉 죽음을 준비하고 계십니다. 세상 어르신들은 "나이 칠십 세, 머리에 하얀 눈이 내렸는데 죽어 돌아갈 곳이 없도다!"라고 탄식하며 공원 벤치나 전철역 앞에서 지나가는 사람들을 초점 없는 눈초리로 바라보고 계십니다.

그러나 교회중심 생활을 하시는 신앙의 어르신들은 "비록 겉사람(육체)은 후패할지라도 우리의 속(영혼)은 날로 새롭도다"(고후 4:16)라고 고백하고 계십니다. 그런 고백을 가슴에 안고, 교회로 가시는 걸음은 비록 연세와 피부에 주름살이 깊게 그어져 있을지라도 내면의 힘이 가득한 발걸음일 것입니다. 인생 승리자의 모습일 것입니다. 그런 발걸음이야말로 "백발은 영화의 면류관이라"(잠 16:31)라는 성경이 응답된 어르신의 걸음일 것입니다. 그리고 오늘 들림 받는다 해도 돌이켜 한 점의 부끄러움이 없는 삶일 것입니다.

하루 해가 저물기 시작하였기에, 도리어 노을이 아름답지 않습니까? 한 해가 헐떡이며 넘어가는 12월의 귤 향기가 더욱 꽃다운 듯한 노년을 생각해 보셨습니까? 교회 어르신들! 이것을 소망하신다면 계속 교회 본당 및 기도실로 걸어서 나오세요. 그리고 우리 자녀들이여! 미리 염려 말고 교회 가시게 하세요. 여호와 라파께서 함께하실 것입니다. 그것이 바로 성경이 명하는 성도의 정결한 몸 관리와 생활의 원천입니다.

◆ 위대한 의사이신 '여호와 라파' 의 하나님

질병의 원인은 참으로 다양합니다. 육신을 잘 관리하지 못함으로 병을 얻을 수 있습니다. 또한 환경의 오염, 타인을 용서하지 못한 결과(마 6:14~15, 18:32~34), 사탄, 마귀의 역사(눅 13:10~17, 고후 12:7), 그리고 하나님의 진노의 결과(약 5:16) 등으로 우리에게 질병이라는 불청객이 찾아올 수 있습니다.

이렇게 질병의 원인들을 열거하는 것은 그 질병의 원인 파악이 주목적이 아닙니다. 이런 원인들을 통하여 성도의 육신이 고통을 받을 수 있으나, 그럼에도 불구하고 고통받는 육신을 치료하실 수 있는 여호와 라파가 계신다는 것입니다. 그러면 성도들에게 찾아오는 모든 질병보다 압도적으로 우월하신 여호와 라파의 신유의 손길을 경험할 수 있는 도구는 무엇일까요?

◆ 약을 통하여 치료하시는 하나님

혹 교인들 가운데 자신이나 타인에게 병이 있음을 발견하는 즉시 무조건 약을 무시하는 생각, 혹은 행위를 서슴치 않는 습관이 계십니까? 즉 약봉지는 다 쓰레기통에 던져 버린 후, 오직 기도로 치유의 은혜를 받아야 한다는 공식에 맹종하는 성도들이 계시는지요? 물론 그런 치료행위가 절대적으로 틀렸다는 것은 아닙니다.

다만 모든 질병의 치료방법을 그렇게 이끌고 가는 것은 하나님의 다양한 치료사역과 방법을 제한하는 무지가 될 수 있다는 것을 말씀드리는 것입니다. 왜냐하면 치료의 하나님이라는 이름을 거룩하게 여기는 성도들은 약을 과용하는 것이 아니라, 기도하며 선용하다가 치료의 은총을 체험할 수 있음을 성경을 통하여 말씀하시고 있기 때문입니다. 고통의 눈물과 기도로 치유의 하나님을 만나 뵙기를 소원하였던 히스기야 왕을 치료하셨던 하나님은 치료의 도구로 무슨 방법을 동원하였습니까? 이사야를 통하여 히스기야 왕의 종처에 한 뭉치 무화과, 즉 무화과를 약용으로 취하여 붙이게 하여 치유하셨습니다(사 38:21). 또한 강도 만나 죽게 된 처지에 있었던 사람에게 기름과 포도주, 즉 약용으로 그것을 사용하여 그 상처에 붓고 싸매어 치료하였던 성경말씀(눅 10:34)을 경히 여기는 행위를 하지 말아야 할 것입니다.

물론 병환으로 고통받고 있는 성도들이 기도하는 시간과 그 기도응답에 대한 확신이 없이 오직 약봉지에만 목숨을 거는 행위는 불신앙입니다. 그러나 간이 저리게 간절히 기도한 후에 드시는 약을 통하여 하나님의 치료하심을 소망하는 것은 성경적인 것입니다. 왜냐하면 우리들이 주기도문에서 고백하는 하나님의 이름 중에 치료하시는 하나님의 이름이 나타나 있기 때문입니다.

◆ 의술을 통하여 치료하시는 하나님

그러므로 성도의 육신을 치료하시는 하나님의 사역을 교회 안의 사역으로 축소시키지 말아야 합니다. 이는 하나님의 일을 하려거든 꼭 신학교에 가서 목사가 되어야 한다고 주장하는 어리석음과 같은 것입니다. 하나님께서는 많은 사람들에게 특별한 재능과 지혜를 주셔서 여호와 라파라는 자신의 이름에 맞는 치료사역을 위임하셨습니다.

그래서 목사님들에게는 하나님 말씀을 대언하는 사역을 위임하셔서 교인들의 영혼을 치료하고 계시는 여호와 라파의 하나님이십니다. 동시에 의사 및 약사, 그리고 간호사들의 의술을 통하여 택한 백성들의 육신의 질병을 치료하시는 하나님이십니다. 그래서 우리 주님께서 "건강한 자에게는 의원이 필요 없고 병든 자에게라야 쓸데 있느니라"(눅 5:31)고 말씀하심으로 병든 성도들에게 의사를 통하여 역사하실 것을 말씀하셨습니다.

그러므로 병원에 입원하는 일이든지, 수술을 받게 되는 일 직전이나 도중에 가족 중에, 혹은 교역자들을 초청하여 기도, 혹은 예배를 드리는 것은 참으로 중요합니다. 또한 자신의 병에 알맞은 병원과 의사 및 간호사를 만나게 해달라고 기도하는 것은 기독교인의 경건입니다. 특히 그 의술인들이 자신을 치료할 때에 실수 없이 명쾌하게 병명을 알아내어 알맞은 치료가 될 수 있도록 기도하는 것은 치료하시는 하나님을 만나게 되는 지름길이 될 것입니다. 왜냐하면 하나님께서 그들을 사용하셔서 우리를 치료하시기를 원하시기 때문입니다.

◆ 하나님의 권능과 예수님의 이름으로 치료해 주시는 여호와 라파

이러한 하나님의 은총을 받기 위해서는 최소한 두 가지를 명심해야 합니다. 그 첫째는 하나님께서 치료해 주실 것이라는 신념이 아닌, 철저한 믿음이 있어야 합니다(막 11:22). 그래서 주님의 "너희는 근심하지 말라 하나님을 믿으니 또 나를 믿으라"(요 14:1)는 언약을 조금도 의심하지 말아야 합니다.

여호와 라파의 하나님은 치료하시는 광선으로서, 전지전능하시고 우리의 생사화복을 주장하시며 사람을 죽이기도 하시며 살리기도 하시고 또한 음부에 내리기도 하시며 올리기도 하시는 분(삼상 2:6)이심을 진심으로 믿고 신유의 은총을 기다려야 합니다. 그 이유는 그분은 치료하시는 하나님이시기 때문입니다. 우리들 뿐 아니라, 우리들 중에서 유독 나에게 역사하실 수 있는 분이시기 때문입니다.

특히 사복음서를 보게 되면 예수님의 사역 중, 약 삼분의 일이 육신의 각종 질병을 가진 이들을 자신의 이름과 말씀으로 치료하시는 사역이셨음을 분명히 증거하고 계시지 않습니까? 즉 우리가 믿고 있는 주님은 만병을 치료하시는 대의사임을 말씀하고 계시니 믿고 기도해야 합니다. 소망해야 합니다. 그분의 이름과 보혈의 권세를 땅 속에 감추어 놓을 이유가 없습니다. 사용하셔야 합니다. 담대히 외치며 소망할 때 그분의 역사하심을 체험하게 될 것입니다. 그래서 내 잔이 넘친다(시 23:5)고 간증하게 될 것입니다.

참된 성도는 자신의 시야를 자기 자신의 환경과 감정, 그리고 증상에 초점을 맞추지 않습니다. 그 굴레에서 해방되어 여호와 라파의 하나님의 이름에 맞추는 분들입니다. 그리고 동시에 믿음의 주요 온전케 하시는 이인 예수님께 초점을 맞추다가 은총을 체험하는 분들입니다(히 12:2). 그런 성도가 바로 이 말씀을 믿음으로 받으시는 분이요, 그 성도의 육신이 하나님의 능력을 맛보게 될 것입니다(빌 4:19).

그리고 둘째로 명심해야 할 것은 성경에 믿음으로 고침 받은 병들은 대부분 불치병이었다는 것입니다. 즉 이제는 더 이상 약으로나 의술로, 그리고 그 외의 어떤 방법으로도 고쳐질 수 없는 질병을 짊어지고 있는 분들이 바로 주님의 치료의 첫 번째 대상이었다는 것입니다. 특히 그런 소망이 없던 사람들이 하나님의 능력으로 치료될 줄로 믿고 먼저 자신의 죄를 회개하고 매달려 애원하면 여호와 라파의 역사를 맛보게 될 것을 증거하고 있습니다.

그러므로 모든 백약이 무효가 되고 있는 성도가 바로 하나님의 이름 중, 여호와 라파의 하나님을 만나 치료받을 수 있는 최우선적 대상임을 명심해야 합니다. 지금이 바로 호기임을 믿음으로 받아들여야 합니다. 즉 깊은 병일수록 하나님과 주님께 더욱 철저히 맡겨버리는 믿음을 사모해야 합니다. 거룩한 이름을 가지고 계신 하나님께서 보좌에서 일어나셔서 그 믿음이 헛되지 않도록 역사하실 것입니다.

지금, 성도님께서 작은 병으로 고생하고 있습니까? 그것이 큰 병이 아님을 감사해야 합니다. 혹 큰 병으로 심한 고통을 당하고 있습니까? 아직 살아 있음을 감사해야 합니다. 그래도 병명을 알고 있음을 감사해야 합니다. 감사의 마음을 포기하지 않는 분은 육신 뿐 아니라 영혼까지 구원에 이른다고 돌아온 한 나병환자가 외치고 있기 때문입니다(눅 17:19). 그리고 이만큼이라도 건강할 때 충성을 다해야 합니다(고전 4:1~2). 왜냐하면 어둔 밤이 쉬 되기 때문입니다.

하나님의 이름은 여호와 라파 외에도 '여호와 닛시'(승리의 하나님), '여호와 체바오트'(만군의 하나님), '여호와 로이'(목자되시는 하나님), '여호와 샴마'(임재하시는 하나님), '여호와 치드케누'(의로우신 하나님), '여호와 마케'(진노의 하나님), '엘 샤다이'(전능하신 하나님), '엘 엘리온'(강하신 하나님) 등이 있습니다. 그리고 그런 이름들을 거룩히 여기다가 그 하나님을 만날 수 있는 것은 성도의 의무요 특권입니다.

▲ 아버지 하나님

우리가 믿고 따르는 하나님께서는 창조주시오, 절대자이십니다. 그러나 그분께서 사랑의 아버지로서 우리들과 관계를 가지신다는 진리는 하나님의 계시 중에 최고의 계시입니다. 그 감격을 바울은 이렇게 표현하고 있습니다.

"그러나 우리에게는 한 하나님 곧 아버지가 계시니 만물이 그에게서 났고 우리도 그를 위하며 또한 한 주 예수 그리스도께서 계시니 만물이 그로 말미암고 우리도 그로 말미암았느니라"(고전 8:6).

그 사랑의 아버지 하나님은 예수 그리스도의 속죄의 은총과 성령 안에서 거듭난 모든 성도들의 영적 아버지이십니다. 왜냐하면 우리는 주님을 통하여 하나님의 양자(롬 8:15)가 되었기 때문입니다. 하나님의 양자인 우리들 역시 그 본질적 아들이신 그리스도 예수님처럼 하나님께 사랑과 존귀와 유업을 얻는 존재입니다. 그래서 바울은 성령의 감동과 통제 속에서 이런 성경을 기록하였습니다.

"성령이 친히 우리의 영과 더불어 우리가 하나님의 자녀인 것을 증거하시나니 자녀이면 또한 상속자 곧 하나님의 상속자요 그리스도와 함께 한 상속자니 우리가 그와 함께 영광을 받기 위하여 고난도 함께 받아야 할 것이니라"(롬 8:16~17).

그러므로 우리가 "아버지 하나님!"이라고 기도할 때에는 두 가지의 고백이 담겨져 있는 것입니다. 그의 권세에 대한 경외심과 동시에 자비와 사랑을 느낄 수 있어야 합니다. 물론 어려서부터 아버지에게서 학대와 버림을 받았던 사람에게 하나님은 너희 아버지와 같은 분이라면 치가 떨리게 하는 하나님이실 것입니다. 그리고 그런 하나님을 믿고 그분께 기도하고 싶은 마음이 아주 사라지고 말 것입니다.

그러나 정상적인 가정에서 부모님, 혹은 아버지, 어머니의 사랑과 보호를 받으며 자라온 사람들에게 하나님은 마치 너의 아버님과 같은 분이라고 증거한다면 그 하나님을 신뢰하고 싶을 것입니다. 또한 그를 의지하고 사랑을 받고 싶어 기도하게 될 것입니다. 그리고 이런 성도를 하나님께서 내어버리시지 않을 것을 예수님을 통하여 확증해 주시고 있습니다. "아버지께서 내게 주시는 자는 다 내게로 올 것이요 내게 오는 자는 내가 결코 내쫓지 아니하리라"(요 6:37). 아멘!

이 주기도 강해는 하나님이 우리의 아버지라는 진리를 알리고자 하는데 최종적인 목적이 있지 않습니다. 그렇다면 일반강의에 불과할 것입니다. 더욱 그 아버지 하나님께 자신의 영육 간의 문제와 아픔을 기도해야 할 것을 권면하는 것이 최종적인 목적입니다. 정말 기도로 얻은 것만 최상의 것으로 알며 살아가는 하나님의 자녀가 되어야 할 것입니다. 그 기도응답의 때는 오직 아버지 하나님께 맡기고 말입니다.

어느 스님께서 각 동네를 다니면서 시주를 받고 있었습니다. 물론 일부 성도들 앞에서는 스님이라는 표현을 쓰기가 미안하지만 말입니다. 왜냐하면 "아니, 절에 다니는 사람들이 우리 목사님들을 '목사님' 이라 호칭하지 않고, '목사' 라고 칭하고 있는데, 우리들도 '스님' 이 아니라 그냥 ' 스' 라고 부르는 것이 당연하지 않습니까?"라고 반문하기 때문입니다. 그러나 성경에 보면 악을 선으로 갚으라고 하셨으니 스님이라고 호칭하는 것이 더 좋을 듯 합니다. 좌우간 그 스님께서 목탁을 치면서 이 아파트, 저 아파트 층계를 오르락 내리락 하여도 별 소득이 없었습니다. 도대체 문을 열어주어야 말이라도 붙일 것이 아닙니까?

시간은 지나 저녁은 되어가고, 그 스님께서는 목표량이 달성되지 않아 마음이 조급하였습니다. 그래서 마지막 아파트 집의 초인종을 누르면서 마음에 작정을 하였습니다. 이번에는 문을 열어 줄 때까지 염불을 하기로 말입니다.

"나무 아비 타불..." 목탁소리와 함께 주문을 외우시던 그 스님은 역시 문이 열리지 않자 은근히 화가 났습니다. 그래서 더 크게 소리내어 외치기 시작하였습니다. "나미 아비 타부울... 가나 보라, 가나 봐라, 카나 보아라아...!"라고 말입니다.

그러자 드디어 반응이 왔습니다. 그리고 문이 열리며 한 아주머니가 나오는 것이 아닙니까? 작전에 성공하였다고 생각한 스님께서 인사를 드리려 고개를 숙이려 하는데 그 아주머니가 스님을 향하여 이렇게 소리를 쳤습니다. 짜증스러운 표정으로 말입니다. "주나 보라, 주나 봐라, 주나 보아라... 아!" 그리고 "꽝!" 하고 문이 닫혔다는 것입니다.

혹, 우리와 아버지 하나님과의 관계가 그 스님과 아주머니의 관계와 같을 것이라고 생각하는 분이 계시는지요? 특히 기도할 때 "가나 봐라!"는 식으로 기도하며, 아버지 하나님은 "주나 봐라!"며 버티고 계실까요? 결코 그렇지 않습니다. 우리 주님께서는 우리가 기도할 내용에 대하여 이미 아시고 계실 정도로 전지 전능하신 하나님이십니다.

그런데 왜 때로는 너무하다는 생각이 들 정도로 하나님의 응답이 더딜까요? 그래서 아마도 아버지 하나님이 이제는 나를 기억하지 않고 계신다고 생각할 정도로 응답의 시기가 늦고 있습니까? 이제 정신 차리고 다시 믿음으로 받아들여야 할 진리가 있습니다. 그것은 아버지 하나님께 드린 기도는 어떠한 방법과 형태로든지 간에 응답될 것이라는 진리입니다. 그러나 그 응답의 시기가 내 때와 달리 늦고 있는 이유가 있습니다. 최소한 두 가지입니다.

그 첫째는 늦은 듯 하지만 결국 응답해 주시므로 그 응답이 얼마나 소중한 것인가를 깨닫게 하기 위함입니다. 만일 우리 자녀들이 달라는 대로 용돈을 즉시 주게 되면 그 돈의 소중함을 알지 못할 것과 같은 진리입니다. 둘째로는 즉시 응답이 되면 그 응답이 우연히 된 것이

나, 혹 자신이 능력이 있어서 된 것으로 착각하고 교만해 질 것이기 때문입니다. 그러므로 응답을 받은 후에 그것이 오직 아버지 하나님의 은총인 것을 알게 하기 위함입니다.

응답이 늦은 듯 하지만, 그럼에도 불구하고 여전히 우리 아버지 하나님은 '좋으신 하나님' 이심을 고백하기를 원합니다.

2. 나라가 임하시오며

(1) 예수님의 하나님 나라 개념

'하나님 나라' 는 예수님께서 우리들에게 하신 말씀 중에 중심적 말씀이었습니다(마 12:28, 막 10:25, 눅 7:28, 요 3:3, 행 8:12, 롬 14:17, 고전 4:20, 갈 5:21). 특히 "예수께서 온 갈릴리에 두루 다니사 그들의 회당에서 가르치시며 천국복음을 전파하시며 백성 중의 모든 병과 약한 것을 고치시니"(마 4:23)라는 말씀은 주님의 공생애의 주요 행적을 요약하는 말씀인 것입니다.

그러면 '하나님의 나라' 란 용어는 어떤 의미를 가지고 있을까요? 그것은 '하나님께서 최고의 주권을 가지시고 통치하시는 나라' 라는 뜻입니다. 즉 그분의 왕적 통치권이 미치는 나라입니다. 그런데 어느 나라이든지 그 나라가 형성되기 위해서는 최소한 세 가지 요소가 필요합니다. 주권, 국민, 그리고 영토입니다. 마찬가지로 하나님의 나라도 그 세 가지의 요소가 포함되어 있습니다. 즉 하나님의 절대 통치권, 다음으로는 예수님의 대속의 은혜로 택함 받은 하나님의 백성들, 그리고 하나님의 통치가 미치는 모든 영역입니다. 그런데 이 하나님의 나라에 대하여 주님께서 말씀하실 때에는 꼭 인간들의 영혼구원과 관련하여 말씀하셨음을 우리는 중시해야 합니다. 즉, 하나님께서 자신의 나라를 만드시고 통치하시는 궁극적인 목표는 인간을 죄악과 지옥의 세력에서 구원해내는 데 있는 것입니다(고전 15:23~28). 그러므로 전도와 선교를 통하여 사랑을 예수님께 데려와 구원 얻게 하는 일은 하나님의 나라가 확장되는 사역의 지름길 중에 지름길인 것입니다. 그리고 사단이 가장 싫어하고 무서워하는 사역임을 명심해야 할 것입니다.

그런데 예수님께서는 그 하나님의 나라를 두 종류로 말씀하셨습니다. 그 첫 번째는 장래에 도래할 하나님 나라입니다. 그것은 개인, 혹은 전 세계 민족의 종말이든 반드시 종말론적인 하나님 나라를 보게 될 것이라는 것입니다. 즉 하나님께서는 주님께서 재림하시는 날에 자신의 거룩한 사역과 나라를 방해하던 모든 영육 간의 악한 세력을 도말하신 후, 완성될 하나님 나라에 대하여 예언을 하셨습니다(막 1:15). 다시 말씀드리면 하나님 나라의 '미래성'을 증거하신 것입니다.

그러나 둘째로는 하나님 나라의 '현재성'도 분명한 어조로 말씀하셨습니다. 그것은 예수 그리스도를 구주로 영접한 사람들의 마음 속에 임하는 하나님 나라를 의미하는 것입니다. 그래서 "하나님의 나라는 너희 안에 있느니라"(눅 17:21)라는 말씀을 하셨습니다. 사람들이 뿌리는 씨앗이 사람의 눈에 밝히 보이지 않으나, 결국에는 꽃을 피우게 하고 열매를 맺듯이(막 4:26~29), 우리 안에 임하는 하나님의 나라도 그와 같이 임재한다는 것입니다.

다시 말씀드려서 지난 날은 자신이 자신의 삶의 주인이었는데 이제 예수님을 구주로 영접한 후, 오직 예수님을 자신의 삶의 중심 조종석에 모신 사람들 가운데 임하는 나라인 것입니다. 그래서 여전히 자신의 불리하고 불안한 환경과 상황이 크게 변화되지 않았어도 이런 찬송을 소망 가운데 부를 수 있게 될 것입니다. "주 안에 있는 나에게 딴 근심 있으랴 십자가 밑에 나아가 내 짐을 풀었네 주님을 찬송하면서 할렐루야 할렐루야 내 앞길 멀고 험해도 나 주님만 따라 가리"(찬송가 370장).

혹은 또한 이런 찬양이 본인의 애창곡이 될 것입니다. "높은 산이 거친 들이 초막이나 궁궐이나 내 주 예수 모신 곳이 그 어디나 하늘나라 할렐루야 찬양하세 내 모든 죄 사함 받고 주 예수와 동행하니 그 어디나 하늘나라"(찬송 438장).

이제 좀 더 구체적으로 하나님 나라를 배우기를 원합니다. 우리 성도들이 하나님 나라를 말할 때에는 늘 세 가지의 하나님 나라 개념을 가지고 증거해야 하며, 동시에 그런 나라를 사모해야 할 것입니다. 물론 그 세 가지 중 어느 한 가지도 덜 중요하거나 더 중요하지 않다는 신앙고백을 변함없이 드리면서 말입니다.

▲ 우리들의 마음과 생활 속에 이루어지는 하나님 나라

이런 나라는 드디어 우리들의 마음 속에 예수님을 왕으로 모시고 그분의 뜻과 말씀에 순종하기를 즐겨하므로 이루어지는 하나님 나라입니다. 예수님의 말씀을 봅시다.

"바리새인들이 하나님의 나라가 어느 때에 임하나이까 묻거늘 예수께서 대답하여 이르시되 하나님의 나라는 볼 수 있게 임하는 것이 아니요 또 여기 있다 저기 있다고도 못하리니 하나님의 나라는 너희 안에 있느니라"(눅 17:20~21).

이 주님의 말씀 중에 "너희 안에"라는 말씀은 우리들의 마음과 생활 속에 임하는 하나님의 나라를 의미하는 것입니다. 이 말씀은 하나님 나라의 현재성을 강조하는 예수님의 말씀입니다. 그러므로 우리들의 마음과 삶의 영역 속에 하나님의 나라가 임재하기를 원하는 것이 바로 성도의 간절한 소망이 되어야 하는 것입니다.

즉 하나님의 주권과 통치가 이루어지는 삶 자체가 바로 하나님 나라를 경험하는 것이요, 향유하는 생활이라는 것입니다. 이 일은 교회에 처음 나왔을 때부터 희미하지만 알았고 소망하였는데, 지금은 점점 간이 저리도록 원하여 받으면 좋을 복인 것입니다. 그러기 위해서는 늘 '하나님 존전의식' 이 생활화되어야 합니다.

다시 말씀드려서 좌우의 사람과 환경을 보고 웃고 우는 과거 인생에서 탈피하여, 이제는 위에 계신 하나님, 동시에 임마누엘로 지금도 자신과 동행하고 계시는 하나님 앞에서의 언행심사를 만들어 가는 것이 바로 자신의 생활과 경건이요, 드디어 내 마음과 삶 속에 하나님 나라가 이루어지는 것을 보며 감사하며 삶을 살아가는 거룩한 의식인 것입니다.

이는 마치 보디발의 아내의 끈질긴 유혹 속에서도 자신을 만들어 갔던 요셉의 경건과 같은 것입니다. 어느 날, 그 여인과 요셉 둘밖에 없는 시간이 있었습니다. 그 주인 아내의 유혹은 참으로 진지했고 끈질겼습니다. 특히 자신의 절대주권자, 주인 보디발의 아내로서의 간절한 소망이요, 요청이었습니다. 더욱이 자신은 그 여인의 소유물이었습니다. 그러므로 명령에는 조건 없이 복종해야 할 요셉이었습니다. 더욱 견디기 어려운 것은 자신은 젊고 힘이 있는 청년이었기 때문입니다.

이런 모든 악조건 속에서도, 요셉의 그 여인을 향한 대답을 들어보셔야 합니다. "주인이 아무것도 내게 금하지 아니하였어도 금한 것은 당신뿐이니 당신은 그의 아내임이라 그런즉 내가 어찌 이 큰 악을 행하여 하나님께 죄를 지으리이까"(창 39:9). 결코 주인인 보디발을 먼저 생각하지 않았던 요셉입니다. 그 급박한 상황 속에서도 하나님을 먼저 보고, 느끼고, 생각하며 자신을 만들어 갔던 것입니다.

그로 인하여 비록 옥에 갇히는 고통을 당하게 되나, 마음은 편하여 찬양을 하고 싶을 정도였습니다. 그 이유는 하나님의 절대 주권과 통치를 느끼며 그분의 뜻에 순종한 사람만이 느낄 수 있는 기쁨, 화평, 안전, 그리고 자부심이 요셉을 이끌어 갔기 때문입니다. 만일 그 당시 지금의 찬송가가 있었다면 요셉은 분명 이런 찬송을 옥중에서 불렀을 것입니다.

"환난과 핍박 중에도 성도는 신앙 지켰네 이 신앙 생각할 때에 기쁨이 충만하도다 성도의 신앙 따라서 죽도록 충성하겠네 옥중에 매인 성도나 양심은 자유 얻었네 우리도 고난 받으면 죽어도 영광 되도다 성도의 신앙 따라서 죽도록 충성하겠네"(찬송가 336장).

'하나님이 나를 지켜보고 계시는데…', '하나님은 늘 나를 보호하시는 분이신데, 지금의 이 현실을 우연으로 볼 수 없지…' 또는 '하나님, 그럼에도 불구하고 저를 기억해 주실 것이지요?', '세상 끝날까지 함께해주시겠다는 언약을 의심 없이 믿고 전진하겠습니다. 동행하여 주옵소서!' 이런 마음과 믿음으로 전진할 때 분명히 평강의 주께서 함께하시고 동행하실 것입니다. 아니, 때때로 앞서가시며 여호와 이레로 피할 길을 주실 것입니다. 그러므로 현실이 그럼에도 불구하고 마음이 평안해질 것입니다. 찬송이 나올 것입니다. 감사가 터질 것입니다.

때가 차매 자신의 마음뿐 아니라 삶 속에 더욱 강하게 하나님의 나라가 임하게 될 것입니다. 그래서 요셉을 결국 애굽의 국무총리로 만드시는 하나님을 자신도 만나게 될 것입니다. 동시에 자신의 현세적인 삶 속에서 갚아주시는 하나님을 경험하게 될 것을 우리 주님께서 말씀으로 언약하고 계십니다.

"이르시되 내가 진실로 너희에게 이르노니 하나님의 나라를 위하여 집이나 아내나 형제나 부모나 자녀를 버린 자는 현세에 여러 배를 받고 내세에 영생을 받지 못할 자가 없느니라 하시니라"(눅 18:29~30).

그러므로 공의의 하나님, 권선징악의 하나님을 늘 인식하며 살아가는 훈련을 강하게 하는 것이 참으로 좋습니다. 물론 우리들이 연약하여 하나님의 뜻대로 살지 못함으로 오는 두려움이 있을 수 있습니다. 그러나 그런 두려움은 '거룩한 두려움'이지, 결코 노예적 근성의 두려움이 아니므로 염려하지 마시기 바랍니다.

▲ 교회에 임재하는 하나님 나라

'하나님을 자신의 삶의 왕으로 모신 백성들이 모인 곳'이 바로 교회입니다. 그러므로 성경은 우리에게 하나님 나라와 교회는 거의 같은 개념으로 여기는 것이 좋다고 말씀하고 있습니다. 즉 "또 내가 네게 이르노니 너는 베드로라 내가 이 반석 위에 내 교회를 세우리니 음부의 권세가 이기지 못하리라 내가 천국열쇠를 네게 주리니 네가 땅에서 무엇이든지 매면 하늘에서도 매일 것이요 네가 땅에서 무엇이든지 풀면 하늘에서도 풀리리라”(마 16:18~19)라고 말씀하고 계시는 것입니다.

이 말씀은 베드로라는 사람의 인격이 아니라, 그의 신앙고백(마 16:16) 위에 교회를 세우시겠다는 주님의 예언입니다. 정치적인 왕국이 아니요, 다만 교회를 세우시겠다는 것도 아닙니다. 주님의 이 예언은 인간 구원사역은 유대인들이 생각했던 것처럼 자기 민족만을 위한 복음, 교회, 혹은 천국이 아님을 분명하게 예언하시고 계신 것입니다. 즉 전 우주적인 영역을 말씀하고 계신 것입니다.

그리고 그 교회를 세우신 주님께서는 교회에 주님의 복음과 하나님의 나라를 소개할 권세를 주셨습니다. 그 권세는 하나님의 자녀들을 통하여 전 세계적으로 영향을 미치는 권세가 될 것을 말씀하셨습니다. “오직 성령이 너희에게 임하시면 너희가 권능을 받고 예루살렘과 온 유대와 사마리아와 땅 끝까지 이르러 내 증인이 되리라 하시니라”(행 1:8)라고 말입니다. 그래서 주님께서 부활, 승천하신 후에 성령의 충만한 임재를 받은 제자들은 복음을 전 세계적으로 선포하기 시작하였습니다(마 28:18~20).

그러므로 우리들의 교회는 천국 열쇠를 받은 사람들이 모인 단체입니다. 유대인에게 이 열쇠는 청지기로 임명된 자에게만 주어지는 것이었습니다. 그리고 열쇠는 주인으로부터 창고관리에 대한 전반적인 권한을 위임받은 유일한 표적이었습니다. 즉 그 창고를 열고 닫을 수 있는 특권과 의무가 있는 사람이 바로 열쇠를 맡아 관리하는 청지기였던 것입니다. 그러므로 "예수 천당, 불신 지옥"을 외치며 많은 사람들을 천국으로 인도하는 역사를 감당하는 책임과 특권이 있는 곳이 있으니, 그곳이 바로 교회입니다.

교회 안의 성도들은 '오직 예수, 더욱 예수, 절대 예수, 결국 예수님'을 전하기 위해 택함 받고 구별된 선한 청지기들입니다. 또한 교회가 이 예수님과 그분이 예비하신 천국을 전파하기 위해 진력한다면, 어떤 사탄의 시험이나 성도들을 분리케 하는 악한 역사가 있더라도 얼씬하지 못할 것입니다. 그리고 점점 그 교회 공동체는 천국의 모습을 닮아가게 될 것입니다. 그리고 하나님을 향한 예배와 성도 간의 친교, 또한 불신자를 향한 전도사역을 열심히 감당하다가 문득 이런 생각이 날 것입니다. '언제인가 천국에 가게 되면, 이런 예배의 감격과 친교의 포근함과 따뜻함을 느끼게 될 것이야. 물론 지금 내가 교회 생활을 통하여 맛보는 은혜와 평강은 천국의 온전한 평강을 맛보기에 불과하지만 말이야!' 그런 천국 같은 교회 공동체의 소문은 나중에는 타 교회와 심지어 믿지 않는 사람들에게까지 퍼져 나가 그들이 우리들의 교회를 작은 천국으로 인정하게 될 것입니다.

그래서 그 불신자들이 우리 성도들의 교회생활을 듣고 본 후에 하나님께 영광을 돌리며 "혹 내가 종교를 갖게 된다면 기독교를 택하고 싶다. 그리고 혹 교회를 다니게 된다면 그 친구가 다니는 교회를 다니고 싶다."라고 말하게 하는 공동체로 만들어가야 할 주역이 바로 우리들입니다(행 2:42~47).

그러나 이 천국 열쇠를 사용하지 않고 교회재정을 과다하게 저축하며 앉아서 예배만 즐긴다면 사탄이 그런 교회와 공동체에 어느 날 슬쩍 들어올 것입니다. 그리고 각종 떠돌아다니는 말로 그 공동체를 시끄럽게 할 것입니다. 특히 '백설공주'들을 동원할 것입니다. 즉 '백방으로 설치며 돌아다니는 공포의 주둥아리'를 가진 성도들을 악용할 것입니다.

그들은 '선구자', 즉 '선천성 구제불능 자아도취증'에 걸린 성도들이기에 담임목사님도 감당하기 어렵습니다. 그리고 세상도 감당하기 어려울 수 있습니다. 그로 인하여 '우거지 교인', 즉 '우아하고 거룩하고 지혜롭게 말하며 천국복음을 전파하고 봉사하던 성도'들까지 상처를 입힐 것입니다. 그 결과, 인간관계가 상실되고 서로 불신하다가 드디어 피차간에 그 공동체에 참석하는 것이 지옥으로 가는 것만큼 싫어지게 될 것입니다. 그 후의 사태는 길게 설명할 가치도 없을 것입니다.

그런 교회가 되지 않기 위해서는 각종 교회 모임의 궁극적인 목표가 분명해야 합니다. 그 목적은 우리들에게 맡겨진 천국열쇠를 어떻게 활용할 것인가 하는 것입니다. 그리고 천국복음이 전파되어 세상에서 교회로 방향전환을 하게 된 새가족들을 향한 사랑과 애정, 그리고 관심이 전 교회적으로 있어야 할 것입니다. 즉 새신자가 대접을 받는 교회가 되어야 한다는 말씀입니다.

음식점에서는 손님이 왕이듯이, 하나님의 교회에서는 새신자가 공주와 왕자 같은 대접을 받아야 할 것입니다. 그리고 그들의 영혼이 예수님을 구주로 만날 때까지 인내로 각종 배려와 사랑을 베풀어야 할 것입니다. 때로는 예배문화까지도 오래 믿어 이제는 교회를 나오지 말아 달라고 말씀드리면 엄청나게 역정을 내실 분들이 중심된 예배가 아니요, 새신자 혹은 초신자, 그리고 막 신앙생활이 성장하기 시작한 성도들이 충분히 이해하고 동참할 수 있는 예배문화를 도입하는데 과감해야 할 것입니다. 왜냐하면 설렁탕집의 손님들이 탕 국물 맛이 옛날과 달리 너무나 짜고 맵다고 하는데, 주인만은 "아닙니다. 제 입맛에는 딱 맞는데요?"라고 자꾸 반문만 하신다면 그 설렁탕 집은 조만간 문을 닫고 말 것과 같은 교회가 될 수 있기 때문입니다.

무엇보다도 천국 열쇠를 열심히 활용하는 교회와 교인들이 되시기를 원합니다. 그리하면 교회생활이 바로 천국생활이 될 것이요, 그런 교회가 천상의 하나님 나라의 모형이 될 것입니다. 그런 하나님 나라가 우리 교회에 임하기 원하는 심정으로 주기도를 암송해야 할 것입니다.

▲ 내세의 하나님 나라, 천국

지금까지 배운 것처럼, 한편으로는 이미 하나님의 나라가 우리들의 마음과 삶, 그리고 교회를 통하여 이루어졌습니다. 그러나 또 다른 한편으로 볼 때에는 아직 임하지 않은 하나님의 나라가 있습니다. 그곳은 구속받은 후, 하나님 중심, 교회 중심, 성경 중심으로 살았던 하나님의 자녀들의 영혼이 들어갈 처소입니다. 그곳을 때로는 새 하늘과 새 땅이라고도 하는데, 바로 천국입니다.

◆ 천국에 가시면 세 가지 놀랄 일이 생길 것입니다.

그곳에 우리들이 들어가게 되면 몇 가지 이유 때문에 놀라게 될 것입니다. 첫째는 입국 조건입니다. 무슨 선행, 고행이 입국 조건이 아니요, 다만 예수님께서 이런 말씀을 하나님에게 하시는 분들만 들어가게 되기 때문입니다. "내가 저 사람의 영혼을 구원하여 천국가게 하기 위하여 십자가에서 대속의 죽임을 당하였습니다. 그리고 그 진리를 저 사람은 믿음으로 받아들였습니다. 즉 나를 자신의 영육의 유일한 구주로 영접한 것을 제가 인정합니다!"

선행과 고행은 혹 하나님 자녀들의 구원받은 증표는 될 수 있으나, 구원의 조건은 될 수 없습니다. 그 어떤 세상과 교회 내의 중직을 맡아 봉사하였다 하더라도 예수님을 구주로 영접한 영혼이 아니고서는 결단코 천성에 들어갈 수 없습니다. 그래서 이런 이야기가 있지 않습니까?

어느 집사님께서 꿈에 천국에 들어가셨다고 합니다. 하나님께서 보좌에 앉으셔서 친히 손을 흔드시며 자신을 환영해 주시는데 참으로 감사하였다고 합니다. 나 같은 것이 천국에 들어오는 것만도 감지덕지한데, 하나님께서 환영의 손까지 흔들어 주시다니 그저 황공할 따름이었습니다. 그런데 자기 뒤로 장로님 한 분이 따라 들어오시고 계셨습니다.

그 장로님을 보신 하나님께서는 자기와 달리 보좌에서 친히 일어나시더니, 반갑게 손을 흔들어 환영의 표시를 하는 것이 아닙니까? 조금은 마음이 상하였습니다. '집사인 자기를 환영할 때에는 앉아서 손짓하시더니, 장로님이 오시니까 벌떡 일어나시다니 하나님도 차별대우 하시나?' 아주 잠시였지만, 솔직히 섭섭하였다고 합니다.

그런데 얼마 뒤에 목사님 한 분께서 열두 진주문을 통과하여 하나님 보좌 앞으로 다가오자, 하나님께서 재빨리 보좌에서 일어나시더니 쏜살같이 달려가셔서 포옹을 하시는 것이 아닙니까? 그 집사님께서는 하나님의 그런 태도가 못내 섭섭하여 결국 하나님께 불평을 터뜨리고 말았습니다.

"아니, 하나님만은 그렇지 않으실 줄 알았는데... 하나님께서도 사람을 차별 대우하십니까? 솔직히 섭섭합니다!" 그러자 하나님께서는 겸연쩍은 표정을 하시며 이렇게 대답을 하셨다고 합니다. "이 집사야! 너무 섭섭해 하지 말라구. 이 천국에 하도 오랜만에 목사님이 들어오시니 내가 너무나 반가워서 그랬지. 내가 너무 오버 액션을 취했나? 허허허 참!"

만일 어느 목사님께서 예수님을 위대한 선생 혹은 혁명가, 또는 존경할 만한 성자 정도로 믿고 있었는데, 섬기는 성도들이 구주로 영접하기를 원하기에 늘 그렇게 설교를 하다가 돌아가셨다면 그분은 아마도 천국에 들어가지 못하였을 것입니다. 입국조건은 오직 주님의 보혈의 공로를 믿느냐의 여부이기 때문입니다.

둘째로는 천국이 진정 존재함에 놀라게 될 것입니다. 사람들은 흔히 이렇게 말하고 있습니다. "지금 보이는 세상도 믿을 수 없는데, 어찌 눈에 보이지도 않는 곳을 믿고 대망하라고 하는지 한심스럽다"고 말입니다. 그럼에도 불구하고 성경에 천국이 존재한다고 말씀하시기에 자신의 이해됨과 판단을 넘어, 믿음으로 그곳을 대망하였던 사람들은 "내가 믿었던 것이 얼마나 다행이었는가? 나에게 포기하지 않았던 천국소망과 믿음을 주신 예수님을 찬양합니다. 할렐루야!"라고 고백하게 될 것입니다.

그때는 제가 "할렐루야! 아멘!"을 외치는 훈련을 특별히 시키지 않아도 고막이 찢어지도록 그 소리를 발할 것이 분명합니다. 왜냐하면 천국이 존재함을 보고 있기 때문입니다. 이렇게 말씀드리는데도 불구하고 교회를 다니면서도 천국만은 믿지 못한다는 사람들에게 성경은 이렇게 경고하고 있습니다. 즉 교회 안의 불신자를 향한 말씀입니다. "이로 보건대 그들이 믿지 아니하므로 능히 들어가지 못한 것이라"(히 3:19).

셋째는 상급의 차이가 있음을 깨닫고 놀라게 될 것입니다. 그러므로 노년 황혼기의 사도 바울의 고백을 명심해야 합니다. 그래야 오늘 자신의 신앙을 지키고 믿음으로 살아가기 위해 받는 시험을 넉넉히 이겨낼 수 있습니다. "전제와 같이 내가 벌써 부어지고 나의 떠날 시각이 가까웠도다 나는 선한 싸움을 싸우고 나의 달려갈 길을 마치고 믿음을 지켰으니 이제 후로는 나를 위하여 의의 면류관이 예비되었으므로 주 곧 의로우신 재판장이 그 날에 내게 주실 것이며 내게만 아니라 주의 나타나심을 사모하는 모든 자에게도니라"(딤후 4:6~8).

그러므로 너무 교회 내에서 명예와 권세, 또한 알아줌에 대하여 목말라 하지 말아야 합니다. 교회생활은 오직 나 같은 죄인도 구원받아 천국에 갈 수 있는 하나님의 자녀가 되었다는 감사와 감격으로 하는 것이기 때문입니다. 그렇지 않은 성도는 하나님도 싫어하시거나 경계하실 수도 있습니다.

어느 집사님께서 꿈에 천국에 갔다 오셨는데 자신이 본 천국을 주위 사람들에게 이런 이야기로 전해 주었다고 합니다. 자기가 천국에 들어가자, 하늘보좌에 앉아 계시던 하나님께서 '저러시다가 허리 상하시지...' 하실 정도로 벌떡 일어나셔서 환영해 주시더라는 것입니다. 솔직히 어깨가 으쓱해졌다고 합니다.

그런데 조금 후, 어느 장로님이 들어오시자 보좌에서 일어나실까 말까, 잠시 망설이시더니 할 수 없이 일어나서 마지못해 환영의 악수를 해주시고 다시 돌아서 버리더라는 것입니다. 그 집사님은 이미 자신을 위하여 준비된 하늘만찬에 참석하게 되었고, 정말 생명수와 생명과실을 먹으며 말로 다 표현할 수 없는 천국생활의 시작을 감격 가운데 즐기고 있었습니다.

그러다가 우연히 멀리서 천국 문으로 들어오는 어느 목사님을 보게 되었습니다. 평소에 자주는 아니지만, 멀리서 가끔 뵙던 유명한 목사님이시기에 너무나 반가웠습니다. 그런데 이게 웬일입니까? 그 목사님이 들어오시는 것을 확인한 천사들은 자기를 수종들던 손길을 갑자기 멈추고 재빨리 하나님 보좌 근처로 달려가는 것이 아닙니까?

그리고 마치 유명가수의 경호원들같이 그 보좌를 옹위하고 사방을 경계하면서 하나님 보좌 앞으로 걸어오시는 목사님을 독살스럽게 쳐다보는 것이 아닙니까? 너무나 이상한 분위기였습니다. 그리고 솔직히 궁금하기도 하였습니다. 그런데 더욱 이해할 수 없는 것은 하나님도 자신의 보좌에서 일어나지 않으시고, 보좌의 손걸이를 양손으로 꼭 잡고 계신 것이 아닙니까?

더 이상 자신의 궁금증을 풀지 않고는 견딜 수 없었던 그 집사님께서 하나님 곁으로 다가가서 조용히 물어보았다는 것입니다. "아니, 하나님, 목사님이 오시고 계시잖아요? 왜 그리 경색이 되어 계신 것이죠?" 그러자 하나님께서는 그 다가오는 목사님을 향한 경계의 눈초리를 풀지 않으시고, 그 집사님에게 이런 대답을 하셨다는 것입니다. "저 목사에게 내 자리를 빼앗길까봐!"

하나님께서 바벨탑을 무너뜨리신 직접적인 이유가 무엇일까요? 너무나 높게 쌓았기 때문이었습니까? 그런 이유라면 지금 각 나라에서 당장 무너질 빌딩이 대다수일 것입니다. 다만 성경은 이렇게 그 이유를 증거하고 있습니다. "또 말하되 자, 성읍과 탑을 건설하여 그 탑 꼭대기를 하늘에 닿게 하여 우리 이름을 내고 온 지면에 흩어짐을 면하자 하였더니"(창 11:4). 우리들은 그들의 대화 중, "우리 이름을 내고"라는 말에 초점을 맞추어야 합니다.

하나님의 이름과 영광이 아닙니다. 오직 자신들의 이름을 나타내고자 하였습니다. 즉 자신들의 능력과 권능, 그리고 기술과 일치된 힘을 자랑하고자 하였습니다. 그래서 바벨탑을 연구하는 고고학자들은 그 바벨탑을 쌓은 벽돌 한 장, 한 장에 자기들의 이름을 기록하였을 것이라고 주장하고 있습니다.

바벨탑은 하나님의 영광과 이름을 나타내지 않는 수고, 노력, 그리고 하나됨은 도리어 저주가 됨을 우리에게 생생히 교훈해 주고 있습니다. 그러므로 천국에서의 상급을 대망하는 성도라면 마땅히 자신의 선행과 봉사가 많은 이들에게 인정되고, 칭찬을 받게 되는 것을 극히 조심하고 경계하는 지혜가 있어야 합니다. 그리고 혹, 칭찬과 존귀한 이야기를 듣게 되면 재빨리 이런 말로 대답해야 합니다.

"어찌 그 일이 제가 한 일인가요? 하나님이 하셨죠? 하나님께 영광을 돌립니다."라고 말입니다. 바로 그때, 자신은 십자가 그늘 뒤에 숨기를 원하는 성도가 될 것이요, 하나님과 교회가 영광과 기쁨을 누리게 되면 그것으로 만족하는 성도가 될 것이고, 경건이 쌓일 때 천국에서 '개털모자'가 아닌 영광의 면류관, 의의 면류관, 생명의 면류관, 썩지 않을 면류관을 예비하는 지혜로운 성도가 될 것입니다.

우리는 주님의 교회에서 봉사하고 있습니다. 그러므로 이 교회의 주인 되시는 예수님께서 우리 인간들을 섬기시되, 죽기까지 섬겼던 섬김의 정신을 눈 깜박이는 순간에도, 침 삼키는 순간에도 잊지 않는 영 분별의 은사가 있는 성도들이 되어야 할 것입니다.

(2) 이런 나라가 임하도록 역사해 주옵소서!

"나라이 임하옵시며"라는 기도와 간구의 내용은 무엇일까 하는 문제를 결론적으로 배우고자 합니다. 주기도의 이 기도내용은 "이런 나라가 임할 수 있도록 역사해 주옵소서!"라는 말씀으로 해석할 수 있습니다. 즉 세 가지의 간절한 제목이 담긴 기도인데, 그 내용은 우리들이 지금까지 배운 내용을 요약하면 됩니다.

첫째는, "우리들의 심령 안에 하나님이 왕으로 통치하시는 역사가 계속되게 하소서!"

이 은혜를 받기 위해 간절히 기도해야 한다는 것입니다. 왜냐하면 그런 기도내용을 하나님께서 요구하고 계시기 때문입니다. 그것을 위하여 기도하면 반드시 하나님이 응답하실 것입니다(마 7:7, 막 9:29). 그러면 어떻게 응답하실까요? 먼저 그런 기도를 하는 분들에게 말씀과 성령의 역사를 대망하게 하실 것입니다. 그리고 그 역사를 믿음으로 영접하므로, 자신의 심령 안에 하나님이 왕으로 통치하시는 은총을 선물로 받게 하실 것입니다.

둘째는, "하나님께서 친히 인도하시는 역사가 우리들의 생활 속에 계속되게 하소서!"

그 결과, 우리를 통하여 반사된 주님의 복음으로 이 땅의 사탄의 권세를 물리치고, 하나님의 주권이 더욱 견고하게 세워지는 은총을 사모하며 기도해야 한다는 것입니다. 이 기도 내용이 이루어지게 하기 위하여 하나님은 많은 사람들 중에 우리들을 사용하시기를 원하고 계십니다. 그러므로 우리들만이라도 지금 하고 있는 생업은 부업이요, 도리어 전도와 선교, 그리고 영육 간에 연약한 사람들을 돕는 사역이 주업이 되는 삶을 살아야 할 것입니다. 즉 '어떻게' 살아가야 하는 문제를 넘어, '왜' 살아가야 하는가의 문제를 해결한 사람으로서의 행함이 있어야 합니다. 그러므로 '제대로 모이는 교인'으로서의 삶을 넘어, 이제는 '제대로 흩어지는 교인'의 모습을 자신 속에 만들어 나가야 할 것입니다.

그런 경건생활로 인하여 우리들이 '걸어다니는 작은 교회'들이 될 때, 그곳에서 하나님이 영광을 받으실 것입니다. 사탄이 일곱 길로 물러가게 될 것입니다. 복음의 열매가 있게 될 것입니다. 그로 인하여 하나님의 나라가 이 땅에서 확산되는데, 자신이 요리한 도구로 사용받고 있다는 영적 희열을 얻게 될 것입니다. 이제라도 이사야의 고백이 우리들의 것이 되어야 하는 세대가 된 것 같습니다.

즉 언제까지 적당히 변색하는 청개구리처럼 인생을 살아갈 것입니까? 이제는 "내가 또 주의 목소리를 들으니 주께서 이르시되 내가 누구를 보내며 누가 우리를 위하여 갈꼬 그 때에 내가 이르되 내가 여기 있나이다 나를 보내소서"(사 6:8)라는 이사야의 소명의식을 가지고 살아가는 삶, 그리고 세속 속에 거룩성을 유지하며 살아가는 삶을 추구해야 할 것입니다. 그것만이 주기도의 이 부분의 기도응답을 앞당기는 십자가의 용사들이 되는 첩경이 될 것입니다. 그리고 자신의 삶의 황혼기에 이런 고백을 교회 후진들과 가족들에게 말할 수 있게 될 것입니다. "형제들아 우리의 수고와 애쓴 것을 너희가 기억하리니 너희 아무에게도 폐를 끼치지 아니하려고 밤낮으로 일하면서 너희에게 하나님의 복음을 전하였노라 우리가 너희 믿는 자들을 향하여 어떻게 거룩하고 옳고 흠 없이 행하였는지에 대하여 너희가 증인이요 하나님도 그러하시도다"(살전 2:9~10).

셋째로는, "주님의 재림의 때, 모든 사단의 권세를 멸하시고 영원하고 완성된 하나님의 나라가 임하게 하소서!"

먼저는 성경이 예언하는 주님의 재림을 자신이 믿으며 기도해야할 것입니다. "재림? 있을 수도 있고, 그렇지 않을 수도 있는 것이야! 그러나 상식 선에서 그런 일이 있을 수 있을까?"라는 신앙이라면 주기도의 이 부분을 진심과 전심으로 기도할 수 없을 것입니다. 다만 아무 의미를 두지 않고 중얼거리는 주문처럼 주기도를 외우게 되는 어리석은 성도가 되고 말 것입니다.

"우리가 예수께서 죽으셨다가 다시 살아나심을 믿을진대 이와 같이 예수 안에서 자는 자들도 하나님이 그와 함께 데리고 오시리라 우리가 주의 말씀으로 너희에게 이것을 말하노니 주께서 강림하실 때까지 우리 살아 남아 있는 자도 자는 자보다 결코 앞서지 못하리라 주께서 호령과 천사장의 소리와 하나님의 나팔소리로 친히 하늘로부터 강림하시리니 그리스도 안에서 죽은 자들이 먼저 일어나고 그 후에 우리 살아 남은 자들도 그들과 함께 구름 속으로 끌어 올려 공중에서 주를 영접하게 하시리니 그리하여 우리가 항상 주와 함께 있으리라"(살전 4:14~17).

이 바울의 재림 대망 신앙이 우리 모두의 것이 될 수 있는 이 시간 되기를 원합니다. 우리 한국 초대교회 어르신들은 하늘에 이상한 구름 한 점만 보여도 곧 주님이 재림하실 징조인가 하며 신앙의 옷깃을 여미셨는데, 우리들이 어찌 성경에서 1518번이나 직·간접적으로 예언하고 있는 주님의 재림을 믿지 않으려고 합니까? 그런 마음은 결코 성령님의 역사가 아닙니다. 영 분별의 은사로 그 불신의 마음을 예수님의 이름과 보혈의 권세로 물리치셔야 합니다. 그 때, 주기도의 이 부분의 기도를 생동감, 산 소망, 그리고 설레임을 가지고 하게 될 것입니다.

▲ 사단의 교란작전에 넘어가지 말아야 합니다.

우리 모두 자신이 믿고 있는 주님의 재림과 최후의 심판을 다른 이들에게 전하는 사역자가 되도록 기도해야 합니다. 그리고 "이르시되 때가 찼고 하나님의 나라가 가까이왔으니 회개하고 복음을 믿으라"(막 1:15)고 삶 속에서 외치는 나팔이 되셔야 합니다. 그렇게 살아야 한다고 말씀드리면 성도님들의 머릿속에 당장 떠오르는 어느 모습이 있을 것입니다. 즉 길거리나 역 광장에서 피켓을 들고 소리치던 사람들입니다. "예수님께서 몇 년, 몇 월, 며칠에 재림하십니다! 일상을 던져 버리고 우리들과 함께 그분의 재림을 준비합시다!"라고 외치던 사람들 말입니다.

그들의 재림신앙의 잘못은 주님의 재림을 믿는 것 때문이 아니었습니다. 다만 예수님의 재림 시각과 장소를 정하고 있는 것이 잘못일 뿐입니다. 이런 잘못을 범하는 그들은 겉으로 보기에는 광신자들처럼 보이나, 실제로는 재림신앙을 혼돈케 만들고자 하는 사단의 역사에 앞잡이가 된 것입니다. 마치 가룟 유다가 예수님을 팔아 넘기는데 사단의 앞잡이가 되었듯이 말입니다(눅 22:3~6).

그 결과, 재림신앙을 갖는다는 것은 광신자들이나 믿는 것이라는 생각을 심어주는 악한 사단의 역사는 어느 정도 우리 한국에서 성공한 듯 합니다. 그래서 강단에서 주님 재림신앙을 견고케 하는 설교를 자주하는 목사님들을 보면 "저분도 이단적인 설교를 하시네?" 때로는 젊은이들은 "저 목사님도 이단의 교주가 될 가능성이 농후하시네?"라고 농담 반, 진담 반으로 말하는 교회 현실이 되고 말았습니다.

그러므로 이런 생각이 들 때가 적지 않습니다. 목사님들도 재림신앙을 말씀하시기가 힘든 세상인데, 일반 성도들이야 그 얼마나 주님의 재림을 전파하시기에 벅찰까 하는 생각이 들 때가 있습니다. 때로는 예배가 끝나고 교회를 떠나는 성도들의 뒷모습을 물끄러미 바라보다가 이런 묵상기도를 하기도 합니다. "주여, 정말 이리들 가운데 양을 보내는 것 같네요. 임마누엘로 함께 하옵소서!"

그럼에도 불구하고 기억하고, 명심해야 할 것이 있습니다. 우리들은 하나님의 자녀들이기 때문입니다. 주님은 반드시 재림하십니다. 우리들의 살아 생전, 혹은 죽은 다음이라도 그분의 재림과 최후의 심판을 피할 인생은 그 어느 누구도 없습니다. 그리고 무신세계 속에서 힘들게 믿음을 지키고 세상적인 유혹을 견디어 냈던 분들의 영혼과 육신이 거할 영원한 하나님의 나라가 도래한다는 것은 변하지 않은 영원한 진리입니다.

그래서 그 날을 기도와 전도로 준비하며, 자신의 삶을 재림신앙을 전파하기 위하여 아낌없이 바쳤던 우리들의 믿음의 대 선배이신 길선주 목사님은 이런 신앙고백을 하셨습니다. "나는 걸어오는 신랑보다

가마 타고 오는 신랑이 더 좋고, 가마 타고 오는 신랑보다 자동차 타고 오는 신랑이 더 좋다. 또한 자동차 타고 오는 신랑보다 비행기 타고 오는 신랑이 더 좋고, 비행기 타고 오는 신랑보다 하늘구름 타고 오시는 신랑 예수님이 더 좋소이다!"라고 말입니다(계 1:7).

빛이 1초에 지구의 일곱 바퀴 반을 돌듯이, 의의 빛 되시는 주님은 전 세계 사람들이 동시에 볼 수 있게 재림하실 것입니다. 사람들도 월드컵 개막식을 인공위성을 통하여 전 세계에서 동시에 볼 수 있는데, 어찌 이 세상과 사람을 창조하시고 지금도 섭리하고 계시는 주님께서 전 세계인이 볼 수 있도록 가견적으로 재림하시지 못하겠습니까? 우리들이 생각할 때에는 불가능할 일이지만, 그 분 편에서 볼 때에는 당연히 하실 수 있는 사건입니다.

혹, 주님의 재림이 성도님이 진심으로 사랑하는 그 어느 사람에게 영원한 심판의 재림이 될 수도 있음을 인정하고 계시는지요? 만일 그 분이 예수 그리스도를 구주로 영접하지 않고, 주님의 삶을 닮아가고자 하는 성화의 길을 가지 않는다면 말입니다. 그러므로 사랑하는 그 사람, 혹은 그 가족을 향하여 "종교는 자유야! 네 신앙은 네가 알아서 하는 것이지..."라는 말을 함부로 이야기하며, 그 영혼구원을 위하여 기도하지 않는다면 그것은 결코 관용이 아닙니다. 어쩌면 만용일 것입니다. 즉 성경을 하나님께서 우리를 향한 예언의 말씀으로 믿지 않는 분들의 만용일 것입니다. 왜냐하면 성경은 반드시 모든 사람들의 신앙과 삶을 판단하는 때가 있다고 선포하시기 때문입니다.

▲ 종교는 자유?

여성을 전시 성노예(위안부)로 강제 동원한 일본의 전쟁범죄 행위를 단죄하기 위해 2000년 12월, 일본의 '구단회관' 에서 '2000년 일본군 성노예 전범 국제법정' 이 열렸습니다. 그 법정에는 한국, 북한, 필리핀 등 8개국 위안부 여성 70여명이 증인으로 참석하였습니다.

그리고 그 법정은 12월 12일, '히로히토' 일왕과 일본 정부에 유죄 판결을 내렸습니다. '가브리엘 맥도날드' 구, 유고 국제범 법정 전 소장 등 4명으로 구성된 재판부는 이날 판결문에서 "히로히토 일왕과 옛 일본군 간부들은 인간의 노예화, 고문, 살인, 인종적 이유 등에 의한 박해 등을 금지하고 있는 〈인도에 대한 죄〉를 위반했다"며 유죄 판결을 내렸습니다.

재판부는 특히 히로히토 일왕에 대해 "실질적인 일본군 최고 통수권자로서 위안소 설치 등, 일본군의 진화 행위를 알고 있었음에도 불구하고 이를 묵인한 기소 사실이 인정된다"고 밝혔습니다. 이로써 2차 대전 이후, 일본군의 전쟁범죄를 처벌하기 위해 설치된 '극동국제군사재판' 에서 사실상 미국측의 주도 아래 기소를 모면했던 히로히토 일왕은 전후 반세기만에 국제사회에서 전쟁 범죄자로 낙인찍히게 되었습니다.

사람은 하등동물과 달리 영과 육으로 구성되어 있습니다. 그리고 육의 세계에서 지금 일어나고 있는 일들은 영적 세계의 일들의 거울이라고 말씀드릴 수 있습니다. 그런데 성경에는 우리에게 그 국제법정의 재판처럼 판단을 받을 날이 있음을 예언하고 있습니다. "한 번 죽는 것은 사람에게 정해진 것이요, 그 후에는 심판이 있으리니"(히 9:27)라고 말입니다.

히로히토 일왕이 반세기라는 기나긴 세월이 지난 후, 그 어느 날 자신이 전범으로 낙인찍히는 재판의 때가 있을 것을 감히 예측하였을까요? 아닐 것입니다. 꿈에도 생각하지 못하였을 것입니다. 그러나 그 날이 결국 오고 말았습니다. 마찬가지로 많은 사람들이 자신이 죽은 후 그 어느 날, 자신의 영혼과 육신생활의 최후 심판이 있을 것을 믿고 있을까요? 아닐 것입니다. 그러나 그 날은 결국 오고 말 것입니다. 왜냐하면 결코 일점 일획이라도 가감치 못할 성경이 그 날을 예언하고 있기 때문입니다.

그런데 그 심판 때, 소돔과 고모라 사람들보다 가버나움 사람들에게 더 큰 형벌이 있을 것을 하나님의 아들이신 예수님께서 예언을 하셨습니다. 즉 "내가 너희에게 이르노니 심판 날에 소돔 땅이 너(가버나움)보다 견디기 쉬우리라 하시니라"(마 11:24). 그러면 왜 이런 형벌의 차이를 말씀하셨을까요? 그 까닭은 가버나움 사람들은 소돔 땅

거민들보다 복음을 영접할 기회가 더 많았으며, 동시에 예수님을 따라 살아가기로 작정하기에 너무나 좋은 환경에 살면서도 결국 그분을 거절하였기 때문입니다. 아니, 배척하였기 때문입니다.

이 말씀은 아직 선교사님들이 들어가지 못한 아프리카, 혹은 중동 지역에서 복음을 접할 수 없었기에 그렇게 죽어간 영혼들보다, 한밤중에 머리만 들면 교회의 붉은 십자가를 10개 이상을 족히 볼 수 있는 이 한국 땅에서 복음을 영접치 않고 도리어 자신이 하나님이 되어서 살아갔던 영혼들의 내세에서의 형벌이 더욱 크고 극렬하며 처참할 것을 예언하는 말씀입니다.

그 심판의 대상이 바로 내 사랑하는 식구일 수도 있습니다. 그럼에도 불구하고 "종교는 자유"라고 계속 의미 없이 교회 안의 불신자처럼 중얼거릴 수 있겠습니까? 이제라도 기도합시다! 그리고 전도합시다! 때가 임박합니다! 그 종말적인 하나님의 나라가 임할 때, 사랑하던 이들과 함께 이런 소리를 외칠 복을 사모합니다. "이것들을 증언하신 이가 이르시되 내가 진실로 속히 오리라 하시거늘 아멘 주 예수여 오시옵소서!"(계 22:20). "마라나타!" 이것이 자신의 기도제목 중, 큰 부분을 차지하는 새로운 경건이 되어야 할 것입니다.

▲ 어떻게 살아야 할까?

만일 진학을 앞두고 있는 고등학교 3학년 학생이, 늘 교회에 와서 기도만 하고 학교생활과 진학공부는 하지 않는다면 정상적인 학생이라고 말할 수 있을까요? 만일 그 교회 목사님께서 그런 학생에게 "정말로 우리 교회에서 몇 십 년에 한 번 나올까 말까 하는 보배 같은 학생이 있다는 소문을 들었는데 그 학생이 바로 자네이구먼!" 하신다면 하나님께서 이렇게 웃으실 것입니다. "푸 하 핫 하하하...!"

마찬가지입니다. 만일 성도들이 "하나님의 나라가 임하기를 바랍니다. 간절히 원합니다!"라고 기도하기는 잘 하는데, 실제의 삶은 하나님의 나라의 임재를 원하지 않는 듯 착각이 들 정도의 삶을 사신다면 역시 우리 하나님께서 그런 성도, 민족들을 향하여 이런 성경말씀을 주실 것 같습니다. "하늘에 계신 자가 웃으심이여, 주께서 그들을 비웃으시리로다"(시 2:4).

그러므로 자신의 마음과 생활 속에, 그리고 섬기는 교회생활 속에, 궁극적으로 영원한 내세에서 하나님 나라가 이루어지기를 원하는 기도를 드린다면 마땅히 그 기도 후에 삶이 뒷받침해 주어야 할 것입니다. 그래서 야고보 장로님은 우리들에게 이렇게 권면하고 있습니다. "영혼이 없는 몸이 죽은 것같이 행함이 없는 믿음은 죽은 것이니라"(약 2:26). 이제는 주기도를 드리는 것만큼, 어떻게 살아가야 할 것인가에 더 큰 비중을 두는 삶을 영위해야 합니다. 그런 경건을 만들어 가는 우리들을 사용하셔서 하나님께서는 자신의 나라를 이 땅에서 확장하실 것입니다. 그리고 사탄의 권세와 지배하는 영역이 점점 줄어드는 것을 우리들의 눈으로 보게 될 것입니다.

◆ 세속 속에 살지만, 세속화되지 않는 삶

까마귀 노는 곳에 백로야 가지 말라고 간청하지만 세상살이는 그럴 수가 없습니다. 그리고 어쩔 수 없이 검은 먹 곁에 있는 하얀 종이는, 자신도 모르는 새 검정반점을 가질 수밖에 없기에 '세속 속에 살지만 세속화되지 않는 삶'이란, 나오는 대로 말하는 것처럼 그리 쉬운 경건은 아닙니다.

그러나 신앙생활이란 완성된 것을 누리는 것이 아닙니다. 다만 자신이 성령의 도움으로 만들어가는 것입니다. 마치 세속 속에 계셨지만 세속화되지 않으셨던 예수님을 닮아가는 삶이 바로 성화의 삶이요, 기독신자가 묵묵히 걸어가야 할 좁은 길이라고 말씀드릴 수 있습니다. 그래서 이런 복음성가가 우리들에게 불려지는 것 같습니다.

"그리 쉽진 않아요. 천국 가는 길이 그 길엔 어려움 많아요 구주 예수님께서 우리와 함께 계시니 매일 기쁘게 살아가요 하지만 그리 쉽진 않아요 예수님 내 곁에서 날 도와 주시니 무거운 짐도 가벼우네."

그래서 우리 예수님께서 이 성화의 길을 걸어가기를 원하는 우리들에게 이런 말씀으로 격려하시고 계십니다. "수고하고 무거운 짐 진 자들아 다 내게로 오라 내가 너희를 쉬게 하리라 나는 마음이 온유하고 겸손하니 나의 멍에를 메고 내게 배우라 그리하면 너희 마음이 쉼을 얻으리니 이는 내 멍에는 쉽고 내 짐은 가벼움이라 하시니라"(마 11:28~30).

그러면 세상이 그럼에도 불구하고 여전히 세속 속에서 하나님의 자녀로서의 삶을 영위하며 많은 이들에게 자신의 생활로 전도할 수 있는 분들만의 독특한 경건은 무엇일까요? 그것은 바로 하나님 존전의식인 것입니다. 즉 '하나님께서 나를 지켜보신다. 나를 판단하시고 계신다. 하나님이 나를 바라보고 계시는데…' 라는 두려움입니다. 다시 말씀드려서 노예 근성에 바탕을 둔 두려움이 아니라 '거룩한 두려움'(창 39:9)이 우리를 하나님 나라를 확장하는 사역의 동역자로 사용받게 하실 것입니다.

이러한 거룩한 두려움을 기반으로 하여, 성도다운 삶을 만들어 가고자 하는 노력이 있을 때 예수님의 영이신 성령께서 그를 인도하시고 이끄시고 때로는 명령하시는 것을 실감 있게 느끼게 될 것입니다. 아마도 학창시절 컨닝의 유혹을 안 당해본 분은 거의 없을 것입니다. 그리고 그 컨닝 방법 중 두, 세 개 정도는 지금도 기억하고 계시지 않으신지요? 그런데 그 컨닝을 하는 것도 6가지의 예의를 지키며 해야 합니다. 즉 '인, 의, 예, 지, 신, 용'이 바로 그 덕목들입니다. 그것들을 구체적으로 말씀드린다면 이러합니다.

인 = '어질 인'이란 덕목인데, 사람은 좋은데 공부는 못하는 친구를 위하여 정답을 보여 주는 어진 마음이 있어야 한다.

의 = 사전에 계획한 방법대로 같이 컨닝을 하다가 자기만 들켰어도, 그 친구 이름을 끝까지 알리지 않고 홀로 정학을 당하는 의를 가져야 한다.

예 = 감히 정답을 보여준 그 친구보다 더 좋은 점수를 맞는 무례함이 없어야 하며, 그런 자신의 결심을 그 친구보다 먼저 교실을 나감으로 보여 주어야 한다.

지 = 평소 수업시간을 통하여 시험감독자로서의 선생님들의 성격을 잘 파악하고 있어야 하며, 동시에 어느 친구가 어느 과목에 능통한가를 면밀히 조사하는 지혜가 필요하다.

신 = 비밀리에 넘어온 컨닝 페이퍼 내용의 정답여부가 아무리 의심되더라도, 자신에게 자비를 베풀어 준 친구를 신뢰하며 무조건 베끼는 마음을 지켜야 한다.

용 = 감독 선생님의 족집게 명성이 아무리 하늘을 찌르더라도 결코 주눅들지 말고, 용맹스럽게 컨닝을 하며 부모님의 기쁨조가 되어야 한다.

미국의 리폼드 신학교에서 유학하던 시절 이야기입니다. 첫 번째 기말시험을 치르면서 받았던 신선한 충격이 지금도 생생합니다. 그 신학교의 어느 교수님의 시험기간에는 시험을 보는 일정한 교실이 없었습니다. 물론 시험감독 교수님도 없었습니다. 그러면 어떻게 시험을 치루었을까요?

시험 보는 당일 오전에 담당 교수실로 가서 시험지를 받아옵니다. 그리고 자신이 원하는 장소로 가서 묵상 기도한 후에 혼자 시험을 보는 제도입니다. 그곳이 학교 내 어느 장소이든 전혀 상관이 없습니다. 다만 오후 5시 전에 작성한 시험지를 교수실로 제출하기만 하면 되는 것이었습니다.

물론 미국 신학생, 또는 한국에서 유학 오신 분들 중, 그 어느 분의 컨닝 행위로 그 좋은 시험제도가 중단되지는 않았습니다. 제가 졸업하고 귀국한 그 후의 학교사정을 잘 모르지만, 최소한 제가 졸업하였던 그 해까지는 말입니다.

이런 이야기를 드리는 것은 학창시절, 혹은 그 후의 삶을 살아가면서 완벽주의자가 되라는 뜻으로 말씀드리는 것은 아닙니다. 다만 늘 좌우의 사람들보다 위에 계신 하나님을 의식하며 살아가는 훈련을 받는 분들이 바로 우리 하나님의 자녀들이 아닐까 하는 생각 때문입니다. 마치 보디발 아내의 유혹을 물리친 요셉처럼 말입니다. "그런즉 내가 어찌 이 큰 악을 행하여 하나님께 죄를 지으리이까"(창 39:9).

가게에서 손님을 대할 때, 회사에서 상관 혹은 부하직원을 대할 때, 또는 그 누구와 계약서에 계약을 해야할 때, 돈과 명예와 권력이 눈에 보일 때, 늘 기억해야 할 것이 있습니다. '이 일을, 이 판단을, 이 결정을 하나님께서 기뻐하실까, 아니면 근심하시며 싫어하실까?' 그리하면 성령 하나님께서 지혜를 주시고 하나님의 자녀로서의 삶을 살아가는 기준을 허락해 주실 것입니다. 그리고 그 판단대로 행할 능력을 허락해 주셔서 결국 '믿음이 이기는 것'을 보여 주실 것입니다.

또한 집에 찾아오는 걸인, 신문팔이, 외판원 등 일상적인 삶을 귀찮게 하는 분들을 대할 때에도 이제는 이런 생각이 들어야 합니다. '이 사람이 만일 예수님이시라면?' 만일 어느 성도님께서 이런 경건을 행하는 지경까지 들어가면, 그분은 이미 하나님의 나라가 임한 삶을 살고 있는 것이요, 그를 대하는 사람들에게 하나님의 나라가 어떤 곳이라는 것을 소개하는 '천국대사'로서의 삶을 살아가는 당당한 기독교인이 된 것입니다.

예수님께서 천하보다 귀하게 여기시는 여러분의 삶이 이제 더욱 더 선한 사마리아 사람의 삶을 실천하는 여생이 되어야 할 것입니다(눅 10:25~37). 동시에 어리석은 부자의 오직 자신만을 위한 허비생활을 등뒤로 던지시는 증거가 하나님께 보여지는 삶이 되어야 합니다(눅 16:19~31). 그리고 그런 삶이 누구의 강요에 의한 것이 아니라, 성령님의 감동으로 있어지는 경건생활이 되어야 할 것입니다. 그리고 회칠한 무덤, 뒤집지 않은 빈대떡 같은 외식적인 삶을 과감히 제거해야 할 것입니다. 즉 마음은 그렇지 않으면서 교회 다닌다는 체면 때문에 그렇게 살아가라는 것이 아닙니다. 다만 아무리 우리가 희생적인 사랑을 가지고 나누며 살아간다고 해도 우리 예수님께서 자신의 영육의 죄를 위하여 대속의 죽임을 당하신 삶에는 비교조차 되지 않을 것이라는 성경적인 판단에서의 거룩한 두려움과 삶이 계시기를 원합니다.

물론 성경진리와 사회현실이 크게 다르다는 것을 알고 있는 우리들로서는 성경이 증거하는 대로 살다가는 망하지 않겠는가, 패배하지 않겠는가, 뒤떨어지지 않겠는가, 혹은 멸시와 천대를 받지 않겠는가 라는 염려를 할 수 있음을 애써 부인하지는 않습니다. 또한 목사님은 매주 사회생활을 해보시지 않으셨으니 그렇게 말씀하실 수밖에 없을 것이라며 핀잔을 주신다면 더욱 할 말은 없습니다. 즉 "목사님도 한번 사업해 보세요. 이 사회가 얼마나 살벌한 세상인 것을 금방 아실 것입니다."라고 말씀하신다면 말입니다.

그러나 저는 성경의 언약을 그대로 전하는 영적 선지자입니다. 그러므로 성경 그대로만 전하고, 그 말씀대로 믿어야 한다고 전할 수밖에 없습니다. 이 권모술수가 편만한 세상 속에서도 성도들이여! "두려워하지 말라 내가 너와 함께 함이라 놀라지 말라 나는 네 하나님이 됨이라 내가 너를 굳세게 하리라 참으로 너를 도와 주리라 참으로 나의 의로운 오른손으로 너를 붙들리라"(사 41:10)는 말씀을 굳게 잡으라고 전할 수밖에 없습니다.

또한 이런 말씀도 전하고 싶습니다. 한 번 함께 하시겠다고 언약한 하나님은 우리들의 삶이 그리 훌륭하지 못하더라도 동행하시며, 혹 넘어져도 일으켜 주시는 사랑의 하나님이심을 말입니다. "그런즉 그들이 그들의 원수들의 땅에 있을 때에 내가 그들을 내버리지 아니하며 미워하지 아니하며 아주 멸하지 아니하고 그들과 맺은 내 언약을 폐하지 아니하리니 나는 여호와 그들의 하나님이 됨이라 내가 그들의 하나님이 되기 위하여 민족들이 보는 앞에서 애굽 땅으로부터 그들을 인도하여 낸 그들의 조상과의 언약을 그들을 위하여 기억하리라 나는 여호와이니라"(레 26:44~45).

◆ 충성스러운 교회생활

달리기를 하는 선수에게는 꼭 지켜야 할 규칙이 있습니다. 또한 철로를 달리는 기차에게도 달려야 할 길이 있습니다. 만일 그 규칙과 길을 포기한다면 아마도 중간에 실격되거나 탈선하고 말 것입니다. 마찬가지로 참된 하나님의 자녀들이 만들어 나가야 할 하나님 나라 사역에도 법칙이 있습니다. 그 법칙은 바로 '충성된 교회생활'이라는 법칙입니다.

그래서 바울은 이런 말씀으로 우리를 권면하고 있습니다. "사람이 마땅히 우리를 그리스도의 일꾼이요 하나님의 비밀을 맡은 자로 여길 지어다 그리고 맡은 자들에게 구할 것은 충성이니라"(고전 4:1~2). 그런데 이 충성이란 단어는 '믿을 만하다'라는 뜻입니다. 즉 우리 하나님께서 믿을 만한 사람이 바로 충성된 성도인 것입니다.

까뮈의 〈시지프스의 신화〉를 보면 신이 인간에게 내린 최고의 형벌을 이야기하고 있습니다. 그것은 큰 바위 덩어리를 산꼭대기에 올려놓은 후, 그것을 아래로 굴리는 것입니다. 그런 후, 다시 밑으로 내려가 똑같은 일을 의미와 목적 없이 반복적으로 행하게 하는 것이 바로 신이 인간에게 내린 최대의 형벌이라고 말하고 있습니다.

마찬가지입니다. 교회생활의 최대의 형벌이 무엇이라고 생각합니까? 역시 분명한 의미와 목표 없이 그냥 교회를 시계추처럼 다니게 하는 것입니다. 즉 다니긴 다닙니다. 그러나 무의미하게 다니는 것입니다. 습관적으로 출입하는 것입니다. 그저 지난 주일에도 다녀왔기 때문에 다니는 것입니다. 마치 밤이면 밤마다, 자동적으로 일어나 맨발로 걸어나가 우물가에 앉아 그 무엇인가를 중얼거리는 몽유병 환자처럼 그렇게 교회를 다니는 것은 형벌과도 같은 것입니다.

만일 그 누가 아무 목적 없이 구덩이를 파고 다시 덮기를 100번만 하라고 한다면, 아마도 그 100번의 작업을 다 채울 수 있는 사람은 거의 없을 것입니다. 그러므로 의미와 분명한 목표를 가지고 교회생활을 해야 합니다. 즉 이 교회의 주인 되시는 예수님께서 나 같은 사람의 대속과 영생을 얻게 하기 위해 십자가에서 보배로운 피를 흘려 주심에 대한 감사표현을 어떻게 할까 하다가 다니는 것이 바로 교회 생활이 되어야 할 것입니다.

동시에 그 대속의 주님을 위하여 내가 무엇으로 보답할꼬 하는 목표를 가지고 교회봉사 생활을 해야 할 것입니다. 그리하면 자기 자신이 교회에서 명하는 선교와 전도, 그리고 구제 사역을 위하여 실제로 목숨을 버리는 지경까지 들어가야 겨우 예수님의 자신을 향한 사랑에 대하여 무승부를 한 것에 불과하다는 진리를 깨닫는 은총을 받게 될 것입니다. 이런 분들은 교회생활 및 봉사를 하시다가 어려운 일을 만나면 이렇게 말씀하십니다. "우리 주님은 이것보다 더 힘든 십자가를 지셨는데… 그래, 이 정도 어려움을 십자가라고 여기는 것은 영적 사치야, 사치…"

그러나 우리들이 그런 의미와 목표를 가지고 봉사생활을 하다가도 사람과 환경, 그리고 어떤 사건을 통하여 고통을 받게 되면 이런 불평이 금방 튀어나올 수도 있을 것입니다. "아니, 저것들은 매일 놀고 먹고 왜 나만 이 고생을 해야 한다는 말인가? 올 연말까지만 하고 내년에는 말이야, 결단코…"라고 말입니다.

그러나 그럼에도 불구하고 예수님의 자신을 향한 십자가 대속의 은총에 보답하겠다는 변함없는 의미와 목표를 가지고 교회생활을 하게 되면, 우리들의 아버지 되시는 하나님께서 "이제는 정말로 믿을 만한 일꾼이 되었군!" 하시며 칭찬과 상급을 주실 것이 분명합니다. 정말 믿을 만한 회사직원은 자기 회사의 기밀을 빼내어 자신의 유익만을 챙기는 사람이 아닙니다. 다만 사장님의 선한 뜻을 따라 자신을 채용해 주신 그분을 위하여 희생적인 삶을 살아가는 직원이 아니겠습니까?

우리들이 과거에는 훼방자요, 핍박자요, 포행자이었으나 도리어 긍휼을 입은 것은 우리들이 믿지 아니할 때에 알지 못하고 행하였기 때문이라고 말씀해 주시는 하나님(딤전 1:13~14), 그리고 과거뿐 아니라 지금도 주님의 저울에 달아 함량이 너무 부족한 우리들을 그럼에도 불구하고 몸된 교회 사역을 위하여 사용해 주시겠다니, 그저 감사함으로 교회에서 봉사해야 할 것입니다. 무릎으로 말입니다.

또한 올해도 버리지 아니하시고, 여전히 사용하심에 대한 감격으로 봉사해야 할 것입니다. 그리고 우리들의 행위를 보시고, 다른 사람으로 지금 우리가 하는 사역을 대신 맡기시고 싶으실 때도 많을 것인데 여전히 하나님의 집의 청지기로 사용해 주심이 최고의 감사거리가 될 때, 그분께서 우리들을 "믿을 만하다!"라고 인정하시며 복주실 것입니다.

그러므로 감히 "내가 아니면 이 교회, 전도회, 구역예배, 성가대, 혹은 교회 식당봉사가 되나 보자!"라는 생각은 상상할 수도 없으며, 이제라도 우리들의 상상에서 지워 버리는 것이 자신의 교회생활에 유익과 은혜가 될 것입니다. 제가 이야기 한 가지를 해 드리겠습니다. 이 이야기를 잘 들으신 후, 분명한 대답을 해 주시기 원합니다.

만일입니다. 그리고 결코 실제상황이 아닌 이야기에 불과합니다. 제가 저희 교회 파송 선교사님이 계신 브라질로 선교 업무차 떠나게 되었습니다. 비행기를 타고 가던 중, 불행하게도 제가 탄 비행기가 공중납치를 당하고 말았습니다. 중동 테러범들의 소행이었으며, 그들은 비행기를 미국으로 돌리고 말았습니다.

세계무역센터 폭파로 인한 대참사 사건이 모든 승객들에게 스쳐가며, 이왕에 죽을 바에는 저 테러범들과 싸우다 죽는 것이 옳다는 눈빛이 몇몇 남자승객들 눈에서 비쳤습니다. 그리고 서로의 눈짓과 손짓으로 그들 중, 5명이 뜻을 같이하였습니다. 물론 저도 그 중의 한 사람이었습니다. 그러나 그들이 누구입니까? 고도의 훈련을 받았던 그 테러범들은 저와 동료들의 대항을 그리 어렵지 않게 제압하였습니다. 그리고 그 과정 속에 불행하게도 저 자신은 납치범의 칼에 찔려 죽고 말았습니다.

다행히 그들은 건물폭파를 위하여 비행기를 납치한 것이 아니었습니다. 자기 조직의 인질들을 풀어 달라는 협상을 하기 위해 그 비행기를 납치한 것이었습니다. 그러므로 다른 승객들은 결국 무사히 풀려났습니다. 그리고 우리 교회에서는 저의 장례식이 있었습니다. 교회는 저의 아내와 자식들의 앞날을 걱정하며 생활대책을 세워 주었습니다. 평소에 늘 예수 그리스도 안에서 사랑의 교제를 나누던 모든 성도들은 진심어린 애도의 뜻을 우리 유가족들에게 표하였습니다.

그리고 많은 중진들은 교회의 앞날을 걱정하였습니다. 이 비아파트, 비거주 지역에서 이만큼 교회의 질적, 구조적, 영적 성장을 주도하였던 것은 목사님의 영적 지도력 때문이었는데, 앞으로의 교회는 과연 어떻게 될 것인가 하는 생각으로 인하여 부정적인 이야기들이 소리 없이 교회 내에 퍼지기 시작하였습니다. 그런 가운데 얼마 후, 저의 아내와 아이들은 교회사택을 떠났습니다.

그리고 후임 목사님을 모시게 되었습니다. 이제 제가 질문을 드리겠습니다. 제가 죽은 후, 우리 교회는 과연 어려운 시험거리에 휩싸여 성도들끼리 싸우다가 교인 수가 반으로 줄었을까요? 그로 인하여 교인들 마음 속에 주일이 기다려지는 것이 아니요, 주일예배 참석하는 것이 죽음처럼 싫어지는 마음들이 많아지기 시작하였을까요? 혹은 주일학교 아이들이 주일날 교회 와서 보고 배우는 것은 어른들이 서로 당파를 만들어 싸우며 욕하는 것일까요?

제가 죽은 후의 우리 교회가 정말 그렇게 될까요? 대답을 해 보시기 원합니다. 물론 지금 마음 속에 있는 자기 나름대로의 대답을 분명하게 소리쳐 답변하기 어려울 것입니다. 왜냐하면 아직 제가 멀쩡히 살아 있으면서, 이 질문을 하고 있기 때문입니다. 그러나 분명한 것은 많은 분들이 속으로 '아니올시다!' 라고 대답하고 있을 것입니다. "아니올시다?"

그 대답은 정확한 대답이십니다. 맞습니다. 정답입니다. 물론 제가 죽은 후, 후임 목사님이 오실 때까지 잠시 교회에 흔들림이 있을 수도 있을 것입니다. 그러나 결코 하나님의 인천제2장로교회는 더 이상의 흔들림이 없을 것입니다. 도리어 더 능력 있고, 경건한 성품과 인격을 갖춘 젊은 목사님이 오셔서 제가 이루지 못한 사역을 점진적으로 감당할 것입니다. 그리고 성도님들은 점점 저를 기억 속에서 지워 버리고, 후임 목사님과 한마음으로 일치되어 하나님 나라 확장 사역에 매진하게 될 것입니다.

이 이야기의 결론은 결코 가상이 아닙니다. 실제상황일 것입니다. 이제 이 이야기를 자신의 교회생활에 대입해 보세요. 한 교회의 담임 목사가 세상을 떠나도 하나님은 자신의 교회를 향한 구원 사역을 계속 감당하시는데 하물며 장로님, 권사님, 집사님으로서 자주 "내가 이 교회를 떠난다면...", "내가 없으면 이 교회 제대로 되나 봐라!", "이 교회에 출석하는 우리 가족이 총 몇 명인지 알지 못하는 모양이 구먼, 만일 우리 가족이 결단만 내리면..."이라는 말을 함부로 할 수 있을까요?

말이 씨가 될 수 있으니 이제는 절제하는 마음과 언어가 필요할 것입니다. 그리고 "하나님의 의로운 저울에 달아 무게가 엄청나게 부족한 나 같은 죄인이 구원 받아 하나님의 자녀된 것에 감사합니다!" 동시에 "아이구! 구원 받으므로 내 마음과 생활 속에 천국이 이루어지고 내세천국 시민권을 받은 것도 감사한데, 주님의 일을 수종들라고 하시다니요? 그저 감사할 뿐입니다. 겸손히, 말없이, 맡은 일에 충성할 뿐입니다!"

이 두 가지 이유 외에 다른 말할 필요가 없습니다. 그래야 불순물이 끼지 않은 봉사입니다. 현세와 내세에서 면류관이 무엇인지를 체험할 수 있는 봉사입니다. 상급이 입으로 새어 나가는 교인들의 대열에 서 있을 필요가 있겠습니까? 그런 분들이 모인 모임에는 가시지 마시고, 들으려고 하지도 마시고, 말에 동참하려고 하지도 마십시오.

3. 뜻이 하늘에서 이루어진 것같이 땅에서도 이루어지이다

(1) 하나님의 뜻은 무엇일까요?

여러 가지 해답을 말할 수 있을 것입니다. 그러나 그 모든 해답을 한마디로 요약한다면 '인간 구원'입니다. 즉 하나님께서는 인간을 죄에서 구원하시려는 뜻을 정하셨습니다. 영혼과 육신, 그리고 사람과 심지어 하나님을 향하여 반역을 일삼는 인간들을 완전히 죽이신 다음, 새롭게 세상과 인간을 재창조하실 뜻을 가지고 계신 것이 아니었습니다(창 6~8장).

다만 철저히 죄악에 물든 인간을 버리지 않으시고, 구원하실 원대하고 구체적이며 사랑의 마음이 듬뿍 담긴 뜻을 계획하신 우리 하나님이십니다. 그분은 자신의 뜻을 에덴동산에서 아담에게 계시해 주셨습니다(창 3:15). 그 후, 그분의 뜻은 선민 이스라엘의 족장들에게 전달되었을 뿐 아니라(창 12:1), 선지자와 예언자들을 통하여 계속 선포되고 예언되었습니다(렘 31:31~34). 그러므로 구약은 '인간 구원의 뜻을 이루시고자 이 땅에 오실 예수님'(미 5:2)을 증거하고 있습니다.

그리고 하나님께서는 스스로 구원의 길을 걸을 수 없는 인간들을 위하여 예수 그리스도를 이 땅에 육신을 취하여 마침내 대속물로 오시게 하셨습니다. 때가 차매, 그 예수 그리스도를 십자가에서 대속물로 죽이심으로써 자신의 약속의 절대 신실성을 확증하셨습니다. 그후, 그 예수님을 부활, 승천하게 하시며 자신의 때에 재림하셔서 백보좌 심판대를 통하여 인간들을 향한 최후의 심판을 준비하고 계신 하나님이십니다. 그러므로 신약은 '하나님의 인간 구원의 뜻을 성취하기 위하여 이 땅에 오신 예수님'(행 15:11)과 '다시 오실 심판 주 예수님'(살전 2:19)을 증거하는 성경입니다.

그러므로 인간 구원의 뜻을 정하시고 때가 차매(갈 4:4) 이루시고 우리를 구원해 주시는 하나님을 찬양할 뿐입니다. 마치 구약의 이사야 선지자처럼 "여호와여 주는 나의 하나님이시라 내가 주를 높이고 주의 이름을 찬송하오리니 주는 기사를 옛적에 정하신 뜻대로 성실함과 진실함으로 행하셨음이라"(사 25:1). 또한 신약의 사도 바울처럼 "곧 영원부터 우리 주 그리스도 예수 안에서 예정하신 뜻대로 하신 것이라 우리가 그 안에서 그를 믿음으로 말미암아 담대함과 확신을 가지고 하나님께 당당히 나아감을 얻느니라"(엡 3:11~12)라고 말입니다.

담임목사로서 삶을 살다 보면 수많은 부교역자님들을 모시게 됩니다. 세월이 흐르면 흐를수록 더욱 마음에 깊이 다가오는 말이 있습니다. "인사가 만사"라는 말입니다. 물론 그 말은 성경말씀은 아니지만, 참으로 저의 고개를 끄덕이게 하는 말입니다. 감사하게도 저에게는 참 좋은 부교역자들을 만날 수 있는 은혜를 주신 하나님께 감사를 드립니다. 그리고 지금 참 좋은 마음으로 부족한 종과 동역해 주신 많은 분들의 얼굴이 주마등(走馬燈)처럼 스쳐갑니다. 그 중 한 분의 목사님이 뚜렷하게 떠오릅니다. 그 목사님은 다른 교역자에 비하여 무엇 한 가지 뛰어난 것이 없었지만, 담임목사의 뜻만은 잘 파악할 줄 아는 분이셨습니다. 예를 들어 한 가지를 부탁하면 두세 가지까지 알아서 미리 준비하는 분이셨습니다. 그리고 제가 깜빡 잊어버려 지시하지 못한 일을 일전에 이미 준비를 완료해 놓으셨습니다. 이 교역자분이 더욱 떠오르는 이유는 제 목회의 뜻을 잘 헤아려 주셨기 때문입니다.

마찬가지입니다. 하나님께서 진심으로 사랑하고, 축복하고 싶은 사람들은 과연 누구일까요? 잘생긴 사람들이요? 아닙니다. 그런 사람은 영화배우 모집하는 분들이 좋아할 사람입니다. IQ가 높은 사람이요? 그는 두뇌집단들이 모이는 곳에서 좋아할 사람입니다. 돈 많은 사람이요? 그는 좋은 사업을 준비한 후, 자금을 필요로 하는 사람에게 절실한 사람입니다. 목소리 좋은 사람이요? 라디오 성우들이 간절히 찾는 후배일 것입니다.

하나님께서 자신의 몸된 교회와 거룩한 사역을 위하여 필요로 하는 사람은 하나님의 뜻을 잘 헤아릴 줄 아는 사람입니다. 그리고 그분의 뜻을 어떠한 어려움 속에서도 실천해 나가는 사람입니다. 즉 믿음을 가진 후에는 그 분의 뜻대로 살고, 그분의 뜻인 영혼 구원을 위하여 진력하는 모습이 분명한 성도입니다. 그러므로 주위의 사람들 눈치보며 기뻐하거나 슬퍼하지 않고 자신을 많은 사람들 중에 먼저 구원하신 하나님의 뜻만 살펴 이루어 드리고자 하는 성도입니다. 그런 분은 최소한 자신의 가정식구들의 구원은 이루시고, 천국으로 부르심을 받을 수 있을 것입니다.

▲ 7월 12일 새벽 2시

왜냐하면 인간 구원의 뜻을 가지시고 지금도 이루시고 계시는 하나님께서는 "주 예수를 믿으라 그리하면 너와 네 집이 구원을 얻으리라"(행 16:31)고 언약하셨기 때문입니다. 즉 어느 집안에 한 명이 먼저 하나님의 뜻에 의하여 구원을 받으면, 앞으로 그 때와 방법이 문제이지 결국에는 그 집안의 나머지 식구들도 구원을 받을 것이라는 언약입니다. 그 언약이 성취된 가정들 중 한 가정의 이야기를 말씀드리고자 합니다.

한 동네가 아닙니다. 리 혹은 면에 교회당 한 개가 있을까 말까하던 시절의 이야기입니다. 그리고 교회 다니는 사람들을 특별한 이유 없이 극렬하게 싫어하던 시절의 이야기입니다. 그분도 역시 호남의 어느 시골에서 "조상도 몰라보는 예수 믿는 것들 말이야!"하며 교인들을 비난하던 분이었습니다.

그 날도 다른 날과 마찬가지로 역시 술에 만취하여 비틀거리며 집으로 가고 있었습니다. 시골이라 약 10여 리 떨어진 교회당 종소리가 그렇게 선명하게 들렸을까요? 아니면 성령님께서 들려지게끔 역사하셨을까요? 그날 따라 귀에 들리는 교회 종소리가 더욱 듣기 싫었습니다. "아니, 이 교회 다니는 놈들, 일요일에 종치는 것도 듣기 싫은데 평일에 웬 난리야, 내가 가서 혼을 내주어야겠어!" 그분은 십여 리를 마다하지 않고 그 종소리가 들렸던 교회로 찾아갔습니다.

한밤, 불이 환하게 켜 있는 교회당에는 사람들로 가득 차 있었습니다. 문을 힘껏 열고 들어갔지만 앉을 곳이 없었습니다. 어느 한 분 움직이는 사람이나, 자신이 들어온 것에 대하여 반응하는 이들이 없는 것이 아닙니까? '도대체 저 목사가 무슨 솔깃한 이야기를 하기에 이렇게 꼼짝하지 않고 듣고 있단 말인가?' 라는 궁금증은 그에게 생애 첫 설교를 듣게 하였습니다.

"아니, 저 목사 양반 이야기가 다 나를 향하여 들으라고 하는 말이 아닌가? 아무래도 2~3일은 더 들어봐야겠구먼!"이라고 결심한 것이 바로 그분 신앙생활의 첫 걸음마였습니다. 그 후, 그분은 모든 구습을 단번에 버렸습니다. 그리고 예수님을 구주로 영접하면서 새벽기도회를 시작하였습니다. 늘 제일 먼저 예배당 뜰에 들어왔습니다. 그리고 교회당 문을 열고 새벽종을 쳐서 새벽기도회를 알리는 파수꾼이 된 것을 최상의 영광으로 생각하기 시작하였습니다.

또한 동네에서 너무 멀리 떨어져 있는 교회가 늘 안쓰러웠습니다. 그래서 자신의 동네 근처에 새로운 예배당을 건축하는 일에 최상의 봉사를 하였습니다. 그리고 평생의 기도제목이 모든 불신 일가친척들이 예수님을 구주로 영접하는 것이었는데, 그 소원이 믿음으로 이루어진 후, 소천을 눈앞에 두게 되었습니다. 어느 가정의 아버지와 아들, 즉 2대가 연이어 한 교회의 장로직을 계승하더라도 영광인데, 그 어른신께서는 3대가 한 교회에서 장로님들로 봉사케 되는 특별한 은총을 받고 계셨으니 얼마나 영광스러운 임종이었을까요?

어느 날, 임종을 앞둔 그 어르신께서는 자녀들이 보는 앞에서 손가락을 들어 무엇인가를 헤아리기 시작하였습니다. "아버님, 무엇을 세고 계시는지요?" "응, 전국에 흩어져 있는 우리 집안 자손들이 다니고 있는 교회가 몇 교회일까 궁금해서 말이야. 어허, 14교회나 되는구먼!" 그 순간, 자손들에게 골고루 믿음의 유산을 남겨준 분만이 가질 수 있는 미소를 후손들은 볼 수 있었습니다.

그리고 얼마 후, 이제는 입을 열어 말씀을 하실 수 없을 정도로 건강이 악화되셨습니다. 그러던 어느 날, 이제는 임종의 때가 분명히 다가와 온 가족들이 모인 자리에서 그 어르신은 손가락으로 7자를 만들어 보여 주셨습니다. 그 다음으로는 12자를, 그리고 마지막으로는 2자를 보이신 후, 양손으로 가슴을 안는 표시를 하셨습니다. 모인 자손들은 "무슨 뜻일까?" 궁금하였지만 도무지 알 수 없었습니다. 그러나 그 어르신께서 소천하신 날, 그 손동작이 자신이 하나님께 들림 받는 일시를 알려 주신 것이라는 것을 모든 자녀들이 알게 되었습니다. 그 어르신께서 소천한 일시가 바로 7월 12일 새벽 2시였기 때문입니다.

"목사님, 사회생활을 하다 보면 종종 믿음이 약해질 때가 있습니다. 그때마다 그 할아버님의 신앙과 은혜로운 임종을 기억하며 다시 신앙의 옷깃을 여미곤 하지요." 등록하신지 채 한 달도 되지 않으신 황 집사님께서 새가족 등록 감사예배를 마친 후, 같이 식사하시며 들려주신 이 이야기는 "너와 네 집이 구원을 얻으리라"는 하나님의 뜻을 넉넉히 이해할 수 있었습니다. 특히 궁극적인 구원의 단위를 다시 확인할 수 있었습니다.

혹 "자기 가족 구원에 실패한 집사가 무슨 낯으로 교회봉사를 앞장서서 한단 말인야? 덕이 되지 않지." 또한 "자기 가족도 구원시키지 못하면서 무슨 전도대원으로 봉사한다고 야단이야?"라며 입조심 하지 않는 분들로 인하여 더욱 가슴이 찢어지는 분들이 계실 것입니다. 이제는 도리어 그들을 용서하시기 원합니다. 그리고 한 가지를 꼭 기억하셔야 합니다.

혹 지금까지 가족 구원에 실패하였다 생각되더라도, 그것은 결코 실패가 아닙니다. 다만 가족 구원 성취의 과정을 걷고 있는 것뿐입니다. 아직 최종적인 결과가 나온 것이 아닙니다. 즉 지금은 고통과 외로움을 너와 네 집이 구원을 얻으리라는 하나님의 뜻이 성취되고 있는 과정의 아픔 정도로 여기며, 결코 꺾이지 않은 가족 구원의 소망을 새롭게 갖는 이 시간이 되어야 할 것입니다.

솔직히 가족이 다 구원 받은 것에 대하여 자만하며, 우월감으로 가득 찬 사람들을 통하여 하나님이 영광을 받으시는 것은 결코 아닙니다. 나는 이 부분에는 아직 실패자이며, 동시에 나는 아무것도 할 능력이 없는 성도라고 자인하는 그 사람을 통하여 하나님은 큰 영광을 받으시기를 원합니다. 만일 성경에서 하나님께 제일 큰 영광을 돌린 사람을 선발하라고 하면 예수님을 제외하고는 단연, 욥이 될 것입니다.

그는 정말 모든 것을 잃지 않았습니까? 즉 한 명이 아니라, 자식 전부를 한순간에 잃어버렸습니다. 엎친데 겹친 격으로 모든 소유도 잃어 버렸습니다. 그리고 건강도 친구도 아내의 마음까지 잃어버렸습니다. 인생 시작부터 이런 극단의 비참한 삶을 살아갔다면, 그래도 견딜만 하였을 것입니다. 그러나 중도실명자가 태어날 때부터 실명하신 분보다 더 고통이 심하다고 하는데, 욥의 처지가 그러하였습니다.

아마도 그 욥의 처지의 약 십분의 일만 우리들에게 임하여도 우리 성도들 중에는 자살을 생각하는 이들이 적지 않을 것입니다. 혹은 저 교인의 집에 하나님의 징벌이 강하게 임한 것 같다는 수군거림을 미리 예상하며 교회와 신앙생활을 잠시 거두는 분들도 아주 많이 계실 것입니다. 그러나 그런 삶의 극단적인 실패와 죽음의 음침한 골짜기 한가운데에서 욥은 제일 크게 하나님께 영광을 돌렸습니다.

"주신 이도 여호와시요 거두신 이도 여호와시오니 여호와의 이름이 찬송을 받으실지니이다"(욥 1:21). 사탄은 그런 철저한 실패자의 처지가 된 욥이 하나님을 저주하고, 자살할 줄로 생각하였습니다. 아니 확신하고 있었습니다. 그로 인하여 하나님의 영광이 욕됨을 받고, 자신의 영광과 활동범위에 큰 진전과 성과를 기대하고 있었습니다. 그러나 욥은 모든 것을 상실한 실패자요, 낙오자요, 홀로 외로운 자로 있을 때 더욱 하나님을 찬양하였습니다. 그분의 주권과 뜻에 자신을 온전히 맡겼습니다. 그리고 하나님 곁을 결코 떠나지 않았습니다.

그런 욥의 신앙의 절개가 '짝 믿음' 또는 '나홀로 믿음'으로 고통당하고 계신 분들에게 성령의 도움으로 적용되기를 원합니다. 영적으로 전수되기를 원합니다. 그리고 이제는 다음의 성경말씀을 영적 무기로 삼으시기 원합니다. 다시 말씀드린다면 그 말씀을 외우신 후, 자주 입으로 고백하시기 원합니다. "우리가 알거니와 하나님을 사랑하는 자 곧 그 뜻대로 부르심을 입은 자들에게는 모든 것이 합력하여 선을 이루느니라"(롬 8:28).

모든 것에는 하나님의 뜻이 있고, 섭리가 있습니다. 특히 결국에는 한 가정을 구원시키고자 하시는 하나님의 뜻과 섭리를 믿으시기 원합니다. 소망하시기 원합니다. 결코 미리 낙망케 하는 사탄의 역사에 넘어가지 않으시기를 원합니다.

결국에는 하나님께서 성도님의 가족 구원의 역사에 합력하여 선을 이루실 것입니다. 그 후, '가족합창 대회'에 나가게 하실 것입니다. 제사를 감사예배로 바꾸게 하실 것입니다. 고사를 개업예배로 바꾸게 하실 것입니다.

물론 그런 하나님의 가족 구원의 뜻이 내 개인의 힘으로는 이루어지지 않을 것입니다. 그러나 가족을 구원하고자 하시는 하나님의 뜻은 말씀대로 이루어질 것입니다. 그분의 손길과 발길이 성도님의 가정에 이미 머물고 있습니다. 지금 실패하고 계신 것이 아닙니다. 그 '나홀로 믿음생활'을 영위하면서도 욥과 같이 하나님을 향한 최고의 찬양과 영광을 돌리시는 신앙을 교회중심, 성경중심으로 보여드리시기만 하면 됩니다. 그리하면 때가 차매 욥에게 갑절의 복을 주시던 하나님께서 성도님의 가정에 구원의 소낙비를 물 붓듯 허락해주실 줄로 믿고 전진하시기를 원합니다.

(2) 선택된 사람들을 통하여 이루어지는 하나님의 뜻

하나님께서 자신의 최종적인 뜻이요 목표인 구원사역을 시작하실 때, 사용하신 방법이 무엇이라고 생각하십니까? 즉 지옥 갈 영혼들을 예수님께 인도하여, 하나님의 자녀다운 삶을 살아가다가 천국에 들어가게 하는 이 구원사역을 이루시기 위해 하나님이 사용하신 도구는 무엇일까요? 그 사용하신 도구는 오직 한 가지였습니다. 바로 우리들입니다.

즉, 주님께서 선택하신 사람들이 많은 사람들을 하나님께로 인도하는 유일한 방법으로 사용되었습니다. 그래서 예수님은 공생애를 시작하시면서 처음으로 착수하신 사역은 사람들을 선택하신 것이었습니다. 그 선택된 사람들이 바로 12제자였습니다(마 10:1~4). 그 주님은 어제나 오늘이나 영원토록 동일하게 우리와 함께하시는 하나님이십니다. 그러므로 오늘도 주님께서는 많은 사람들 가운데 얼마의 사람들을 찾고 계십니다.

그리고 오늘 이 시간, 드디어 주님이 찾고 계시던 사람들이 이 글을 읽고 있는 것입니다. 왜냐하면 사람이 마음으로 자기의 길을 계획할지라도 그 걸음을 인도하는 분은 오직 여호와 하나님뿐이시기 때문입니다(잠 16:9). 그러므로 지금 이 글을 읽고 계시는 것은 결코 우연이 아닙니다. 다만 우리 하나님께서 읽을 수 있도록 인도하셨기 때문에,

그 많은 책들 가운데 이 책을 읽을 수 있는 것입니다.

또한 이 글을 읽을 때 성령님께서 자신을 향한 하나님의 뜻을 깨닫게 하실 것입니다. 그리고 '복음 증거'를 위하여 수많은 사람들 가운데 자신을 택하셨음을 확신케 하실 것입니다. 또한 천국을 소개하는 영적 대사로서의 행함이 있는 믿음을 주실 것입니다.

물론 자신을 너무나 과대평가 하는 것도 모순된 삶이지만, 반대로 지나치게 과소평가 하는 것도 자신을 선택하여 사용하시고자 하시는 하나님을 실망시켜 드리는 것입니다. 이 시간, 이 글을 읽고 있는 자신을 있는 그대로 인정해야 합니다. 예수님께서 12제자를 선택하셨듯이, 성도님을 복음 전파를 위하여 많은 사람들 가운데 먼저 선택하셨음을 믿어야 합니다. 그런데 우리는 유심히 보아야 할 것이 있습니다. 그것은 주님의 12제자들은 특별한 사람들이 아니었다는 것입니다. 정말 우리들과 비슷한 사람들이었습니다.

▲ 보통 사람들이었습니다.

수십 세기가 흐르면서 많은 사람들과 심지어 유명 화가들이 제자들의 머리 위에 신비한 형체의 광채를 그려 넣으므로 평범한 사람들이 접근하기 어려운 제자들로 만들어 놓았을 뿐이지, 실제로 그들은 평범한 사람들이었습니다. 주님의 12제자들 가운데 회당에서 탁월한 지위를 가지고 계신 분, 혹은 레위 족속으로 제사장, 바리새인 직분을 가진 분들이 없었습니다. 특히 그 당시 로마정권의 권력자들의 직속 부하들이나, 혹 많이 배우지는 못하였으나 엄청난 부를 누리고 있는 갑부들도 없었습니다.

다만 그들은 대부분 갈릴리 해변과 여러 마을에서 평민으로 살고 있던 분들이었습니다. 또한 우리들처럼 자기 직업에 필요한 기본적 지식과 경험 외에는, 아무런 전문적인 훈련을 받지 못한 소박한 사람들이었습니다. 그러므로 이 제자들은 마치 중학교 시절, 항상 뒷좌석에만 앉아 있었기 때문에 지금은 그의 이름은 물론, 그 얼굴 모습까지 기억나지 않기에 그저 빛 바랜 졸업앨범 속에서만 만날 수 있는 어느 동창생과 같은 사람들이었습니다.

심지어는 정상적으로 세상교육을 받은 사람이 생각하는 기준으로 볼 때에도, 참으로 무식하고 무지한 제자들도 있었습니다. 그래서 성령의 충만함을 받아 담대히 복음을 전하는 제자 베드로와 요한을 향하여 사람들은 이렇게 반응을 보이고 있지 않습니까? "그들이 베드로와 요한이 담대하게 말함을 보고 그들을 본래 학문 없는 범인으로 알았다가 이상히 여기며 또 전에 예수와 함께 있던 줄도 알고 또 병 나은 사람이 그들과 함께 서있는 것을 보고 비난할 말이 없는지라"(행 4:13~14).

또한 그 제자들은 로마 권력자의 마차와 행렬이 자신의 마을을 지나갈 때, 그 장면을 보면서 스스로 생각하기를 "나는 실패한 인생이야! 저런 사람들의 사는 모습을 보면 말이야! 그래, 송충이는 솔잎을 먹고 살아야지…"라고 웅얼거리던 사람이었습니다. 그리고 로마정권에 들어가 엄청난 부와 권력을 누리고 사는 동족들 중에, 아는 사람이 공무로 자기의 마을에 찾아왔을 때는 마음의 비참함이 더욱 진해질 수밖에 없었던 사람들이었습니다.

그러나 그런 마음을 갖는 것조차 사치스러운 것이요, 당장 먹고 살아가야 하기 때문에 내일의 출항을 위하여 그물을 깁던 사람들이 바로 주님의 관심 대상이었습니다. 그런 제자들이 바로 우리들의 모습이 아닐까요? 어쩌면 이 글을 읽고 있는 우리들 한 사람, 한 사람의 모습일 수 있습니다. 동시에 그런 평범한 사람들을 선택하여 하나님의 뜻을 이루는 복음사역이라는 특별한 성역에 동역할 수 있는 은혜를 주시고 계시는데, 바로 자신이 그 대상이 됨을 감사해야 할 것입니다.

그러나 제자들은 주님의 은혜로 선택받고 예수님을 따르면서도 그들은 여전히 불완전한 사람, 그리고 진리를 깨닫지 못하는 사람들이었습니다.

▲ 불완전하고, 깨닫지 못하는 사람들이었습니다.

주님께서 하나님 나라에 대하여 쉽게 풀이하기 위해 예화까지 사용하시며 설명하셨건만, 결국 그 내용을 이해하지 못하는 사람들이 제자들이었습니다. 그래서 설교 후, 피곤한 예수님께서 잠시 쉬시기 위해 홀로 계시는 장소로 무례하게 찾아 들어가 조금 전에 말씀하신 설교를 다시 한번 해 달라고 요청드리는, 머리 회전이 참으로 느린 사람들이었습니다(막 4:10, 10:10). 어쩌면 주일설교를 들은 후, 교회 문을 나가면서 목사님 설교의 제목조차 기억하지 못하는 우리들의 모습과 별로 차이가 없는 것 같습니다.

또한 마리아가 귀한 향유를 주님께 부어 드림은 앞으로 임할 주님의 장례를 준비하는 고귀한 신앙의 발로였는데, 그 여성도의 깊은 신앙에서 우러나오는 경건조차 이해하지 못하였던 제자들이었습니다. 그래서 그들은 그 마리아에게 분을 내기까지 하였습니다. "제자들이 보고 분개하여 이르되 무슨 의도로 이것을 허비하느냐 이것을 비싼 값에 팔아 가난한 자들에게 줄 수 있었겠도다 하거늘"(마 26:8~9). 이는 마치 자기 자신의 판단기준보다, 더 많이 헌금을 드리는 식구에게 은연 중에 압박을 가하는 우리들의 모습과 그리 큰 차이가 없는 것 같습니다. 그 헌금이 모두 목사님의 호주머니에 들어가는 것 같은 불안감 때문에 말입니다.

또한 그렇게 많은 이적과 기사를 행하셨던 예수님이 분명 함께 그 배를 타고 계셨음에도 불구하고, 거센 풍랑이 일어나자 무서워하며 어쩔 줄 몰라 하던 제자들, 시기, 분냄, 당쟁, 탐욕, 명예욕을 이겨내지 못하여 갖가지 실수와 어이없는 행동을 자주 하던 분들이 바로 12제자들이었습니다. 심지어 가룟 유다는 정말로 해서는 안될 일까지 하였습니다.

그들은 정말로 복음 증거 사역을 맡기기에는 너무나 불안한 사람들이었습니다. 자기 자신을 스스로 바라볼 때도 패배자요, 낙오자 같은 삶을 살아가던 분들이었습니다. 때때로 우리 자신을 향하여 평가하는 내용과 그리 다르지는 않은지요? 그러나 이제 그들의 여생을 살펴보기를 원합니다.

▲ 순교하기까지 주님의 복음과 교회를 위하여 충성하신 분들입니다.

베드로는 로마에서 복음을 전하다가 십자가에 매달려 순교하였습니다(요 21:18). 야고보는 예루살렘에서 참수형으로 순교를 하였습니다(행 12:2). 요한은 도미티안 황제 아래서 천국복음을 전하다가 심한 박해를 받았습니다. 그리고 끓는 솥에 던져졌으나 기적적으로 살아났습니다. 그러나 결국 밧모섬으로 유배되었다가, 다시 에베소 지방으로 돌아와 전도와 선교를 하시다가 소천하였습니다.

안드레는 그리스의 밧드라에서 십자가에 달려 순교하였습니다. 그리고 빌립은 소아시아 지방까지 가서 예수님의 진리를 선포하다가 돌에 맞아 순교하였습니다. 바돌로매는 알메니아로 가서 지옥을 피할 길을 알려 주는 사역을 하시다가 이교도들에게 살가죽을 벗기우는 극한 고통 속에 순교하였습니다. 마태는 복음을 전혀 모르는 에디오피아로 가서 이방인들의 칼에 맞아 순교하였습니다.

심지어 주님의 제자 중, 의심이 제일 많았던 도마는 멀리 인도에서 복음을 전하다가 창에 찔려 순교하였습니다. 유다(다대오)는 메소포타미아에서 활에 맞아 순교하였고, 알패오의 아들 야고보는 교회 대적자들에게 예루살렘에서 돌과 곤봉에 맞았으나 기적적으로 살아난 후, 다시 복음을 전파하다가 결국 톱에 켜 순교하였습니다. 그리고 가나안인 시몬은 페르시아만 근처에서 이교도들의 습격을 받아 순교하였습니다.

그 후, 예수님의 유, 무명 제자들이 수없이 많은 곳에서 수없이 순교를 당하였고 결국 우리나라에서도 토마스 선교사께서 대동강변에서 첫 순교의 피를 흘린 후, 많은 분들이 복음과 교회를 위하여 핍박과 환난, 그리고 순교를 당하시므로 그 토대 위에서 우리들이 안전하고 평안히 오늘의 신앙생활을 누리게 된 것입니다.

그러나 언제나 평안해야 하는 것이 신앙생활은 아닙니다. 그 평안함을 다른 이들에게 전하며, 그 평강의 근원이신 예수 그리스도의 복음을 목숨 내놓고 증거하는 것이 우리들의 나머지 신앙생활이 되어야 하는 것입니다. 그러면 어떻게 그 보통사람들, 그리고 불완전하였던 그들이 복음의 증인으로 자신의 둘도 없는 목숨까지 초개처럼 내던질 수 있었습니까? 도대체 그럴 수 있는 그 근본 능력이 어디에서 시작되는 것입니까? 성령님께서 역사하셨기 때문입니다.

우리들에게 성령이 임재하시고 역사하시면 주님의 증인이 되고자 하는 마음이 먼저 생깁니다. 그 마음을 성경은 '빚진 자'의 심정이라고 표현하고 있습니다(롬 1:14). 즉 자신이 그리스도 예수님으로부터 받은 사랑의 빚을 복음전도로 갚겠다는 마음은 성령께서 주시는 것인데, 이 은총을 우리 모두 선물로 받아야 합니다. 둘째는 증인으로서의 담력을 성령님께서 주십니다. 그래서 전도하다가 당하게 되는 어려움, 외로움, 오해, 환난 가운데에서도 결코 부끄러워하거나, 패배의식에 젖지 않는 것은 오직 자신을 향한 성령님의 역사의 결과인 것입니다(행 4:13).

셋째로는 성령님께서 우리들에게 열심을 허락해 주십니다. 이 열심은 자신의 감정, 시간, 환경, 그리고 조건에 따라 크게 변화하지 않는 열심입니다. 왜냐하면 내게서 만들어진 열정이 아니요, 성령님께서 주시는 열정이기 때문입니다(고후 11:2). 꺼질 줄 모르는 불처럼 성령의 역사로 인해 불타는 복음증거의 열정이 우리 모두에게 임하여야 할 것입니다. 오순절 성령강림을 사모하는 120명에게 성령의 불이 충만히 임하여 담대히, 그리고 모든 것을 뒤로 하고 복음증거와 지옥 갈 사람들에게 예수님을 소개하며 천국으로 인도하는 사역에 열심이 특심하였던 역사가 성도들에게 재현되기를 원합니다.

넷째로는 우리들에게 '지혜'를 주시는 성령님이십니다. 이 지혜는 세상의 지혜(고전 2:6)가 아닙니다. 오직 비밀한 가운데 있는 하나님이 주시는 지혜(고전 2:7)입니다. 특히 스데반 집사님이 복음을 증거할 때, 지혜와 성령으로 말함을 유대인들이 능히 당하지 못하였다(행 6:10)고 하였습니다. 이와 같이 성령님께서 전도자들에게 주시는 지혜는 특별한 지혜입니다.

즉 죄에서 구원받는 길을 전하는 지혜입니다(딤전 1:15). 영원한 사망, 즉 지옥을 피할 수 있는 길을 알려주는 지혜입니다(히 2:14). 이 세상을 살아가며 하나님의 진노 받음에서 벗어나는 길을 알려주는 지혜입니다(롬 5:9, 엡 2:5). 이런 진리를 우리들이 조리있게 말하게 하시는 이는 성령님이십니다. 결코 세상의 박사학위를 받았다 하더라도 이 구원의 비밀을 결코 입을 벌려 말할 수 없습니다. 또한 듣는 이들에게 감동을 줄 수 없습니다. 물론 주님의 전으로 모시고 나올 수도 없을 것입니다. 그러므로 성령님을 철저히 의지하는 성도가 되어야 합니다. 즉 나 자신의 능력으로서는 감히 복음을 전할 수 없으나, 성령이 나에게 임재하시면 분명히 나도 평범하고 불완전하였던 12제자가 복음증거를 위하여 쓰임 받았듯이 쓰임받을 수 있습니다. 마음을 변화시켜 주옵소서! 담력을 주옵소서! 열심을 주옵소서! 지혜를 주옵소서! 나를 사용하여 주옵소서! 그리고 결코 전도는 교회 내 일부 계층의 전유물이 아님을 이번 기회에 내가 체험케 하옵소서! 주님, 증인이란 단어의 뜻은 순교란 의미와 같은 것을 아나이다! 나 비록 복음을 증거하다가 순교해야 할 시대에 태어나지 않았으나, 이 기간 동안에 그 제자들의 순교의 그림자라도 밟아 보게 하소서! 그래서 내가 교회 안에서가 아니라, 교회 밖에서 하나님의 자녀인 것을 다시 확인하는 희열을 주소서! 성령이여! 저를 기억하여 주옵소서! 그리고 인간을 구원하는 하나님의 뜻을 이루는 데, 저를 작은 도구로 사용하여 주옵소서! 아멘!

(3) 하늘에서 이루어진 것같이, 땅에서도 이루어지게 하소서!

▲ 하늘에서 이루어진 것같이

"하늘에서"에 대한 해석이 중요합니다. 이 하늘은 하나님과 그의 천사들만이 존재하고 있는 처소를 지칭한다고 해석할 수도 있습니다. 그러나 하나님의 주권적인 통치와 의로움이 현재 완전히 성취된 상태, 또는 그렇게 되어지고 있는 상태를 의미하는 것으로 해석함이 더 귀할 듯 합니다. 그러므로 "뜻이 하늘에서 이루어진 것같이"라는 기도의 내용은, 인간의 영혼 구원이라는 하나님의 뜻이 온전히 이루어진 상태를 의미합니다. 그로 인하여 하나님의 주권적인 통치와 의로움이 분명하게 나타나고 있는 곳, 혹은 사람을 의미한다고 볼 수 있습니다.

그런 하나님의 뜻이 온전히 이루어졌거나 이루어지고 있는 곳, 혹은 사람들에게는 그 주위에 있는 자들이라면 누구나 금방 알 수 있는 분명한 증거가 나타납니다. 그 첫째는 예수님의 십자가 지심과 같은 대속적인 희생이 실현되고 있음이 그 증거입니다(요 3:16). 즉 영혼 구원받아 하나님 나라 백성이 되신 분들이 모여 있는 곳에는 모든 악독과 기만과 외식과 시기와 비방하는 말을 버리는 증거가 열매로 나타난다는 것입니다(벧전 2:1).

물론 그런 신앙 인격은 자신의 영혼과 육신, 그리고 현세와 내세의 구원을 위하여 예수님께서 그 큰 희생을 십자가에서 보여주신 것을 믿고, 따르기로 하였기에 나타나는 인격입니다. 결코 그의 천성도 아니요, 자연적이고 인위적으로 만들어진 인격이 아닙니다. 오직 대속과 희생의 십자가라는 프리즘을 통과한 후, 나타난 인격이요. 변화이고. 사랑입니다. 그래서 이웃의 영혼과 생활을 자신의 영혼이나 삶처럼 사랑하고 보호하는 것입니다(마 22:39). 또한 심지어 원수까지 사랑하며 자신을 핍박하는 자에게 있을 하나님의 심판을 생각하기에 도리어 그를 위하여 기도해 주는 사랑입니다(마 5:44).

▲ 신(新) 토끼와 거북이 이야기

　"내 계명은 곧 내가 너희를 사랑한 것같이 너희도 서로 사랑하라 하는 이것이니라"(요 15:12)라는 주님의 뜻을 이루어 드리는 공동체와 사람들처럼 이 사회와 그 곳에 거하는 사람들의 삶도 그러하기를 원하는 기도가 필요한 세상입니다. 마치 '신(新) 토끼와 거북이 이야기'처럼 말입니다.

　옛날 옛날에 토끼와 거북이가 살고 있었습니다. 그런데 거북이가 토끼에 대하여 모르고 있는 사실 하나가 있었습니다. 그것은 토끼가 거북이를 사랑하고 있다는 것이었습니다. 그것은 그 누구에게도 알리지 않은 토끼만 가지고 있던 소중한 비밀이었습니다.

어느 날 이런 저런 이야기를 하던 중, 거북이가 자신의 느린 걸음에 대하여 자책하고 있는 모습을 보면서 토끼는 참으로 마음이 아팠습니다.

거북이를 사랑하고 있던 토끼는 어떤 방법을 써서라도 거북이에게 삶의 자신감과 만족감을 주고 싶었습니다. 그래서 이런 제의를 하였습니다.

"야, 느리고 굼뜬 거북아, 우리 심심한데 달리기 시합 한 번 해보지 않을래? 물론 결과는 뻔하지만 말이야! 하하..." 자신의 약점을 들추어내는 토기에 대한 반감으로 거북이는 노한 표정과 거친 음성으로 이렇게 대답을 하였습니다. "그래, 이 토끼 녀석아! 우리 날짜를 잡아 한번 달리기를 해보자! 이번에 빠른 것만이 자랑거리가 아님을 내가 분명히 보여 주고 말테니까 말이야!" 토끼는 왠지 기뻤습니다. 아마도, 자기가 사랑하는 거북이와 경주할 수 있는 기회가 주어졌기 때문이었을 것입니다.

드디어 예정한 날, 그들의 달리기 시합은 시작되었습니다. 눈에 멀리 보이는 높은 산꼭대기까지 누가 빨리 달리는가 하는 시합이었습니다. 시작과 함께 토끼는 엄청나게 앞장서기 시작하였습니다. 자신의 빠른 발이 원망스러울 정도로 차이가 나기 시작하였으며, 그로 인하여 거북이가 실망해 금방 시합을 포기하지 않을까 하는 염려를 하기 시작하였습니다.

그렇게 앞서 가면서도 사랑하는 거북이 걱정만 하고 있던 토끼가 뒤를 돌아다보니, 이제는 거북이가 보이지도 않았습니다. 그래서 토끼는 그 자리에서 거북이를 기다리기로 하였습니다. 앉아 기다리다, 이제는 누워서 기다렸습니다. 그러다가 자는 척을 하기 시작하였습니다. 왜냐하면 자신의 자는 모습을 보고 거북이가 깨워주면 같이 달리고 싶었기 때문이었습니다.

그러나 거북이는 길가, 그것도 아주 잘 보이는 곳에서 잠든 척 하고 있는 토끼를 깨우지 않았습니다. 다만 토끼를 이길 수 있는 좋은 기회를 얻었다고 생각하여 흐르는 땀을 닦으며 더 열심히 달려 결국 멀리 토끼를 추월하는데 성공하였습니다. 드디어 산꼭대기에 먼저 도착하였습니다. 거북이가 승리를 한 것입니다.

물론 거북이는 토끼가 잠든 척한 것을 알 수 없었습니다. 그리고 토끼의 눈에서 흐르던 눈물을 볼 수도 없었습니다. 그 달리기 시합의 결과가 드러난 후, 거북이는 많은 사람들에게 칭송을 받으며 성실과 인내의 상징이 되었습니다. 반면 토끼는 방심과 자만, 그리고 나태함의 대표로 낙인찍히고 말았습니다.

그렇지만 토끼는 그런 평가를 말없이 받아들였습니다. 한 마디의 자기 변명도 없이 말입니다. 그 이유는 자신이 그렇게 되어서라도 그동안 거북이가 무거운 짐처럼 짊어지고 있던 자책감을 내어 던질 수만 있다면 그것으로 만족하기로 작정하였기 때문입니다. 그리고 자신의 사랑을 거북이가 몰라준다고 해도 자신만이 간직한 거북이를 향한 사랑이 열매 맺을 수 있게 되었기 때문입니다. 옛날 옛적에, 그렇게 토끼는 거북이를 사랑하였답니다.

솔직히 우리 성도들이 자신을 사랑하는 자를 사랑한다면 칭찬 받을 까닭이 있겠습니까? 또한 자신을 선대하는 자를 선대한다면 그 무슨 칭찬을 사람과 하나님 앞에 받겠습니까? 그리고 하나님 나라 백성들이 받기를 바라고 사람들에게 빌리면 칭찬 받을 이유가 어디 있겠습니까?(눅 6:32~34) 그런 사랑, 그런 선대, 그런 마음으로 빌려 주는 것은 예수의 '예' 자도 모르는 사람들도 자연스럽게 할 수 있는 것들입니다. 아니, 비기독교인들 중에는 우리들보다 더 선한 인격을 소유한 분들도 있을 수 있습니다.

그런데 하나님의 백성들이라는 우리들, 하나님의 뜻이 이루어지고 있다는 교회에서 서로 '토끼의 사랑'을 실천하지 못한다면 그 무슨 존재 가치가 있겠습니까? 이렇게 모여야 할 이유가 어디 있겠습니까? 모이면 모일수록 더 오해와 아픔, 그리고 질시와 질투만 쌓일 것인데 말입니다. 이 민족이 하나밖에 없는 목숨을 걸고 이남으로 온 탈북자 1800명도 품지 못하면서 무슨 통일을 하겠다는 것입니까? 탈북자를 노숙자 다음 정도로 여기는 풍토가 어서 속히 사라져야 할 것입니다.

▲ 땅에서도 이루어지게 하소서

마찬가지로 성도들끼리 대속의 십자가를 원천으로 한 희생적인 사랑의 마음과 언어, 그리고 행동을 표현하지 못하면서 무슨 세상을 구원하겠다는 것입니까? 먼저 믿는 우리들만이라도 사랑으로 하나되는 모습을 하나님과 세상 사람들에게 보여 주어야 합니다. 또한 그 하나됨이 영육 간에 불쌍하고 구원받지 못한 사람들을 향한 사랑으로 표현되는데 인색함이 없어야 합니다.

교회의 건물, 재정, 교인들이 존재함은 결국 그 사랑을 실천하기 위함입니다. 그러므로 우리들이 제일 경계해야 할 것은 입으로는 사랑을 외치면서, 실제로는 사랑치 못하게 하는 사탄의 역사입니다. 겉으로는 사랑하는 척하면서도 속으로는 결코 용서할 수 없다는 마음을 저축하게 하는 악한 영의 역사입니다.

그렇게 살아가면 자기 몫도 챙기지 못한다는 말을 들음에도 불구하고 사랑하면, 결국 피차에게 하나님의 뜻이 이루어질 것입니다. 그리고 하나님의 축복과 상급을 받게 될 것입니다. 그리하여 성도들이 계신 곳에서는 세상에는 없는 사랑의 흔적을 발견하게 될 것입니다. 그리고 하나님께 영광을 돌리게 될 것입니다. 그리하여 때가 차면 그들 중에 선택된 사람들의 영혼이 주님의 십자가 앞에 무릎을 꿇게 될 것입니다.

그 결과 하나님의 뜻이 하늘에서 이루어지는 역사가 이 땅에서도 이루어지게 될 것입니다. 즉 하나님의 나라가 확산될 것입니다. 다시 말씀드리면 하나님의 뜻과 주권적인 통치와 의로움이 실현되는 곳과 사람들이 점점 늘어나게 될 것입니다. 이 나라의 최종적인 소망은 무엇이라고 생각하십니까? 예수님 믿고 하나님의 주권적인 통치를 인정하는 분이 많아져야 이 민족의 미래가 밝을 것입니다. 다른 방도는 더 이상 없습니다.

진짜 예수님 잘 믿는 사람들이 많아지면 정치도 변할 것입니다. 교육과 문화, 예술도 그 내용과 질이 변화될 것입니다. 미움과 다툼, 끝이 보이지 않는 극단의 이기주의 세력과 개인주의적인 흐름이 고양이 앞의 쥐처럼 꼬리를 내릴 것입니다. 살인, 음란, 마약, 가정 파괴가 줄어들게 될 것입니다.

우리들만이라도 이런 기도를 쉬는 죄를 범치 말아야 합니다.

"아버지 하나님, 이 민족에게 그리스도의 계절이 어서 속히 오게 하소서! 하나님의 뜻이 이 교회와 우리 교인들에게 이루어져 서로 사랑하며 하나될 수 있음같이 이 나라와 민족들이 예수님 믿고 변화되어 새롭게 하여 주옵소서! 하나님의 뜻이 이곳에서 이루어지는 것같이 이 죄악된 땅과 이 사회와 민족, 그리고 세계 속에 이루어지게 하소서!"

이런 기도를 드릴 수 있는 사람들이 진정한 애국자들입니다. 이 기도를 드릴 수 있는 공동체, 그리고 그렇게 사랑할 수 있고 그 사랑을 나누어 줄 수 있는 공동체가 바로 우리 교회가 되어지기를 원합니다. 그리고 그 사랑의 주체들이 바로 여러분들이 되어지기를 원합니다.

즐거움으로 읽고 은혜 받고 다시 읽는 평신도 주기도문

간구 (2)

* 사람과의 관계 형성을 위한 기도

6장 간구(2)

* 사람과의 관계 형성을 위한 기도

. . . .

1. 오늘 우리에게 일용할 양식을 주시옵고

이미 쌀 증산 정책을 포기한 우리나라, 그리고 값싼 수입농산물의 영향으로 수지타산이 맞지 않는 밭작물을 그대로 포기해 버리고 있는 우리나라, 어느 자동차 회사를 살려야 한다면서 천문학적인 돈을 쏟아 부으면서도 농산물 가격 안정에는 전혀 관심이 없는 듯한 이 나라, 그래서 어느 정치 지도자는 이런 말까지 한 우리나라입니다. "쌀이 부족하게 되면 외국에서 값싼 농산물을 수입하면 될 것인데, 왜 이리 야단이란 말이야?!"

(1) 오늘

쌀 한 톨은 농부의 피 한 방울이라며 밥그릇에 붙어 있는 밥알을 꼭 물로 씻어내어 마셔야 했던 지난날이 아닙니다. 또한 그 귀한 쌀로 막걸리를 만들어 마셔댔으니 이렇게 흉년이 드는 것이 당연하지 않느냐는 이론을 펼쳤던 과거도 아닙니다. "오늘"입니다. 쌀이 남아돌아 주체하지 못하는 오늘입니다. 그래서 이북으로 쌀을 원조하여 정책적으로 이득을 얻자고 할 정도로 풍요로운 오늘입니다.

이런 오늘날에 우리 예수님이 활동하셨다면 성도들에게 일용할 양식을 달라고 기도해야 할 것이라고 말씀하셨을까 하는 의문이 드는 오늘날입니다. 그럼에도 불구하고 "선 줄로 생각하는 자는 넘어질까 조심하라"(고전 10:12)는 바울 사도의 말씀을 유념하면서 일용할 양식을 위한 기도를 하나님께 정성으로 드려야 할 시대입니다. 주기도의 이 부분에서는 하나님과 그의 나라 확장사역을 위한 기도를 잠시 접어두고, 자신의 이 세상 속에서의 삶에 대한 기도에 유념하라는 주님의 권면을 들어야 합니다. 특히 양식에 대한 기도가 오늘날 꼭 있어야 한다는 예수님의 유비무환의 뜻을 깊이 묵상해야 할 것입니다.

매일 일당을 받아 양식을 해결하던 1세기 당시의 평민들이, 만일 며칠이라도 몸이 아파서 일을 할 수 없었다면, 혹은 일거리가 없어서 노동을 할 수 없었다면 그들은 어떻게 되었겠습니까? 가족들이 그저

한없이 굶든지, 또한 범죄를 자행해서라도 먹을 것을 취할 수밖에 없었던 그 당시의 상황을 너무나 잘 아시고 계시던 예수님이셨기에 "오늘"이라는 말씀을 강조하였습니다. 그런데 변한 것은 세대이지, 성경은 여전히 성경이고, 사람은 여전히 사람입니다.

그러므로 하나님께서 우리들에게 지금 이만큼의 건강과 지혜, 그리고 안전을 지켜주시지 않는다면 결코 우리들도 오늘의 양식을 보장받을 수 없을 것입니다. 만일 하나님께서 우리들의 때로는 지겹기도 한 지금의 일상의 수레바퀴를 멈추게 하신다면, 결코 그 누구도 "뭐, 먹을 것을 위하여 기도까지 해야 한단 말인가?"라는 조소 섞인 말을 할 수 없을 것입니다. 생각보다 빨리 비참해지고 말 것입니다.

즉 "아니, 저렇게 멀쩡한 사람이 왜 구걸하러 다니나? 막노동판에 가서라도 일을 해서 자기 먹을 것을 챙겨야지 말이야!"하며 손가락질을 받을 수밖에 없을 것입니다. 솔직히 그 누가 채용해 주어야 일을 하지 않습니까? 하나님의 자녀가 이런 내용의 기도에 대하여 무시하거나, 게을리 하게 되면 개인적으로는 고용해 주는 이 없어 고통이 가중될 것이요, 민족적으로는 IMF의 망령에 다시 사로잡히고 말 것입니다.

특히 유심히 보셔야 할 것은 마태 기자는 "오늘"이라고 말씀하셨으나, 누가 기자는 "날마다"라는 단어로 기록하고 있습니다. 단어 한 개까지 성령님의 통제와 인도 속에 기록된 성경말씀이기에 분명히 그렇게 기록한 목적이 있을 것입니다. 그 이유는 오늘뿐 아니라, "바로 다음에 있을 날"을 위한 기도내용도 포함되어 있음을 증거하고자 하는 목적이 있기 때문입니다. 그러므로 이렇게 다시 해석해 볼 수 있을 것입니다. "하나님 아버지! 오늘뿐 아닙니다. 앞으로 다가올 날을 위한 일용할 양식을 우리에게 주옵소서!"

(2) 우리에게

다음으로 은혜를 나누어야 할 간구 부분은 바로 "우리에게"입니다. 즉 '나와 내 가족에게'가 아닙니다. '우리에게' 일용할 양식을 주시기를 바라는 기도를 드리는 것이 주님의 뜻임을 증거해 주고 있습니다. 즉 '내가' 존재하고 있음은 '너'와 '우리'가 있기 때문이라는 것이 바로 주님의 공동체 정신입니다. 옛날에는 지구를 가리켜 '전 세계'라고 하였습니다. 그러나 이제는 세계를 '지구촌'이라고 합니다. 그러므로 미국이나 유럽, 일본의 경제사정이 나빠지면, 그 영향이 곧바로 세계의 반쪽 갈라진 배꼽 같은 작은 이 땅으로 밀려오게끔 되어 있는 시대입니다.

그러므로 내 민족만 잘 먹고, 잘 살면 된다는 관념과 주장을 이제는 버려야 할 시대입니다. 동시에 우리 가족만 평안하고 등 따뜻하면 그만이지, 무슨 우리라는 공동체를 생각할 필요가 있느냐는 편견을 이제는 동이 서에게 먼 것처럼 버려야 할 것입니다. 왜냐하면 편견은 엉뚱하고 안타까운 결과를 가져올 수도 있기 때문입니다.

경상도에 있는 한 초등학교에 서울 출신의 국어선생님이 부임하였습니다. 드디어 그 선생님께서 첫 수업시간에 들어가셨습니다. 모든 학생들을 일어나게 하여 부임하신 선생님에게 인사를 시키는 반장에게 선생님은 이렇게 질문하였습니다. "반장 학생, 학생 이름은 무엇인가?" 반장은 "센님, 안득깁니더!"라고 대답을 하였습니다. 경상도 사투리에 익숙하지 못하였던 그 선생님은 안 들린다고 대답하는 그 학생에게 조금 더 큰 목소리로 다시 물어 보았습니다.

"(약간 큰 목소리로) 그래, 자네 이름이 무엇인가?" "예, 안득깁니더!" 실은 그 반장의 이름이 '안득기'였습니다. 그러나 분명히 들리기에 대답을 하는 그 반장 학생이 계속 안들린다고 억지 주장을 하는 것으로 착각한 그 선생님은, 첫 시간, 저 반장을 바로 잡아야 학급을 다스릴 수 있을 것 같아 다시 엄한 표정과 말투로 질문을 하였습니다. "(아주 큰 목소리로) 지금 내가 자네 이름이 무엇이냐고 물어보고 있잖아?"

그러나 자신의 이름을 말씀드렸는데도 계속 질문하시는 이해하기 힘든 그 선생님 때문에 겁에 질리기 시작한 반장 학생은 아주 작은 목소리로 또 대답을 하였습니다. "예, 안득깁니더!" 이제는 저 반장이 자신을 놀리고 있다고 단정지으신 선생님은 더 이상 참을 수 없었습니다. 그래서 반장 학생을 앞으로 나오게 하여, 출석부로 머리를 심하게 때리며 이렇게 소리를 쳤습니다. "이렇게 큰 소리로 말해도 안들리냐? 이 녀석아!" 그러자 "(거의 울음 섞인 목소리로) 아닙니더, 들깁니더! 센님…"

그 신임 선생님의 잘못된 이해와 편견처럼 극단의 개인주의와 이기주의 세력이 팽배한 이 땅에서 사는 우리들에게 나를 위한 기도가 아니라, 우리들을 위한 기도 및 행동을 강조하는 주님의 기도문이 때로는 이해되지 않을 수도 있습니다. 그럼에도 불구하고 그렇게 기도해야 합니다. 그리고 너와 우리를 위한 삶을 추구해야 합니다. 그것만이 피차 생존하며, 하나님의 복을 체험하고 간증할 수 있는 비결이기 때문입니다. 왜냐하면 우리 모두를 위한 기도는 마치 연결고리와 같이 서로간에 유익한 관계를 만들어 주기 때문입니다(전 4:9~12).

조그마한 어항에 금붕어 두 마리가 살고 있었습니다. 그런데 그중 한 금붕어가 이런 생각을 하였습니다. '만일 우리 둘이 아니라 나 혼자만 이 어항 안에 있게 된다면, 주인이 주는 맛있는 먹이는 다 내 차지가 되는 것인데…' 라고 말입니다. 그래서 기회를 엿보다가 같이 있던 금붕어를 물어 죽였습니다. 마침 주인도 그 장면을 보지 못하였습니다. 이제부터 주어지는 모든 먹이가 자기 것이 되었다는 기쁨과 성취감은 하늘을 찌를 듯 하였습니다.

이제 남은 그 금붕어가 자신의 소원대로 되었다고 생각하시는지요? 아닙니다. 예상하였던 것과 정반대의 결과가 나오고 말았습니다. 즉 시간이 지나면서 그 죽은 금붕어가 썩어가 어항의 물은 탁해지고 말았습니다. 그리고 결국에는 자신도 숨을 제대로 쉬지 못하다가 그만 죽고 말았다는 것입니다. 나만이 아니라, 우리들 공동체의 일용할 양식을 위하여 간구해야 할 분명한 이유가 바로 여기에 있습니다.

이제 내가 우리들 모두의 일용할 양식과 물질의 복을 받기 위해서 기도하고자 할 때, 때로는 내게 있는 동전 한 개를 움켜잡고 싶어도 자기 스스로를 희생하는 모습을 보여야 할 것입니다. 즉 우리들이 그 누구의 양식을 위하여 기도는 하면서도 그를 위하여 실제적으로 행동하지 않는다면, 아버지 하나님께서도 우리들의 기도만 들으실 뿐, 결코 행동은 하지 않으실 것입니다. 그러므로 자신의 마음 속에 그 연약한 사람들을 위하여 물질적인 도움을 베풀겠다는 행함이 있는 믿음을 보이기 전에는 함부로 기도하는 것이 옳지 않을 수도 있는 것입니다.

우리들은 주님께서 십자가를 희생적으로 지심으로 말미암아 때가 차매 부활, 승천의 회복을 받으신 것을 다시 한 번 마음에 담아야 할 것입니다. 그리고 그 희생으로 인하여 구주 예수님을 믿고 따르는 사람들도 영생과 천국으로 인도함을 받는 은총을 누리게 된 것을 의미를 두고 생각해야 할 것입니다. 첫째 아담의 삶은 철저히 자아중심적이었습니다. 그러나 둘째 아담 예수님의 삶은 철저히 하나님 중심, 그리고 타자 중심이었음을 다시 한 번 되새김을 해야 할 것입니다. 우리들은 예수님의 제자들입니다. 그러므로 우리들도 하나님의 기뻐하시는 뜻을 따라 주님처럼 교회 안팎의 다른 이들과 민족의 양식과 경제를 위하여 기도하는 것이 마땅한 의무일 것입니다.

그리고 기도한 것만큼 영육 간에 연약하여 의식주의 회복을 기다리는 분들을 향한 희생적인 봉사가 교회적으로, 개인적으로 뒤따라야 할 것입니다. 그러할 때 하나님이 영광을 받으시고, 연약한 분들의 마음과 삶 속에 작은 천국이 이루어질 것입니다. 그런 기도와 희생의 행동을 통하여 하나님의 나라가 확장되고 사단의 영역이 축소되는 증거를 교회와 가정, 그리고 사회에서 쉽게 찾아보게 되어지기 원합니다.

(3) 일용할 양식

물론 예수님께서 우리들에게 지나친 욕심이 담겨져 있는 기도내용을 가르치신 것은 아닙니다. 다만 일용할 "양식"을 위한 기도를 쉬지 말고 드려야 할 것을 권면하시는 것입니다. 즉 '일확천금(一攫千金)', 혹은 '풍성한 양식'을 위한 기도를 드리라고 주님께서 말씀하시지는 않으셨습니다. 그래서 잠언 기자는 그 예수님의 뜻을 이렇게 기술하고 있습니다. "곧 헛된것과 거짓말을 내게서 멀리 하옵시며 나를 가난하게도 마옵시고 부하게도 마옵시고 오직 필요한 양식으로 내게 먹이시옵소서 혹 내가 배불러서 하나님을 모른다 여호와가 누구냐 할까 하오며 혹 내가 가난하여 도둑질하고 내 하나님의 이름으로 욕되게 할까 두려워함이니이다"(잠 30:8~9).

이런 필요한 양식을 얻기 위한 간절한 간구의 필요성을 말씀하시기 전에, 아굴이라는 잠언 30장 기자가 그 내용보다 우선적으로 기도해야 할 것을 글로 담았는데 그 말씀이 참으로 중요합니다. "내가 두 가지 일을 주께 구하였사오니 나의 죽기 전에 주시옵소서"(7). "나의 죽기 전"은 바로 '오늘', 혹은 '날마다'와 같은 의미로 우리들에게 교훈되지 않겠습니까? 그러므로 일용할 양식을 위한 오늘날의 기도는, 결코 저의 권고가 아닙니다. 주님의 명령입니다. 즉 날마다의 양식을 위한 간절한 기도는 성경이 적극적으로 명령하고 있는 경건임을 기억해야 할 것입니다.

구약은 그림자요, 신약은 그의 실체라는 대전제 조건 속에서 우리는 일용할 양식을 위한 기도의 그림자를 구약의 만나와 메추라기 사건을 통하여 발견할 수 있습니다. 그리고 이런 기도를 드려야 할 것에 대한 간절함을 더욱 확증할 수 있을 것입니다. 출애굽한 선민 이스라엘이 광야를 순례하여 가나안 땅에 들어가는 여정은 성도들이 이 험한 인생길을 순례하다가 완성된 하나님의 나라에 입성하여 영화롭게 될 것의 그림자입니다.

▲ 만나와 메추라기가 주는 교훈

그런데 이스라엘이 걸어가야 할 광야는 결코 집을 지어 정착할 수 있는 곳이 아니오, 일 년 내내 머물며 농작을 하여 먹고 살 수 있는 곳도 아니었습니다. 그곳은 황무지였습니다. 우리 성도들에게도 이 세상살이가 나그네요 과객의 길이며, 정말 투쟁하듯이 살아야 생명을 유지할 수 있는 삶의 황무지라고 해도 과언이 아닙니다. 그런데 정말 이 광야에서 자신과 가족이 어떻게 먹을 것을 취하여 살아남을 수 있을 것인가에 대한 깊은 의심과 불안감에 사로잡혔던 이스라엘 선민들에게 하나님께서는 만나를 주실 것을 약속하셨습니다.

"그때에 여호와께서 모세에게 이르시되 보라 내가 너희를 위하여 하늘에서 양식을 비 같이 내리리니 백성이 나가서 일용할 것을 날마다 거둘 것이라"(출 16:4). 그리고 이어 말씀하시기를 "아침에는 너희가 여호와의 영광을 보리니"(출 16:7)라고 언약해 주셨습니다. 이는 신약 시대를 살아가는 성도들에게 하나님께 일용할 양식을 위하여 기도하면 분명히 날마다 응답을 받을 것이요, 그 응답을 통하여 자신을 향한 하나님의 임재와 능력을 체험하게 될 것이라고 예언해 주고 있는 것입니다.

정말 광야생활의 만나는 하나님이 주신 것이지, 결코 선민들의 노력으로 얻은 것이 아닙니다. 마찬가지로 일용할 양식은 기도하고 노력하는 성도에게 하나님이 은혜로 주시는 것이지, 결코 자신의 노력과 희생으로 얻어지는 것이 아닙니다. 최소한 하나님의 자녀들에게는 말입니다. 물론 아직 이런 믿음의 세계에 들어오지 못한 분들은 그들의 삶의 방식과 고집대로 살아가다가 하나님의 진노를 점점 높게 쌓을 것이지만 말입니다(롬 2:5).

또한 만나만 먹음으로 싫증과 거부반응을 일으키는 광야 이스라엘 백성들을 향하여 열린 마음을 가지셨던 하나님께서 저녁에는 메추라기라는 고기를 보내 주셔서, 자신이 선민들과 늘 함께 동행하고 있음을 한 번 더 확증시켜 주셨습니다(출 16:13). 이 "일용할 양식"이라는 말씀에 대한 해석은 대개 두 가지입니다. 그 첫째는 터툴리안, 키프리안, 어거스틴 등의 초대교회 교부들의 주장으로, 성만찬의 주님의 대속의 몸을 기념하는 음식이나 하나님의 말씀을 양식으로 해석하였습니다.

그러나 종교개혁자인 칼빈, 루터는 다른 견해를 가지고 있었습니다. 즉 칼빈은 그런 초대교회 교부들의 해석은 좀 지나친 것이라고 판단하였습니다. 특히 개혁자 루터는 일용할 양식을 해석할 때 먹는 것뿐 아니라, 좋은 환경, 가정, 건강, 지혜, 재능, 마음의 평화 및 신뢰할 만한 지도자가 있는 정부 등을 다 포함하여 해석해야 된다고 하였습니다. 다시 말씀드리면 우리가 하나님의 자녀로서 성화의 길을 걸어갈 때, 의식주에 필요한 모든 것을 포함해야 한다는 것입니다(빌 4:19).

그런 해석은 일용할 양식의 만나를 주시면서 메추라기를 더하여 주셨던 광야에서 역사하셨던 하나님의 손길을 인정하고 믿을 때, 더욱 성경적인 해석임을 부인할 수 없을 것입니다. 우리 하나님은 이 양식을 위한 기도를 하게 되면 만나뿐 아니라, 메추라기도 준비하여 주시는 사랑의 하나님이십니다. 그래서 바울 사도는 이런 말씀으로 우리를 향한 그 하나님의 넘치는 사랑과 임마누엘을 찬양하였습니다. "우리 가운데서 역사하시는 능력대로 우리가 구하거나 생각하는 모든 것에 더 넘치도록 능히 하실 이에게 교회 안에서와 그리스도 예수 안에서 영광이 대대로 영원 무궁하기를 원하노라 아멘"(엡 3:20~21).

그리고 마지막으로 많이 거둔 자도 남음이 없었다고 기록하고 있습니다. 또한 아무든지 아침까지 그것을 남겨두지 말아야 할 것을 권면하였습니다. 혹 모세의 말씀을 청종하지 아니하고 아침까지 남겨 둔 백성들은, 그 남긴 만나에 벌레가 생기고 냄새가 나므로 결국 버리게 되어 자신의 것이 되지 않는 것을 경험할 뿐이었습니다.

마찬가지로 우리 성도들 중에는 하나님께서 자신에게 주신 것을 가지고 나누는 생활을 하지 않다가, 결국 많은 것을 잃은 후에 "껄...껄..."하며 죽은 자식 무엇 만지듯이 이야기하시는 분들이나, 혹은 "만일 제가 몇 년 전이라면 주님의 교회 그 사역을 위하여 한 몫 헌금을 할 수 있을 것인데 말입니다! 목사님... 안타깝네요!"라고 말하는 경우가 있습니다.

구제와 선교 및 전도사역을 위한 물질적 동역은 기회가 주어질 때 즉시 행하여야 합니다. 또한 은밀히 해야 합니다. 그리고 자신이 베푼 그 선행을 잊어 버려야 합니다. 그리고 그 선을 베푼 대상이 자신에게 감사의 표시를 하지 않았다고 절대로 그를 향한 불평과 악담을 하지 말아야 합니다. 왜냐하면 장차 받을 하나님 나라의 상급을 절제 없는 말로 인하여 이 세상에서 다 허비해 버리지 말아야 하기 때문입니다.

(4) 주옵소서!

일용할 양식을 허락해 달라는 기도를 등한시 여기게 하는 나의 옛 본성의 음성을 무시해야 합니다. 단호히 거부해야 합니다. 그리고 이 육신의 활동이 정지되는 그 날 아침까지 이 기도를 계속해야 합니다. 이미 비정상적으로 고상해져 버린 일부 성도들은 하나님께 양식과 물질을 구하는 것은 그리 성경적인 신앙이 아니라고 주장하기도 합니다. 그러나 우리 예수님께서는 그런 분들의 주장에도 불구하고 우리 성도들을 향하여 여전히 구하고, 찾고, 두드리라고 말씀하시고 계십니다(마 7:7~8). 즉 우리들의 일상 생활의 전 영역에서 하나님께 간구하여 얻은 것으로만 살아가는 은총을 받으라고 증거하고 계십니다.

특히 마태복음 7장 9~11절을 기억해야 할 것입니다. "너희 중에 누가 아들이 떡을 달라 하는데 돌을 주며 생선을 달라 하는데 뱀을 줄 사람이 있겠느냐 너희가 악한 자라도 좋은 것으로 자식에게 줄 줄 알거든 하물며 하늘에 계신 너희 아버지께서 구하는 자에게 좋은 것으로 주시지 않겠느냐." 그렇습니다. 부모는 자기 자녀들이 필요하다고 하면, 할 수 있으면 최선의 것으로 채워주기 위하여 가능한 모든 방법을 동원합니다.

즉 자녀를 위하여 정신적으로 필요한 것만 채워주는 분이 부모가 아닙니다. "그래, 걱정 말아라. 그리고 우리 같이 기도하자! 하나님이 살아 계시고 우리들의 기도에 유념하시지 않았었니?"라고 이야기해 주는 정도가 아니지 않습니까? 실제 그렇게 기도생활을 시작하여 자녀의 정신과 마음에 안정과 위로를 준 후, 어떻게 해서라도 물질적인 부족함을 채워 주기 위해 최선을 다하는 것이 정상적인 부모의 모습일 것입니다.

마찬가지입니다. 하늘에 계신 우리 아버지 하나님께서도 "주옵소서!"라고 기도하는 사람들의 마음과 생각을 주관하시고 위로해 주시지만, 실제로 자신의 사랑하는 자녀들인 우리들의 양식과 물질의 필요를 채워 주신다는 것을 믿으시기를 원합니다. 너무 신령한 척하다가 주님의 뜻과 말씀을 놓칠 수 있습니다. 그리고 반쪽복음을 믿는 '내가 복음'의 추종 교인이 될 수 있습니다.

물론 또 다른 일부 성도들에게 자신의 기도생활에 대하여 부정적인 자아상이 있음을 저는 알고 있습니다. 즉 '나는 감히 하나님께 그런 기도를 드릴 자격이 없는 삶을 살았던 사람이잖아?'라는 생각과 판단입니다. 다시 말씀드리면 나 같은 것은 기도 응답받을 자격이 없는 인생이라는 단정입니다. 그러나 다음 말씀드리는 진리를 이제라도 자신의 심비에 새겨야 합니다. 하나님께서 일용할 양식과 그것을 얻을 수 있는 환경을 만들어 달라는 우리들의 기도를 들어주시는 것은, 우리들에게 지난 날 그런 응답을 받을 만한 선행과 자격이 있어서 응답해 주시는 것이 아니라는 진리입니다. 다만 우리 아버지 하나님의 무한한 사랑과 예수님께서 십자가상에 이미 이루어 놓으신 영육 간의 구원사역에 의지하여 기도할 수 있는 것이요, 또한 응답받을 수 있는 것입니다.

이제 자신의 기도응답의 자격문제는 이미 갈보리 십자가에서 영원히, 그리고 단번에 결말이 난 문제임을 고백하시는 새로운 믿음의 단계를 체험하시기 원합니다. 하나님께서 우리들에게 주실 수 있는 최고의 선물은 독생자 예수 그리스도이셨습니다. 그 엄청난 선물인 예수님을 우리들에게 대속의 제물이라는 선물로 아낌없이 주신 하나님께서 왜 작은 선물인 일용할 양식과 필요한 물질, 알맞은 환경을 주시지 않으시겠습니까?

더 이상 혼미케 하는 영에게 속지 마시기를 원합니다. 그리고 주저하지 마시기를 원합니다. 혹 사람들 앞에서는 자신의 의식주 문제를 가지고 간절히 기도하는 것을 부끄러워할 수도 있습니다. 그러나 아버지 하나님 앞에서까지 부끄러워하거나, 쑥스러워하는 것은 명청한 태도임을 명심해야 합니다. 종교 개혁자 루터의 말씀대로 하나님 앞에서는 철저히 거지가 되는 것이 우리들의 마땅한 자세입니다. 하나님 앞에서의 알량한 체면은 기도 무응답의 열쇠일 뿐입니다.

결론적으로, 이런 기도를 드린 후에 주시는 양식으로만 살아가는 것을 당연한 것으로 여기는 하나님의 자녀가 되어야 합니다. 그리고 혹 일용한 양식보다 더 주시는 경우가 있으면 가족의 미래를 위하여 약간의 저축을 한 후에, 영육 간에 연약한 사람들을 위하여 나누어줄 줄 아는 일에 결단과 신속함이 필요할 것입니다. 즉 내게 예상치 못하였던 물질의 은총이 임하게 될 때, 하나님의 뜻을 헤아릴 줄 알아야 한다는 것입니다. 왜냐하면 하나님께서 그런 넘치는 물질의 복을 주시는 이유는, 그것을 가지고 나누는 사역에 쓰라고 주신 것이지, 결코 자신 가정을 위하여 지나치게 사치하는 일에 낭비하라고 주신 것이 아니기 때문입니다.

반대로 때로는 간절히 기도하지도 않았는데, 모든 일이 잘 되고 형통하게 되면 급히 회개해야 합니다. 그리고 영 분별의 은사를 사모해야 합니다. 왜냐하면 그 갑작스러운 물질의 풍요로움은 자신의 믿음생활에 악영향을 주려는 사단의 손길일 수도 있기 때문입니다. 또는 하나님과 사람들 앞에서 겸손하였던 그를 교만한 자로 만들어 교회 안팎에서 자신의 도구로 사용하고자 하는 악한 영의 술수일 수도 있기 때문입니다.

▲ 식사기도를 하시고 계십니까?

특히 "일용할 양식"에 대한 기도를 드릴 수 있는 신앙을 가진 성도들이 그 일용할 양식과 범사에 피할 길을 주시는 하나님께 감사하는 표현 중에, 가장 기본적인 표현은 바로 '식사기도'일 것입니다. 우리들은 하나님께서 주신 음식을 앞에 놓고 감사 기도하는 것을 부끄러워하지 않아야 할 하나님의 자녀입니다.

언젠가 어느 식당에서 식사를 하고 있는데, 제 옆자리에서 식사를 시작하는 서너 명의 청년들이 고개를 숙여 감사 기도하는 모습이 어찌나 아름다워 보이던지요?

저 같은 평범한 목사의 눈으로 볼 때에도 사랑스러운데, 하나님 아버지의 눈으로 보실 때에 얼마나 아름답고 흐뭇하였을까요? 물론 전혀 식사기도를 하지 않는 것보다는 귀한 경건일 것이나, 혹 눈을 뜨고 주위사람들의 눈길을 의식하며 하는 식사기도, 혹은 손으로 얼굴을 적당히 가리고 있는 식사기도, 또는 주위에 사람들이 없을 때만 하는 식사기도, 혹 누가 자신을 주시해 볼까 하여 "하나님, 감사, 아멘, 끝!" 하는 속전속결식의 식사기도, 때로는 "꼭 이렇게 식사기도 해야 하나? 마음으로 드리면 되는 것이지."라며 자기 합리화에 신경을 쓰는 기도의 모습들을 이제는 버려야 할 것입니다.

왜냐하면 우리들이 사람들 앞에서 예수님을 부끄러워하지 않아야 우리 주님께서도 우리들을 부끄럽게 여기지 않으시며 도리어 자랑스럽게 여기실 것이라고 성경은 언약하셨기 때문입니다. 동시에 그 경건이 우리들이 생각했던 것보다 더 넘치도록 채우시는 예수님을 가정의 영적인 호주로 모시는 지름길이기 때문입니다(엡 3:20~21).

우리 하나님의 자녀들이 만들어가야 할 경건에는 분명한 원칙이 있어야 합니다. 그것은 무시해도 될 만한 작은 경건 생활에 충실한 성도가 결국 큰 일도 해낼 수 있다는 것입니다. 예외는 있지만, 대개 부교역자 시절에 자신에게 맡겨진 일에 충실하였던 분이 결국 담임목사가 되어서도 그 많은 일들을 잘 감당하며, 하나님과 성도들 앞에 인정을 받는 것을 부인할 수는 없을 것입니다. 성경도 "잘하였도다 착하고 충성된 종아 네가 적은 일에 충성하였으매 내가 많은 것을 네게 맡기리니 네 주인의 즐거움에 참여할지어다"(마 25:21, 23)라고 언약하고 있습니다.

지극히 작은 어린 아이의 오병이어를 크게 여기시고, 결국 남자만 오천 명이 넘는 엄청난 무리를 먹이시는 것이 우리 주님의 마음입니다. 그렇습니다. 작은 경건 같지만 그 어느 곳에서나 식사기도를 잊지 않는 감사의 경건이야말로 큰 것을 받을 수 있고, 하나님께서 그런 성도들에게 큰 것을 맡길 수 있는 귀한 경건이 될 것입니다. 우리 모두 "모든 육체에게 먹을 것을 주신 이에게 감사하라 그 인자하심이 영원함이로다"(시 136:25)라는 시편 기자의 신앙고백이 자신의 것이 되는 여생으로 만들어 가시기를 원합니다.

그런데 혹시 식사기도라는 단어조차 생소하며, 일용할 양식을 달라는 기도를 일평생 해보지도 않는 사람들이 너무나 잘 먹고 잘 사는 것을 보면서, 반면에 식사기도와 하나님을 향한 감사의 자세를 흐뜨리지 않고 있는 주위에 계신 참 좋은 성도들이, 그럼에도 불구하고 양식과 물질로 아픔을 당하는 것을 보면서 해답을 찾지 못하는 분들이 계실 수 있습니다.

먼저 생각해야 할 것은 우리가 믿는 하나님은 부요한 분들을 무조건 정죄하시는 분이 결코 아니라는 것입니다. 한편, 가난한 분들을 향하여 무조건 참으로 귀한 삶을 살고 있다고 위로하시는 분도 아니라는 것입니다. 즉 우리 하나님의 관심은 어느 사람이 물질을 많이 갖고 있는지, 없는지에 있지 않습니다. 다만 자신에게 맡겨진 재물에 대한 자세에 관심과 초점을 맞추고 계신 분이십니다.

다시 말씀드리면 그 양식과 물질이 하나님께 기도한 후에 얻은 것인가의 여부에 관심이 있으신 하나님이십니다. 또한 그 양식과 재물의 취득방법이 성경적이요, 윤리적이었느냐에 초점을 맞추고 계신 분이십니다. 즉 그 재물의 결과만큼, 그 물질을 취하는 과정을 더 중요하게 바라보시는 하나님이십니다. 그러므로 개종 중에 최종적이요, 완성적인 개종은 바로 맡겨진 물질을 가지고 얼마나 영육간에 가난하고 고통당하는 분들과 함께한 흔적이 있는가를 불꽃같은 눈으로 바라보시고, 최후 판단하실 하나님을 확실히 기억하는 것입니다(신 15:17~18, 마 25:40, 롬 15;26~27, 고전 9:11, 고후 8:13~15).

결혼 적령기가 되었는데도 자신의 배우자를 위하여 기도하지 않는 청년은 결코 정상적인 청년시절을 보낸다고 말할 수 없을 것입니다. 마찬가지로 그만큼 교회를 다녔는데도 가정과 사회에서 감사의 마음을 담은 식사기도를 하지 못한다면 결코 정상적인 하나님의 자녀라고 말할 수 없을 것입니다. 식은 밥을 먹기 전에 하는 식사기도를 귀한 경건으로 여겨야 할 것입니다. 그리고 지금 이만큼의 양식과 물질의 은총이 하나님께서 허락하신 복인 줄 알고, 어느 곳에서

나 식사기도를 감사함과 담대함으로 계속하는 여생으로 만들어가시기를 소원합니다.

2. 우리가 우리에게 죄 지은 자를 사하여 준 것 같이 우리 죄를 사하여 주시옵고

▲ 주기도문을 끝까지 할 수 있는 분들이 얼마나...?

어느 신실한 성도님이 계셨습니다. 그 분은 늘 가정에서 가족과 함께 가정예배를 드릴 정도로 믿음의 뿌리가 깊은 분이었습니다. 그런데 어느 날, 가정예배를 인도하던 그의 안색이 창백해지며, 안쓰러울 정도로 고통을 당하는 것을 식구들이 보게 되었습니다. 급기야 그 집의 아버지이자 남편이신 성도님께서 가정예배의 마지막 순서인 주기도문을 끝까지 하지 못하고 안방으로 들어가는 것을 보면서, 식구들은 무엇인가 급한 일이 생긴 것을 예감하게 되었습니다.

그래서 그의 아내는 남편의 뒤를 따라 안방으로 달려 들어갔습니다. 안방에서 심한 괴로움을 참고자 애를 쓰고 있는 남편에게 아내는 조심스럽게 질문을 던졌습니다. "당신, 몸에 무슨 이상이 생기신 거죠? 어디가 아프세요?" 아내의 말에 늘 자상하게 대답하던 남편이었건만, 전혀 말이 없고 침묵으로 일관하는 남편의 상태가 심상치 않음을 짐작한 아내는 더욱 다그치며 물었습니다.

  그러자 그 남편은 "여보, 지금 몸이 아픈 것이 아니라, 내 마음이 심히 아파요."라고 대답을 하였습니다. "도대체 무슨 일이 계신 거에요? 부부 사이에 못할 말이 어디에 있겠습니까? 말씀해 보세요." 그러자 그 남편은 자신의 마음에 담겨져 있는 말을 이렇게 전하였다고 합니다. "얼마 전이라고 꼭 집어 말할 수 없으나, 어느 날부터 가정예배를 드리면서 주기도를 암송하는 내 자신이 미워지기 시작했어요. 특히 '우리가 우리에게 죄 지은 자를 사하여 준 것같이 우리 죄를 사하여 주옵시고' 라는 부분을 기도할 때 마음이 너무 괴로웠답니다. 왜냐하면 내 주위에 아직도 용서하지 못한 사람과 일들이 있는데, 그럼에도 불구하고 주기도문을 끝까지 암송하는 나는 위선자인가 하는 생각 때문에 괴로웠답니다. 또한 용서하지 못하면서 계속 주기도문을 암송한다면 결국 하나님께 죄 용서함을 받을 수 없을 것이 아닌가 하는 생각 때문에 마음이 더 아픈 오늘이었기에 나도 모르게 예배 중 그만…"

  어쩌면 우리 모두가 한 번쯤 고민하였던 문제가 아닐까 생각합니다. 물론 일용할 양식을 위한 기도는 눈에 보이는 결과를 얻을 수 있습니다. 그러나 죄 용서받음을 위한 기도는 우리들 눈에 보이는 증거가 없습니다. 그러나 성막 중에서 지성소의 중요함은 다른 장소와 성물에 비하여 칠 배나 더 중요하듯이, 누구의 죄를 용서하거나, 또한 자신의 죄를 용서받는 문제는 그 어떤 것보다 참으로 중요한 문제인 것입니다. 최소한 자신이 하나님의 자녀임을 믿음으로 인정하는 분들에게는 말입니다.

우리들 중에 주기도문을 끝까지 할 수 있는 분들이 얼마나 될 수 있을까요? 특히 이 부분을 아무런 영적 부담 없이 암송할 분들이 얼마나 되실까요? 성도님은 어떠하신지요? "우리가 우리에게 죄 지은 자를 사하여 준 것같이." 이 말씀은 예수님의 마태복음 6장14~15절의 말씀으로 다시 확인됩니다. "너희가 사람의 과실을 용서하면 너희 천부께서도 너희 과실을 용서하시려니와 너희가 사람의 과실을 용서하지 아니하면 너희 아버지께서도 너희 과실을 용서하지 아니하시리라."

이 말씀에는 무슨 교훈이 담겨져 있습니까? 그것은 사람을 향한 용서가, 바로 자신을 향한 하나님의 용서하심과 밀접한 관계가 있다는 진리의 말씀을 포함하고 있는 것입니다. 즉 우리들의 신앙생활의 질과 양은 하나님과의 수직적인 관계만큼, 사람들과의 수평적인 관계에서 판가름 날 수 있다는 교훈인 것입니다. 특히 자신이 죄 용서함을 받고, 영육 간에 회복되어지며, 예수님을 믿는 것과 교회생활이 구름에 달 가듯 평안하기를 소망하는 분들이라면 당연히 그 누군가를, 그리고 그 무엇인가를 용서하는 면에 주저함과 망설임이 없어야 한다는 말씀인 것입니다.

▲ 용서하면 용서받습니다.

그러므로 우리 믿는 이들은 "내 눈에 흙이 들어갈 때까지 그 사람은 결코 용서할 수 없다!"라는 말을 함부로 하지 말아야 합니다. 또한 "나는 그 교인이 우리 교회에 있는 한, 절대로 교회(구역예배, 전도회)를 나가지 않을 것이니 더 이상 권면하지 마세요!"라는 대답도 쉽게 하지 말아야 합니다. 왜냐하면 사람을 향한 용서 없이는 하나님께서 자신을 향하여 굳게 닫힌 문을 열 수 없기 때문입니다.

아마도 성도님께서 그렇게 시간과 장소 및 기도제목을 정해 놓고 금식기도까지 하는데 시원한 응답이 없는 이유는 하나님과의 관계가 잘못되어서 그런 것은 아닌 것 같습니다. 다만 그 누군가를, 혹 그 어느 사건을 아직도 용서하기로 작정한 흔적이 없기 때문일 수도 있습니다. 또는 용서한 흔적이 없기 때문일 수도 있습니다. 이 시간 성령 하나님의 도움으로 그 용서할 수 없는 사람, 혹은 사건을 용서하는 것은 결국 자신의 영육간의 복과 기도 제목을 회복 받고 응답받는 지름길임을 깨닫는 희열과 결단이 계시기를 원합니다.

용서하면 용서받습니다. 품어주면 안아 주심을 받을 것입니다. 차가운 얼음 밑에서도 움트는 새싹이 있듯이, 용서하지 못할 그 사람을 향한 차가운 내 마음 밑에도 용서케 하는 성령의 역사가 새싹처럼 움트고 있는 것을 꺾어 버리지 않기를 원합니다.

즉 "하나님, 왜 저 사람을 통하여 저에게 이런 어려움을 주십니까?"라는 불평이 점점 물러가게 될 것입니다. 그리고 도리어 "저 사람을 통한 연단 가운데 하나님께서 저에게 주시고자 하시는 것은 무엇입니까? 혹 용서하는 은사입니까? 그럼에도 불구하고 덮어주는 훈련을 받으라는 것입니까? 예, 주님, 이제는 감사히 받겠습니다. 그리고 용서하겠습니다!"라는 고백을 하게 될 것입니다.

그런 분에게 이 시간, 이사야 48장10절의 말씀이 응답될 것입니다. "보라 내가 너를 연단하였으나 은처럼 하지 아니하고 너를 고난의 풀무불에서 택하였노라." 또한 시편 기자의 신앙고백이 자신의 신앙고백이 될 것입니다. "고난당한 것이 내게 유익이라 이로 말미암아 내가 주의 율례들을 배우게 되었나이다"(시 119:71). 그리고 그동안 자신의 마음을 지배하였던 미움, 질투, 원망, 원수 맺음으로 인한 고약한 성품이 봇물 터지듯이 터져 자신 밖으로 쏟아져 버림을 맛보시게 될 것입니다. 또한 며칠 이를 닦지 못하였다가 마침내 양치질을 했을 때 맛보는 개운함과 상쾌함이 자신의 삶을 인도하는 것을 경험하게 될 것입니다.

그 무엇보다도 하나님께 용서받을 자격을 얻게 된 자만이 누릴 수 있는 '샬롬의 평강'이 마음과 생각, 그리고 삶을 지배하는 복을 받게 될 것입니다. 그래서 드디어 자신의 기도시간에 용서할 수 없었던 그 사람을 위하여 긍휼히 여기는 기도가 입에서 터져 나오는, 결코 그 누구도 감히 도달할 수 없는 경건에 이르게 될 것입니다.

마치 자신을 저주하고 십자가에 못 박는 이들을 향한 골고다 산상에서의 우리 주님처럼 말입니다. "해골이라 하는 곳에 이르러 거기서 예수를 십자가에 못 박고 두 행악자도 그렇게 하니 하나는 우편에 하나는 좌편에 있더라 이에 예수께서 이르시되 아버지 저들을 사하여 주옵소서 자기들이 하는 것을 알지 못함이니이다 하시더라"(눅 23:33~34).

혹 우리들 중에 "내가 어찌 예수님처럼 그런 용서의 기도를 드릴 수 있단 말인가?"라는 한숨이 나오시는 분이 계십니까? 그렇다면 우리들과 같은 직분을 가지고 신앙생활하셨던 스데반 집사님의 말씀을 들어보시기 원합니다. "그들이 돌로 스데반을 치니 스데반이 부르짖어 이르되 주 예수여 내 영혼을 받으시옵소서 하고 무릎을 꿇고 크게 불러 이르되 주여 이 죄를 그들에게 돌리지 마옵소서 이 말을 하고 자니라"(행 7:59~60).

▲ 죄 용서받는 일이 그 무엇보다 우선입니다.

이 기도에 우리들이 더욱 관심을 보여야 할 것입니다. 지금까지 주님께서 가르쳐 주신 4가지 기도내용과 달리, 이 기도제목을 우리에게 알려주시면서 "그리고"라는 단어를 사용하셨기 때문입니다. 물론 개역 성경에는 나타나 있지 않지만 말입니다. 즉 "오늘날 우리에게 일용할 양식을 주옵시고"라는 기도내용 다음에 "(그리고) 우리가 우리에게 죄 지은 자를 사하여 준 것같이 우리 죄를 사하여 주옵시고"라는 기도내용이 뒤따라오는 이유를 생각해 보고자 하는 것입니다.

그 이유는 이 두 가지 기도내용 사이에는 긴밀한 관계가 있음을 쉽게 알 수 있습니다. 이는 하나님께 자신의 죄를 용서받지 못한다면 세상 살아가면서 얻는 좋은 음식, 명예와 권세, 심지어 돈과 물질도 결국에는 무가치하다는 것을 말씀해 주고 있는 것입니다. 며칠 후면 이 세상을 하직할 사형수에게 진수성찬, 명예박사학위, 그리고 4억이 넘는 연봉을 계약한들 무슨 가치가 있겠습니까? 또한 내일이면 도살장으로 끌려갈 소에게 인삼을 갈아 만든 사료, 최우수 한우상, 그리고 푹신한 볏짚 위에서 자는 잠이 무슨 의미와 즐거움이 있겠습니까?

혹시 성도님은 내일 자신이 팔려갈 것을 미리 알고 있는 개가, 주인이 준 마지막 고깃국을 마다하고 밤새도록 울던 그 울음소리를 들어 보신 적이 계신지요? 그러므로 인생에게 제일 중요하고, 시급한 선결문제는 바로 자신의 죄를 용서받는 일일 것입니다. 이 은혜는 어떤 눈에 보이는 은혜와 복보다 크고 중요한 것입니다. 그 이유는 죄의 삯은 사망이기 때문입니다(롬 6:32). 사람들에게 하나님께서 내리시는 사망, 그리고 그 후의 영벌과 지옥의 고통만큼 엄청나고 영원한 저주는 없는 것입니다. 왜냐하면 사람에게 소유보다 우선되는 것이 바로 존재이기 때문입니다.

사람이 천하를 얻고도 자기의 목숨을 잃으면, 즉 지옥갈 수밖에 없는 존재로 살아간다면 그것만큼 불행한 일이 어디에 있겠습니까? 그런데 인간의 이 엄청난 죄악의 문제를 해결하기 위하여 때가 차면, 구주 예수님께서 오실 것을 구약은 예언하셨습니다. 이는 구약 당시 세계 최강의 나라인 바벨론을 멸망시키고 선민 이스라엘을 해방시켜 주실 하나님을 통하여 예언되었습니다. "너희는 이전 일을 기억하지 말며 옛날 일을 생각하지 말라 보라 내가 새 일을 행하리니 이제 나타낼 것이라 너희가 그것을 알지 못하느냐 반드시 내가 광야의 길을 사막에 강을 내리니 장차 들짐승 곧 승냥이와 타조도 나를 존경할 것은 내가 광야에 물을, 사막에 강들을 내어 내 백성, 나의 택한 자로 마시게 할 것임이라"(사 43:18~20).

그리고 그런 구원의 역사는 혈통적인 이스라엘 사람들에게만 임할 것이 아니오, 전 세계 사람들 가운데 하나님께서 주님을 통하여 구원해 주시고자 작정한 모든 사람들을 위한 구원임을 예언하였습니다. "나 외에 다른 신이 없나니 나는 공의를 행하며 구원을 베푸는 하나님이라 나 외에 다른 이가 없느니라 땅의 모든 끝이여 내게로 돌이켜 구원을 받으라 나는 하나님이라 다른 이가 없느니라"(사 45:21~22).

그러므로 하나님은 결코 이스라엘만을 사랑하시고 구원하시는 민족주의자 같은 하나님이 아니십니다. 하나님은 말씀으로 온 세상을 창조하셨듯이, 예수님을 보내사 온 인류를 구원하실 분이심을 구약은 예언하고 있습니다. 특히 그 예수님께서 성육신하여 이 땅에 오실 때가 가까워지매 구약성경은 그분께서 베들레헴에서 탄생하실 것도 예언하셨습니다. "베들레헴 에브라다야 너는 유다 족속 중에 작을지라도 이스라엘을 다스릴 자가 네게서 내게로 나올 것이라 그의 근본은 상고에, 영원에 있느니라"(미 5:2) 하고 말입니다.

그리고 구약의 예언대로 우리들의 과거, 현재, 미래의 모든 죄를 단번에, 그리고 영원히 대속해 주실 구주 예수님께서 오셨습니다. 그리고 어린 대속의 양처럼 십자가에서 죽임을 당하셨습니다. 그의 죽으심은 우리들의 죄악에 대한 대속의 죽으심이요, 그분의 부활하심은 우리들의 영생과 천국의 근원이 되셨음을 믿음으로 고백하시기 원합니다.

그러므로 예수님을 자신의 죄를 대신 지시고 십자가에서 대속의 죽임 당하신 구세주로 영접하는 자는 앞으로 죄 용서함 받을 자격을 얻을 수 있는 것이 아닙니다. 그 순간, 아니 이 시간, 온전히 용서함 받은 것입니다. 또한 앞으로 하나님의 자녀가 되는 길이 열린다는 것이 아닙니다. 이 시간, 온전히 하나님의 자녀가 된 것입니다. 또한 앞으로 아마도 천국의 언저리에 가 있게 될 것이 아닙니다. 오늘 밤 하나님께서 우리들을 데려가신다 해도 온전히 천국에 들어가게 될 것입니다. 그리고 앞으로 하나님께서 자신과 동행하시는 특권을 받으실 수 있는 예매권을 얻은 것이 아닙니다. 벌써, 그리고 이미 온전히 그분께서 우리들의 삶의 모든 분야에서 임마누엘로 동행하시게 된 것입니다.

이 죄 용서함 받음과 그분께서 동행해 주시는 엄청난 은총과 복 때문에 신앙생활이 넘치는 감사 속에 새롭게 시작될 것입니다(창 32:10). 그리고 이제는 과거와 달리 그 은총에 감사하며, 또한 보답하기 위해 예배참석, 교회봉사, 선교와 전도 및 구제사역에 동참하는 것입니다. 즉 이미 이루어진 죄 용서받음과 구원의 은총에 감사하여 믿음생활을 하는 것이지, 그 어떤 추가적인 보상을 기대하기에 하는 신앙생활은 하나님과 장사하고자 하는 나쁜 심보라는 깨달음의 복이 있게 될 것입니다.

그리고 일평생의 신앙생활을 마감하는 날, 자신은 무익한 종이요,

죄 용서함 받은 자로서 마땅히 해야 할 일을 한 것뿐(눅 17:10)이라고 고백해야 할 것입니다. 이제 우리들은 메튜헨리(Metthew Henry)의 다음과 같은 말씀을 심비에 새겨야 할 것입니다. "만일 우리 죄를 용서받지 못한 상태에서의 일용할 양식은 도살용 양을 살찌게 하듯이, 우리의 육신을 살찌게 하는 것밖에 다른 용도가 없다."

그리고 "내 주 예수 주신 은혜 한 없건만 내 주 앞에 이 적은 것 다 드리니 주 예수여 내 정성을 받으소서 주 날 위해 보배로운 피 흘리사 그 귀하신 생명까지 다 주시니 내 천한 몸 이 생명을 왜 아끼랴 주 날 위해 그 귀하신 몸 버리사 이 내 몸을 피 값으로 사셨으니 내 생명도 주 예수께 바칩니다"(찬송가 317장)라고 찬송할 따름입니다.

이 찬송가 가사가 자신의 신앙고백과 간증이 되시는 성도들이 되어야 할 것입니다. 동시에 우리의 죄를 사하여 달라는 기도를 예수님을 통하여 온전히 응답해 주신 하나님께 영광과 감사를 드리는 여생을 살아가야 할 것입니다. 물론 죄악되고 용서받을 수 없었던 우리 영혼을 죄악과 지옥에서 건지시는 구원의 은총은 이미 우리들에게 이루어졌습니다. 그러면 목욕을 한 사람은 그 후 손발을 닦지 않아도 되는 것입니까? 아닙니다. 이미 목욕을 하였음에도 불구하고 자신의 정결과 깨끗한 생활을 위하여 세수하며 손과 발을 정기적으로 씻을 필요가 있듯이 신앙생활도 마찬가지입니다.

▲ 긍휼이라는 물방울이 단 한 방울도 없는 우리들이

즉 영혼 구원의 은총은 일평생 단회적이지만, 생활 속에 구원받는 일은 반복적인 것입니다. 이는 마치 일용할 양식이 우리 가정에 있더라도 계속 그것을 위하여 기도해야 하듯이, 하나님께서 계속적으로 우리들의 삶 속에 있는 죄악의 흔적을 지워주시며, 용서해 주시기 위한 기도를 반복적으로 드려야 할 것입니다.

그래서 존 브라운(John Brown)이라는 분은 이런 말씀으로 지금까지의 이야기를 요약하여 설명해 주고 있습니다. "우리들이 사는 날까지는 아무리 훌륭한 성도라고 해도 사죄를 위해 처음 예수님을 믿고 회개하며 사죄를 간구했던 것처럼, 권리를 주장하는 사람으로서가 아니라 하나님의 무한한 사죄의 은총을 간구하는 자로서 나가야 할 것입니다."라고 말입니다.

이제 더 중요한 진리를 받아들여야 할 순간입니다. 그것은 자신의 매일 드리는 회개와 사죄를 위한 기도가 응답되어 삶 속에 긍정적이요, 축복의 열매가 이루어지기 위해서는 바로 그 누군가를 용서하는 결단이 필요하다는 것입니다. 즉 우리들에게 일용할 양식은 정말로 매일 필요합니다. 동시에, 그리고 우리가 우리에게 죄 지은 자를 사하여 주는 일이 정말로 매일 필요한 경건인 것입니다. 이 경건을 온전히 이룰 수 없다면, 그 온전의 그림자라도 밟아야 할 줄로 알고 노력해야 할 것입니다.

그래야 한다는 것을 알면서도 자신의 현재의 믿음으로서는 그런 용서가 불가능하다고 생각되시는 분들은, 이 시간 우리 주님께 자신의 그런 믿음 없음을 솔직히 고백하는 것이 좋을 듯 합니다. 그리고 그런 자신이 용서의 은총을 베풀 수 있는 능력을 받을 수 있도록 도와달라고 능력 많으신 예수님께 간절히 기도해야 할 것입니다. "내가 진실로 진실로 너희에게 이르노니 너희가 무엇이든지 아버지께 구하는 것을 내 이름으로 주시리라 지금까지 너희가 내 이름으로 아무것도 구하지 아니하였으나 구하라 그리하면 받으리니 너희 기쁨이 충만하리라"(요 16:23~24).

그리고 또한 그분의 능력 많으신 이름 앞에 말입니다. 왜냐하면 우리들은 믿음으로 구하고 감사함으로 응답을 받을 특권이 있는 하나님의 자녀들이기 때문입니다. 다시 말씀드려서 "오라 쉬게 하리라. 가라 함께 하리라!" 말씀하시는 우리들의 주님께서는 지금도, 아니 세상 끝날까지 우리와 함께 계시며 우리들의 기도를 들어주시는 임마누엘의 하나님이시기 때문입니다.

그 기도응답을 믿고 기도하며 자신을 용서의 그릇으로 만들어 가는 분들에게는 분명한 변화가 응답으로 올 것입니다. 정말 긍휼이라는 물방울이 단 한 방울도 없을 것 같은 내 자신이 이제는 "그래, 그럴 수도 있지!"라며 자신에게 잘못한 사람을 용서하게 되는 응답을 받게 될 것입니다. 그로 인하여 드디어 참된 긍휼하심의 물방울이 바닷물보다 많으신 하나님께서도 그를 긍휼히 여기기 시작할 것입니다. 특히 그 동안에 그분에게 용서의 은총을 베풀지 않으셨던 그 것을 실제로 용서하시기 시작하실 것입니다.

그리고 내 자신조차 기억하지 못하여 용서를 구하지 못하였던 죄악의 목록까지 지워버릴 것입니다. 마치 치매에 걸린 어르신께서 한 시간 전에 드셨던 식사를 기억하지 못하는 것 이상으로 하나님은 우리들이 그 사람, 그 사건을 용서하는 흔적을 보일 때 자신의 우리를 향한 용서하심의 증거물을 보여 주실 것입니다.

그 증거물이 마음의 평강일 수 있습니다. 그 어느 사람에게는 육신의 회복, 물질의 허락일 수도 있을 것입니다. 또한 가족 간의 관계회복, 교회생활의 재활력, 경건생활에 장애물 제거 및 성품, 성격의 온전한 변화일 수도 있습니다. 그리고 그 외에 자신만이 체험할 수 있는 그 무엇임을 마음으로 대답하는 분들이 있을 것입니다.

▲ 요셉에게서 하나님께 맡기는 삶을 배워야 합니다.

이제 우리 모두 '용서의 사람, 요셉'을 바라보시기 원합니다. 그의 삶은 정말 용서할 수 없는 사람들이 울타리 치고 있는 듯한 환경들이 연속되는 생애였습니다. 그는 다른 사람이 아니오, 질투의 화신으로 변한 형들에 의하여 종으로 팔려 가는 기구한 청소년기를 보냈습니다(창 27:2~36).

또한 아무런 연고도 없는 이방 땅 애굽에서 노비문서에 의하여 노예생활을 하는 정말 예상치 못하였던 청년기를 보내게 되었습니다(창 39:1). 집과 부모를 떠나 몇 주간만 신병훈련을 받아도 밤만 되면 고향과 부모가 그리워지는데, 요셉의 종살이는 돌아갈 기약이 없는 소망 없는 막막한 나날이었습니다.

그런데 잘 생긴 것도 화가 되는 모양입니다. 주인 보디발의 아내의 끈질긴 유혹은 결국 그를 말도 되지 않는 억울한 죄목으로 감옥살이를 하게 하는 원인이 되었습니다(창 39:2~23). 죄 있는 사람이 죄 값으로 감옥에 들어가도 할 말과 섭섭한 마음이 있기 마련 아닙니까? 그런데 모함과 불공정한 재판으로 인하여 긴 감옥생활을 하고 있는 자기 주장과 표현이 강한 나이의 청년 요셉이 그 어찌 할 말이 없었겠습니까? 또한 미워하며 증오할 사람들이 왜 없었겠습니까?

그러나 우리들이 볼 때에 참으로 놀랍고 부러운 요셉의 모습이 창세기에 나오고 있습니다. 그것은 자기를 판 형님, 그리고 보디발과 그의 아내로 인하여 감옥생활을 하고 있지만 그 누구를 향한 저주의 말, 증오의 표정, 그리고 '두고 보자'는 독한 마음을 성경 어느 곳에서도 찾아볼 수 없다는 것입니다. 혹 연체동물처럼 감정과 감각이 없는 요셉이었을까요?

아닙니다. 다만 피는 피를 부르고, 복수는 복수를 부르며, 죽임은 또 다른 죽음을 부른다는 것을 청년 요셉은 잘 알고 있었습니다. 그리고 하나님께서 이런 최악의 환경과 상황 속에서도 함께 계심을 잊지 않았습니다. 또한 하나님께서 결국 해결하실 것을 굳게 믿었습니다. 정말로 자신의 꿈과 소망이 이 모든 악한 사람들과 환경의 열악함 속에서도 결국 이루어질 것을 굳게 믿고 있었습니다. 어쩌면 요셉은 이런 고통스러운 삶을 통하여 자신이 어렸을 때 꾸었던 꿈이 앞당겨 이루어지고 있음을 분명히 믿고 있었을 것입니다.

이와 같이 사람들을 향한 용서와, 동시에 하나님께서 자신과 동행하심을 굳게 믿는 요셉을 그분의 선하신 길로 인도하셨습니다. 그리고 막다른 골목 같은 상황 속에서도 함께 하시는 증거를 보여 주셨습니다. 그 증거가 바로 보디발의 집에서의 삶을 한마디로 요약해 주고 있는 성경말씀인 것입니다. "여호와께서 요셉과 함께 하시므로"(창 39:2~3), 그리고 "여호와께서 요셉을 위하여 그 애굽 사람의 집에 복을 내리시므로 여호와의 복이 그의 집과 밭에 있는 모든 소유에 미친지라"(창 39:5).

또한 억울한 누명을 쓰고 옥에 갇힌 요셉, 그러나 복수를 생각지 아니하고 자신을 그렇게 죄수의 몸으로 만든 이들을 향한 용서함과 하나님의 자비의 손길을 기다리고 있는 요셉에게 하나님은 어떻게 역사하셨습니까? "여호와께서 요셉과 함께 하시고 그에게 인자를 더하사 간수장에게 은혜를 받게 하시매"(창 39:21). 또한 "간수장은 그의 손에 맡긴 것을 무엇이든지 살펴보지 아니하였으니 이는 여호와께서 요셉과 함께 하심이라 여호와께서 그의 범사에 형통하게 하셨더라"(창 39:23).

더 이상의 무슨 설명이 필요하겠습니까? 이제는 말씀을 더 듣기보다는 믿어야 할 시간입니다. 용서하면 용서받으시는 줄로 믿으시기를 원합니다. 그 사람을 향하여 복수하지 않고 도리어 하나님의 손에 맡기면 여호와 하나님께서 책임지시고 해결해 주시며 자신은 임마누엘의 복을 금방 회복받게 될 줄로 믿으시기 원합니다.

결국 요셉은 애굽의 종의 신분에서 총리의 신분으로 상승되는 최종적인 회복을 얻게 되었음을 기억하시기 바랍니다. 그 확실한 증거가 요셉의 완성이신 예수님의 십자가와 부활과 빈 무덤입니다.

이제 더욱 더 그럼에도 불구하고 그를 용서함과 동시에 하나님의 동행하심을 인식하기에 소유하게 되는 마음과 행동의 변화로 인하여 결국 합력하여 선을 이루게 되었다는 고백을 하는 이들이 많아지기를 진심으로 축원합니다.

▲ 길음역과 기름

마지막으로 우리들이 할 수 있거든 모든 이들과 일들을 용서해야 할 이유 두 가지만 살펴보도록 합니다. 그 첫째는 자신도 모르는 사이에 그 어느 분에게 용서받지 못할 일을 할 수 있는 가능성이 있는 삶을 살고 있기 때문입니다.

어느 날, 지하철에서 생긴 일이라고 합니다. 대입수능을 위하여 학원에서 늦은 시간까지 공부를 하던 학생이 4호선 지하철을 타고 있었습니다. 막차인지라 자리가 많이 비어 있었는데, 그 학생 앞좌석에는 만취한 아저씨가 앉아 주무시고 계셨습니다. 좌우로 쓰러질 듯 흔들거리며 주무시던 그 아저씨는 몽유병 환자처럼 갑자기 잠에서 깨어 나시더니, 앞에 앉은 학생에게 가까이 오라는 손짓을 하였습니다. 그리고 다가온 학생에게 "학생, 이 지하철 기름으로 가는 것 분명하지?"라고 물어 보시는 것이 아닙니까?

그 학생은 '참으로 무식한 아저씨도 다 계시네.' 하는 마음으로 이렇게 대답을 하였습니다. "아니지요 아저씨, 이 지하철은 전기로 가는 것이지요!"라고 말입니다. 그러자 그 아저씨는 갑자기 술이 깨신 듯한 표정으로 차창 밖을 몇 번 두리번 거리더니, 다음 역에서 손에서 빠져나가는 장어처럼 재빨리 내리시는 것이었습니다.

그 학생은 참 이해 못할 아저씨도 다 있다는 생각과 함께 계속 앉아 있는데, 이런 안내방송이 들리는 것이 아닙니까? "이번 역은 길음, 길음역입니다. 내리실 분은…" 이번에는 그 학생이 당황하고 말았습니다. 왜냐하면 그 지하철이 막차였기 때문입니다. '아저씨, 길음역에서 내려야 할 아저씨, 지금 어느 곳에서 저를 욕하고 계실 아저씨, 엄청 죄송합니다.'라고 속으로 중얼거리면서 말입니다.

이와 같이 우리들이 살아갈 때, 본의 아니게 상대방에게 피해를 주는 순간이 있을 수 있습니다. 우리들은 결코 완전한 사람들이 아닙니다. 나는 벌써 잊은 지 오래된 일, 이제는 기억조차 없는 일이지만 다른 식구, 혹은 다른 성도에게는 며칠 밤잠을 자지 못하게 한 일이 한두 가지가 아닐 것입니다. 그러므로 용서하는 일에 주저함이 없으므로, 결국 하나님과 사람들에게 용서받을 수 있는 공간을 늘 마련해 놓는 것이 뱀처럼 지혜로운 삶이라고 말씀 드릴 수 있습니다.

▲ 저 일본 놈을 제 엉덩이 위에 올려 주세요!

둘째로는 자신의 잘못된 선입관으로 타인을 판단하고, 잘못된 결론을 내린 후, 자신이 내린 단정을 마치 진실인 것처럼 착각할 가능성이 많기 때문입니다.

어느 날 미국사람, 일본사람, 그리고 한국사람이 함께 아프리카

여행을 하게 되었습니다. 그런데 정글에서 길을 잃어버린 후, 이리 저리 헤매다가 결국 좀 개화된 식인종들에게 붙잡히고 말았습니다. 옛날 같으면 잡아먹힐 뻔한 순간이었지만, 때를 잘 만나 곤장 100대씩을 무단 침입죄로 맞게 되었습니다.

추장은 곤장을 때리기 전, 자신의 소원을 한 가지만 이야기하면 들어 주겠다고 약속하였습니다. 제일 먼저 미국 사람이 "곤장을 치기 전, 저의 엉덩이 위에 방석 7장을 올려 주시면 감사하겠습니다." 라고 말하자, 추장은 미국인의 소원을 들어 주었습니다.

그리고 곤장 100대를 맞기 시작하였습니다. 그러나 그 방석이 너무 얇고 낡아, 70대쯤 맞으니까 방석이 다 찢어져 버리고 말았습니다. 할 수 없이 맨 살에 나머지 30대를 더 맞은 미국인은 결국 실신하고 말았는데, 실신 직전에 이런 말을 남겼습니다. "그래도 나는 개척정신이 뛰어난 민족의 후예야!"

다음은 일본인 차례였습니다. 그는 추장에게 "제 엉덩이와 그 근처에 침대 매트리스 7장을 올려 주시면 감사하겠습니다. 추장님!" 이라는 부탁을 하였고, 그 추장은 약속을 지켰습니다. 아무리 폐기 처분할 매트리스라도 매트리스가 아닙니까? 그래서 그 일본인은 도리어 곤장 맞는 것을 즐기면서 100대를 맞았습니다. 그리고 일어나서, 밝게 웃으면서 이렇게 말하였습니다. "역시 나는 모방의 기술이 뛰어난 민족의 후예란 말이야!"

이제 마지막으로 한국사람이 추장 앞으로 나갔습니다. 그러자 추장은 "자네 소원은 무엇인가?"라고 질문을 하였습니다. 그 때, 한국인은 무엇이라고 대답하였겠습니까? 한국인은 의미 있는 눈웃음을 쓱 지으면서 "저 일본 놈을 제 엉덩이 위에 올려 주시면 고맙겠습니다. 추~장님!"

한일전 축구대회가 있으면 온 나라가 난리법석입니다. '무조건' 그리고 '절대적'으로 일본은 이겨야 한다는 것입니다. 만일 지면 금방 나라가 망할 것 같은 분위기입니다. 무엇 때문일까요? 잘못된 고정관념 때문입니다. 즉 일본 사람들은 다 나쁜 사람들이라는 고정관념이 우리들 속에 도도히 흐르고 있기 때문입니다. 또한 일본 사람들에게는 무조건, 이유 없이 이겨야 한다는 잘못된 진리가 우리들 피 속에 흐르기 때문입니다.

그러나 솔직히 일본인이라고 다 나쁜 사람들은 아닙니다. 일본인들의 각자 인격과 삶을 보면서, 각자를 향한 평가는 달리 내려져야 할 것입니다. 마찬가지입니다. 교회 내에서도 교인의 출신지역, 혹은 직업, 그리고 예배출석 및 교회봉사 유무를 보면서 일방적으로 평가하고 정죄하는 일이 종종 있는데 불행한 일입니다. 다만 이제는 그런 잘못된 고정관념을 등뒤로 던져야 할 때입니다.

이 지상교회에 허물이 없는 성도가 어디 있겠습니까? 그러므로 아름다운 신앙생활은 늘 그 사람의 '냄새는 덮어주고, 향기는 들추어

내어 말하는 판단'이 아닐까 생각합니다. 그리하면 앞으로 주기도문의 용서함과 용서받음의 부분을 암송할 때에도, 지난 날보다는 부끄럽지 않을 것입니다.

3. 우리를 시험에 들게 하지 마시옵고

동전에는 양면이 있듯이, 이 시험이라는 단어에도 두 가지 의미가 담겨 있습니다.

(1) 테스트(test)로서의 시험

그 첫 번째 의미는 '테스트(text)'라는 의미에서의 시험인 것입니다. 성도님은 하나님께서 아브라함의 독자 이삭을 제물로 바치라고 한 명령을 기억하실 것입니다. "그 일 후에 하나님이 아브라함을 시험하시려고"(창 22:1)라는 성구는 우리들에게 테스트의 의미로서의 시험을 보여 주고 있습니다.

즉 하나님께서 아브라함에게 아들을 묶어 각을 떠서 불에 태워 죽이는 비정한 아버지로 만들기 위한 중매인 역할을 하셨다고는 해석할 수 없습니다. 다만 아브라함의 하나님을 향한 충성의 농도와 양과 질을 최종적으로 테스트하기 위함인 것입니다. 이는 마치 사람이 쇠를 특별한 목적에 사용하고자 할 때, 그 쇠가 견디어 내어야 할 중압과 팽력을 이겨낼 수 있는지 검사하는 것과 같습니다.

그러므로 시험이란 하나님께서 어느 사람을 죄악에 빠지게 하여, 결국 비참한 상태로 만들기 위해 사용하시는 도구가 아닙니다. 도리어 더 좋은 믿음, 강철 같은 믿음으로 성장하게 하기 위한 시련이요, 연단인 것입니다. 그러므로 이런 시험을 향한 성도의 자세는 분명하고 확실해야 합니다.

즉 "내 형제들아 너희가 여러 가지 시험을 당하거든 온전히 기쁘게 여기라 이는 너희 믿음의 시련이 인내를 만들어 내는 줄 너희가 앎이라 인내를 온전히 이루라 이는 너희로 온전하고 구비하여 조금도 부족함이 없게 하려 함이라"(약 1:2~4)라는 성경의 언약대로 행하여야 할 것입니다. 다시 말씀드려서 시험의 궁극적인 유익을 미리 예상하며 소망 속에 인내해야 할 것입니다.

그래서 야고보 사도는 시험을 만난 성도들에게 그 시험을 피하지 말고 기쁘게 여기라고 권면하고 있습니다. 그리고 그 믿음의 시련을 끝까지 인내하며 받아들여야 할 것도 권면하고 있습니다. 왜냐하면 신앙의 담력, 권능, 일편단심, 그리고 기쁨은 시험이라는 통로를 통하여 우리들에게 다가오기 때문입니다.

그러므로 시험거리가 곁에 오게 될 때, 이렇게 생각하지 말아야 할 것입니다. '올해는 왜 이리 재수 없는 일이 자주 발생하는가? 그리고 왜 하필이면 나에게만 말이야!' 다만 '이 시험을 믿음으로 안고 인내로 이겨내면 또 무슨 상급, 혹은 능력을 주시려고 이렇게 역사하십니까? 기대가 됩니다. 주여!' 라고 생각하는 은혜를 받아야 합니다.

로버트 슐러 목사님의 글 중에는 이런 내용이 있습니다. "절벽 가까이로 나를 부르셔서 다가갔습니다. 절벽 끝에 더 가까이 오라고 하셔서 더 다가갔습니다. 그랬더니 절벽에 겨우 발을 붙이고 서 있는 나를 절벽 아래로 밀어 버리는 것이었습니다. 물론 나는 그 절벽 아래로 떨어졌습니다. 그런데 나는 그때까지 내가 날 수 있다는 것을 알지 못하였습니다."라고 말입니다.

마찬가지입니다. 우리 하나님께서도 이런 방법으로 우리를 훈련시키고 계십니다. 마치 어미 독수리가 새끼 독수리를 절벽에서 떨어뜨렸다가, 바닥에 떨어질 즈음 그 새끼를 넓은 날개에 받아 살려 주는 것과 같습니다. 이런 훈련이 반복되는 가운데 결국 새끼 독수리는 날개에 힘을 얻고 창공을 힘차게, 그리고 높이 날 수 있는 능력이 생겨 새 중의 왕과 같은 존재가 되는 것입니다(신 32:11~12).

혹시 성도님은 더 이상 피할 수 없는 삶의 벼랑에 서 있지 않습니까? 더 이상 주저하지 마시고 자신에게 날 수 있는 날개가 있음을 아시고 계속 믿음으로 전진하시기 원합니다. 그리하여 독수리같이 믿음의 날개를 활짝 펴시고 푸른 창공을 날아가는 듯한 신앙의 성숙을 맛보시기 원합니다. 또한 이 풍랑으로 인하여 더 빨리 가는 신앙생활과 이제는 웬만한 시험에는 끄떡도 하지 않을 강철 같은 믿음을 선물로 받으시기 원합니다.

그런데 이 시험을 극복하는 구체적인 방법이 있으니 그것은 바로 하나님께서 주시는 지혜인 것을 야고보 사도는 말씀하시고 계십니다. 즉 누구든지 시험을 이길 수 있는 지혜가 부족하거든 모든 사람에게 후히 주시고 꾸짖지 아니하시는 하나님께 구해야 할 것입니다. 그것은 성도의 특권이요, 의무인 것입니다. 만일 오직 믿음으로 구하고 조금도 의심하지 않으면 하나님께서 참된 지혜, 복된 지혜, 그리고 그 시험을 결국에는 이겨낼 수 있는 지혜를 주실 것입니다(약 1:5~6).

그러므로 우리들은 자신에게 지금 임한 그 시험을 이길 수 있는 지혜와 능력이 부족함을 인정하는 겸손이 있어야 합니다. 그리고 시험을 이길 수 있는 참 지혜는 믿음의 기도를 통해서만 주실 줄로 믿고, 평안할 때보다 기도하는 시간과 공간을 더 늘려야 할 것입니다. 특히 이것이 분명 나에게 다가온 시험거리요, 연단거리라고 생각되면 말입니다.

우리 교회에 이성재 전도사님이 계셨습니다. 미국에서 얼마 동안의 신학수업을 받기 위해 유학을 가셨습니다. 그가 유학을 떠날 때에 손에는 비행기표 외에 유학을 위한 물질이 거의 없었습니다. 무모할 정도의 출발이었습니다. 그리고 미국에 들어가자마자, 그는 물질의 시험거리와 싸움을 시작하게 되었습니다. 그런 과정 속에 저에게 보낸 편지를 소개하고자 합니다.

...(중략) 하나님께서 먹이시는 것들만 먹겠다는 결심으로 어떠한 재정적인 여건들을 가지지 않고 미국으로 올 때, 솔직히 마음은 많이 불안하였습니다. 부모님께 걱정하지 말라는 말씀을 드리고 올 때 부모님께서 오히려 더 많이 안타까워 하셨으리라 생각됩니다.

하지만 하나님께서 분명히 예비하셨다면 바로 지금은 앞이 보이지 않으나, 하나님께서 준비하셨을 것을 믿음으로 기도하며 미국에 도착하였습니다. 2001년 12월 1일 미국에 도착하자마자 다음날부터 아르바이트를 시작하였습니다. 아무리 열심히 모아도 학비에는 턱없이 부족하였습니다. 결국 성탄절까지 1500불 정도 모으게 되었고, 공부하는데 필요한 재정은 4500불이었습니다.

그러나 하나님께서 불안해하며 마음 답답해하던 저에게 주셨던 말씀, "너희는 가만히 있어 내가 하나님 됨을 볼지어다..." 믿음의 기도와 간구 가운데 성탄준비를 하고 있는 중이었습니다. 12월 22일 토요일 교회 중고등부 성탄준비를 시키기 위해 일하고 있는 도중에 다운타운에서 교회로 가서 중고등부 아이들 성탄준비시키고 다시 일하는 곳에 가려고 차에 문을 열려 하는데 눈이 조금 쌓인 차 운전석 창에 하얀 카드가 꽂혀져 있었습니다.

운전하면서 카드를 뜯어서 보는데 정말 많이 놀란 것은 "하나님의 능력의 종이 되기를 기도합니다."라는 말과 성탄 메시지와 함께 300불이 들어 있었습니다. 어느 누가 보낸 이름도 없는 이 카드와

돈... 운전해 가면서 하나님께 기도하며 정말 많이 울었습니다. 그리고 성탄절을 지나 송구영신예배를 드리려고 12월 31일에 성도님들과 예배 준비하던 중에 식당에서 한 집사님께서 저를 부르셔서 예배당에서 내려갔었는데, 그 집사님께서 마리아 선교회에서 조금씩 모았다면서 학비에 보탬이 되었으면 한다면서 550불을 주셨습니다.

하나님께서 어떤 모양으로 드려져야할지 두려울 만큼 깊숙이 할 말을 한참동안 잃게 되었습니다. 송구영신예배를 마치고 새벽에 양 집사님 집에 잠시 머문 후, 다음 달 1월 2일날 시카고로 이사할 짐 챙기러 갔었을 때 양 집사님이 흰 봉투를 꺼내서 제게 주면서 이것은 누가 주신 것인데 그 분도 누가 주신지 모르게 주신 것이라면서 주셨습니다.

그 봉투는 이름도 없었고 누가 어떠한 방법으로 주신 것을 알 수 없었습니다. 봉투를 열어보고는 '정말 하나님의 무슨 은혜며 웬 사랑입니까!' 하는 반복되는 외침과 함께 당신의 사랑 앞에 철저히 준비되게 해달라고 기도드릴 수밖에 없었습니다. 그 봉투에는 1500불이 있었습니다. 제가 시카고로 공부와 사역을 하기 위하여 떠나기 불과 몇 시간 전에 하나님께서 모든 것을 채워 주셨습니다.

하나님께서 부족한 제게 넘치는 은혜와 사랑을 덧입혀 주심에 매일 매일 겸손하게 순종하는 삶을 살도록 더욱 노력하려 합니다. 하나님께서 불쌍한 한 사람을 성도답게 만드시기 위해서 긍휼히 여겨

주심에 감사를 드립니다. 최선을 다해 하나님의 나라를 위해 진실되게 복음을 전하는 복음 사역자로 준비되기를 간구합니다.

목사님의 지속적인 사랑과 기도와 지도를 얻기 원합니다. 늘 부족한 저를 위해 기도해 주세요. 중고등부를 맡고 있는데 이민 2세와 1.5세인 이들의 가치관과 신앙에 있어서 혼란이 많은 것을 볼 때, 아직도 부족한 제게 이러한 일들이 맡기어진 것에 더욱 부족함을 많이 느끼게 됩니다.

목사님, 사모님… 사랑합니다… 멀리 떨어져 있다는 것이 이토록 그리움을 쌓이게 하는지 이곳에 와서야 깨닫게 됩니다. 이곳에서 부족하지만 목사님과 인천제2교회를 위하여 기도로 동역하기를 소원합니다.

그럼 평안하십시오.

— 시카고에서 이성재 전도사 —

또한 박찬의 선교사님이라는 분이 계십니다. 그분은 인천에서 잘 나가던 의사이셨습니다. 아내는 약사였기에 돈 문제에 대하여는 거의 해방된 삶을 살던 부부였습니다. 그러던 중, 하나님의 섭리로 예수 그리스도를 구주로 영접하게 되었습니다. 그 은혜와 사랑이 너무나 감사하여 기도하던 중, 부부는 평신도 선교사로 헌신하였습니다.

헌신할 때 어렸던 자녀들이 이제는 대학에 들어갈 나이가 되었습니다. 그리고 하나님의 은혜로 정말로 좋은 대학에 합격하였습니다. 그러나 선교사로 헌신한 지 10여 년이 훨씬 지난 박 선교사님 부부에게 입학금 및 등록금이 예비되었을 리 없었습니다. 고등학교 친구인 그 선교사는 저에게 어느 날 전화를 하였습니다.

"이 목사, 섬기는 교회에는 장학제도가 없는가?" "있지!" "그래, 그러면 내 자식 한 명 혜택을 받을 수 없는지 궁금하여 전화를 했네!" "그래, 그러나 미안하구먼, 우리 교회를 출석하는 학생들에게 주는 장학금인데, 박 선교사 자녀는 우리 교회를 출석하지 않으니 말이야… 그러나 우리 하나님께 같이 기도하자구." "그래, 고맙네…" 그 전화를 끊고 저는 적지 않은 충격에 한참이나 지난날을 돌이켜 보았습니다. '친구들 중에 제일 부요한 편에 속하던 녀석이었는데, 예수님께 헌신한 죄로?'

그러던 어느 날이었습니다. 어느 노(老) 성도님이 저의 사택을 찾아왔습니다. "목사님, 그저 목사님이 필요하다고 생각되는데 사용해 주시면 감사하겠어요."라며 봉투를 놓고 가시기에, 은퇴하신 어르신께서 저의 목회에 동역하고 싶은 마음을 표하시는 것에 그저 감사하였습니다. 아마도 자녀들이 주시는 돈으로 살아가실 것이라는 추측을 하고 있던 노부부였는데 말입니다.

그 일이 있은지 몇 주가 지나지 않은 어느 주일날이었습니다. 그 친구 박 선교사가 청년부 예배설교자로 초청을 받아 우리 교회를 방문하였습니다. 그리고 저의 응접실에서 이런 이야기 보따리를 풀어 놓았습니다. "이 목사, 나 오늘 너무나 하나님께 감사드리네. 자녀의 등록금 문제로 고민하던 내 아내가 약국에 취직하여 약사를 하겠다는 것 아닌가. 물론 그렇게 하면 한 달에 수입이 그리 적지 않기에 자녀의 등록금과 생활비의 많은 부분을 충당할 수 있겠지. 그러나 우리 부부는 기도 끝에 하나님께서 주시는 것으로 자녀를 등록시키기로 결정을 하였어. 정말로 이 물질의 시험을 믿음으로 잘 이겨낼 수 있도록 우리 부부는 특별기도를 계속하였는데, 하나님의 놀라운 응답이 바로 오늘 있었단 말이야.

나를 파송한 교회에 어느 선교사님의 자녀가 우리와 같이 대학에 들어갔는데 등록금 협력공문을 보내온 모양이야. 그래서 당회에서 그 선교사님 자녀의 등록금 일부를 협력하기로 결정하면서 내 자녀도 같이 돕자는 결정을 한 것 있지? 놀랐지? 나는 정말로 협력공문을 당회 앞에 보낸 적이 없었는데 말이야. 150만원을 약속 받았어. 물론 나머지도 등록마감 전에 하나님이 해결해 주실 줄로 믿고 기도하고 있으니 같이 기도해 줘!"

저는 그 날 그 친구에게 어느 노부부 성도가 주신 돈을 봉투에 담아 주었습니다. 이런 말과 함께 말입니다. "박 선교사, 하나님께서 자네의 기도를 들으시고 우리 교인을 사용하셨네. 등록금 나머지 부족한 금액을 우리 교인을 동원하여 채우신 하나님을 찬양하네. 그 성도님의 이름은 이러하니 기도할 때 이름 들어 기도해 주면 좋겠네. 박 선교사..." 지금도 말없이 환히 웃던 그 친구 모습이 선합니다. 그리고 집으로 들어가 아내에게 "봐라, 하나님이 채우시잖아. 만일 자네가 약국에 출근하였다면 이런 극적인 하나님의 개입을 체험할 수는 없었을 걸..." 하며 양말을 힘차게 벗어 던졌을 그 친구를 생각하면서 말입니다.

한 가지 더 말씀을 드리죠. 김 영 선교사님이 계십니다. 20여 년 동안 섬기는 교회 중심으로 보내는 선교사의 사명을 앞장서서 감당하던 브리스길라와 같은 권사님이셨습니다. 믿음이 아니고서는 감당하기 어려운 시험인 남편이 먼저 소천하는 아픔을 겪은 후, 깊은 기도 끝에 하나님께서는 나가는 선교사의 소명과 사명을 주셨습니다. 이사야처럼 거절하기 어려웠던 선교적 강권하심을 인하여 "내가 여기 있나이다 나를 사용하여 주옵소서!"라고 헌신하며 남아프리카 평신도 선교사로 파송받았습니다. 우리 교회에서 말입니다.

그곳에서 흑인 빈민촌 사람들을 위한 급식사역을 시작하였습니다. 솔직히 남자 선교사님들도 선뜻 나서기 어려운 지역이었습니다. 제가 그 현장에 가보고 내심 놀랐던 것은 도시 외곽의 쓰레기 처리장에서 쓰레기를 분류하여 그것을 팔아 생계를 유지하는 분들이 바로 급식대상이었기 때문이었습니다. 아마도 서울 난지도가 쓰레기 처리장이 되었던 그 시절, 그곳에서 최악의 열악한 삶을 살아가던 분들을 기억하면 조금은 이해가 되지 않을까 생각합니다.

　조그마한 동양여자가 얼마나 돈이 많기에 이런 사역을 하는가, 혹은 돈 있는 사람은 당연히 우리들을 위해 먹을 것을 주어야 하는 것이 아닌가 하는 생각을 가지고 있는 분들을 향한 급식사역은 참으로 놀라운 참여를 보이기 시작하였습니다. 예상보다 많은 어린이와 어른 흑인들이 찾아와 그로 인하여 재정적 어려움 속에 빚이 쌓이게 되었습니다. 어느덧 우리나라 돈으로 500만원이 넘는 부채는 더 이상 그 사역을 감당하기 어렵게 만들었습니다.

　막다른 골목 끝으로 몰린 김 선교사님의 기도는 거의 절규에 가까웠습니다. 무시로 기도하였습니다. 어느 날 기도를 하다가 그만 잠이 들었습니다. 그런데 꾼 꿈이 너무나 희한하여서 깨어나 웃고 말았습니다. 자신이 라스베이거스 같은 곳에 가서 슬롯머신을 하고 있는 꿈이었습니다. 너무나 힘이 없어 그냥 옆에 있는 사람들이 하는 것을 보며 기계를 당기고 있는데 갑자기 사람들이 자기 곁으로 몰려들면서 환호를 하는 것이 아닙니까?

　대박이 터진 것이었습니다. 어찌할 바를 모르는 선교사님을 사람들은 환전하는 곳으로 안내하였고 드디어 현금을 받아 쥐게 되었습니다. 그리고 그 돈을 우리나라 화폐로 환산해보니 정확히 500만원이 되는 것이 아닙니까? 놀랍고, 기가 막히고, 멍하여 그저 하나님께 감사하는 것도 잊고 있다보니 잠에서 깨어난 것이었습니다. 꿈이었습니다.

'뭐 이런 꿈도 다 있담! 이 꿈 내용은 누구에게 이야기하기에도 망측한 것이구먼...' 이라고 생각하면서도 '왜 하나님께서 이런 꿈을 주셨을까?' 잠시 묵상을 해 보기도 하였습니다. 그리고 그 꿈을 금방 잊어버리고 말았습니다. 몇 날이 지났을까? 그 날도 감당할 사역이 있어 차량을 운전하다가 연료가 떨어졌으나, 현금이 없어 은행에 약간 남은 돈 액수를 기억하며 현금카드로 돈을 찾았습니다. 그리고 무심코 본 영수증에 적혀 있는 잔액은 선교사님의 눈길과 발길을 오래도록 멈추게 하고 말았습니다.

정확히 500만원이 자신의 통장에 들어와 있는 것이었습니다. 물론 그 누구에게도 송금해 주었다는 전갈을 받은 적은 없었습니다. 그리고 그런 큰 돈을 언뜻 보내 줄 사람은 아무리 기억을 더듬어 보더라도 없었습니다. 그 돈으로 계속 되어지는 급식사역 및 기타 사역을 위하여 요긴하게 사용한 후, 잠시 한국으로 귀국하게 되었는데 그 때 시간을 내어 거래하는 은행을 찾아가 보았습니다.

혹, 그 500만원을 보낸 사람의 이름을 알 수 있을까 하여서 말입니다. 그런데 한국에서는 그런 돈을 보낸 적이 없다는 결과만 나온 것입니다. 불가사의한 일입니다. 왜냐하면 외국 그 어디에도 김 선교사님과 그럴 정도의 친분이 있는 일가친척이나, 성도님이 계시지 않기 때문이었습니다. 그리고 선교현장인 남아프리카에서는 더욱 그럴 사람이 없는 것은, 선교를 시작한 지 채 1년도 되지 않은 상태였기 때문입니다. 제 생각에는 아마도 천사가 송금하지 않았을까 하는 추측뿐입니다. 김 영 선교사님도 그렇게 생각하고 있다고 합니다.

이 세 가지의 이야기를 들은 시기는 제가 주기도문 강해의 이 부분 설교를 준비하던 시기였습니다. 약 2주간에 이 세 종류의 간증을 직접 듣거나, 이메일을 통하여 보게 하신 하나님의 뜻이었습니다. 그것은 바로 시험당할 때 기도하는 것이 참 지혜임을 분명하게 깨닫게 해주는 일이었습니다. 극렬하게 역사하는 시험의 불구덩이에서도 하나님께서 자신에게 맡기신 사명을 충실히 감당하며 여호와께서 해결해 주실 것을 믿는 것이 참 지혜임을 믿어야 할 것입니다.

모든 일들을 온전히 하나님께 맡겨 버리고 그분의 처분만 기다리는 귀한 자녀의 모습을 아버지 하나님께 계속 보여드리는 지혜로운 삶을 추구해야 할 것입니다. 이 시험 속에서 내가 대처할 일과 방법은 오직 기도하는 일밖에 없다는 고백이 기도와 삶으로 입증될 때, 하나님은 직접 우리들의 시험거리를 해결하시기 위해 보좌에서 일어서시는 것입니다.

그 은총과 체험이 우리 모두의 것이 되기를 소원해 봅니다. 그래서 테스트의 의미로서의 시험을 통과한 후, 전화위복의 복과 여호와이레의 은총과 함께 더욱 십자가의 정병과 같은 신앙의 정예요원이 되시기 원합니다. 그래서 이제는 교인의 단계를 넘어 제자의 위치를 선물로 받는 여생이 되셨으면 합니다.

(2) 유혹(temptation)으로서의 시험

"하나님은 악에게 시험을 받지도 아니하시고 친히 아무도 시험하지 아니하시느니라"(약 1:13)라고 야고보 사도가 말씀하시지 않으셨습니까? 그러므로 주님께서 주기도 속에 말씀하신 시험(temptation)은 아버지 하나님께서 주시는 시험이 아닙니다. 그래서 주기도 중, 시험 부분을 이해하기 쉽게 다시 풀어 본다면 "...사탄에 의하여 시험에 빠지지 않게 하여 주옵소서!"라고 할 수 있습니다.

우스개 소리로 이런 이야기가 있지 않습니까? 멀리 기차여행을 하게 되었을 때 못생긴 여자가 옆 좌석에 앉게 되면 "시험에 들게 마옵소서!"라고 하지만, 예쁜 여자가 앉게 되면 속으로 "주여, 뜻대로 하옵소서!"라며 기도한다고 하지 않던가요? 좌우간 이 세상은 각종 시험과 유혹으로 가득 찬 전쟁터와 같습니다. 특히 하나님의 자녀들은 세상 조직과 사람들 뒤에 붙어서 믿는 우리들을 넘어뜨리려는 악한 사탄과의 싸움인 끊임없는 영적 전쟁터에서 생활하고 있는 분들입니다.

그리고 이런 전쟁은 살아 있는 한 매일 계속될 수밖에 없습니다. 그래서 때로는 너무 힘들어 먼저 천국 간 분들이 부러워질 때도 있습니다. 왜냐하면 사악한 사탄의 세력과 손길에 견디다 못해 결국 넘어질 수밖에 없는 자신의 한계성을 잘 알고 있기 때문입니다.

그래서 만일 남성들이 거리에 지나가는 여인들을 보면서 음욕을 품게 되는 순간마다 그 여자들이 임신을 한다면 이 세상은 임신한 여자들로 가득 차고 말 것입니다. 또한 만일 여성들이 사람들과 사귀다가 마음으로 원망과 시기심을 품을 때마다 상대방 사람들이 죽는다면 이 거리와 가정, 그리고 교회 안에는 쌓이는 시체와 썩는 냄새로 가득 차고 말 것입니다.

그러나 우리들이 자신의 한계성을 탓하며 자포자기하기에는 우리들의 위치가 예사롭지 않습니다. 그 이유는 우리들은 하나님의 자녀이기 때문입니다. 그러므로 먼저는 그 사탄이 우리를 시험하는 방법을 유비무환의 마음으로 알아두어야 합니다. 동시에 하나님의 자녀다운 대처방법과 삶의 방식이 있어야 할 것입니다. 먼저 예수님을 광야에서 시험하였던 사탄의 방법들(마 4:1~11)을 살펴보면서 자신을 향한 악한 영의 시험 여부를 확인하도록 합니다.

▲ 자신에게 있는 장점이 때로는 치명적인 약점이 될 수 있습니다.

그 첫째는 우리들 육신생활의 약점을 놓치지 않고 파고 들어오는 시험입니다. 광야 시험을 받으시던 우리 예수님의 육신적인 약점은 배고픔이었습니다. 40일을 주야로 금식기도하신 후의 예수님의 육신은 참으로 피곤하고 시장하셨습니다. 그분은 신성과 함께 온전한 인성을 지니신 인자이셨기 때문입니다. 그 약점을 사탄은 정확히 알고 있었습니다. 그래서 광야의 돌들을 떡덩이로 만들어 보라고 하였습니다.

3일만 금식하여도 몇 백 미터 떨어진 곳에서 풍겨나는 자장면 냄새가 코에 들어오는데, 40일 금식하신 주님께서 떡 이야기를 들으실 때 왜 유혹과 시험이 없으셨겠습니까? 그분은 말씀 한 마디로 넉넉히 광야의 돌들을 가지고 맛있고 쫄깃쫄깃하며, 따뜻한 떡을 만들어 낼 수 있는 창조주이셨으니 더욱 그런 시험에 넘어가시기 쉬운 상태였습니다.

그렇습니다. 사탄, 귀신, 마귀는 우리들의 현재 제일 연약한 부분을 결코 놓치지 않고 파고들려고 합니다. 그 악한 영이 집중적으로 공격하려고 하는 자신의 약점이 무엇인지, 그 누구보다도 본인이 너무나 잘 알고 있습니다.

그런데 주님께서는 맛있는 떡을 만들어 낼 수 있는 능력이 있으셨다는 데에 주목해야 합니다. 왜냐하면 능력도 있고, 배고픈 그때 바로 사탄이 유혹하였기 때문입니다. 마찬가지로 우리 성도들에게도 자신에게 있는 지금의 그 좋은 조건과 환경이 바로 사탄의 주공격 목표임을 깨닫는 지혜가 필요합니다. 즉 돈이 없을 때보다는, 있을 때 그 돈이 약점이 될 수 있습니다. 사탄의 주공격 목표가 될 수 있습니다. 그래서 그 돈을 가지고 하나님의 사역을 위해 사용하기 보다는 엉뚱한 곳에 아낌없이 사용케 하면서 결국 그 믿음마저도 무너지고, 넘어지게 만드는 것입니다.

높은 산허리를 운전할 때 사고율은, 올라갈 때보다는 내려갈 때에 더욱 높다고 합니다. 마찬가지로 명예가 없을 때보다는 명예가 있을 때, 사업이 성공의 길로 달릴 때, 가정이 평안할 때, 자녀들이 잘될 때, 교회에서 인정을 받으며 직분을 임직받게 될 때, 약할 때보다는 건강할 때, 그 장점들과 호조건이 바로 사탄이 볼 때에는 교묘하게 사용할 수 있는 약점이요, 도구가 될 수도 있다는 것을 명심해야 할 것입니다.

그래서 우리 자신에게는 장점이나, 사탄이 이용하고자 할 때에는 단점이 될 수 있는 그것으로 우리를 결국 하나님과 사람들 앞에서 교만하게 만듭니다. 때로는 판단을 흐리게 합니다. 혹은 잘못된 이성관계에 빠지게 합니다. 특히 주일을 성수하지 못할 정도로 바쁘게 만듭니다. 즉 주일예배를 드리지 못할 정도의 바쁨은 나쁨의 원인이 될 수 있습니다. 또한 교회봉사를 등한하게 하며, 교회의 일들은 할 일 없는 사람들의 하는 짓이라고 단정짓게 만듭니다. 그래서 대사도 바울은 선 줄로 생각하는 자는 넘어질까 조심하는 것(고전 10:21)이 바로 귀한 경건이요, 유비무환의 신앙이라고 권면하고 있습니다.

특히 예수님께서 넘어질 수밖에 없는 시험 가운데에서 승리하신 제일 큰 원인은 바로 성경말씀을 적용하는 것이었습니다. "사람이 떡으로만 살 것이 아니요 하나님의 입으로부터 나오는 모든 말씀으로 살 것이라(마 4:4)." 즉 예수님께서는 떡만 강조하며, 지금 상황으로서는 떡이야말로 신뢰하고 의지해야 할 첫번째 대상임을 말하는 사탄에게 떡이라는 양식의 필요성을 부인하지는 않으셨습니다.

그러나 사람에게 떡보다 더 필요하고 의지해야 할 것은 생명의 근원이신 하나님의 말씀임을 구약성경을 인용하여 강하게 증거하자(신 8:3), 사탄은 더 이상 그 문제로 주님을 괴롭힐 수 없었습니다. 즉 말씀 앞에 무릎을 꿇고 만 것입니다. 왜냐하면 실로 하나님의 말씀은 성령의 검으로서 마귀의 공격을 물리칠 수 있는 중요한 무기이기 때문입니다(엡 6:17).

또한 마귀의 유혹을 물리치는 도구로서 말씀만큼 귀한 무기가 있으니 바로 기도입니다. 왜냐하면 성도님의 장점을 악용하려는 이 마귀의 유혹은 끈질기고, 치밀하며, 때로는 떼로 공격하여 자신의 힘만으로는 물리치기 어렵기 때문입니다. 즉 돌로 떡을 만들 수 있는 예수님께 결국 떡을 만들게 하여 자신의 말에 복종케 하며, 자신의 뜻에 무릎 꿇게 만들려는 사단의 역사는 지금 우리에게도 어김없이 임하고 있습니다.

그래서 기도, 찬송, 전도 잘한다는 장점을 이용하여 그 성도를 결국 넘어지게 만들려는 마귀의 역사가 있습니다. 돈이 다른 성도들보다 더 많으므로, 혹은 세상의 지위가 더 높으므로, 또한 다른 성도 가정보다 남편, 자식이 더 잘 되고 있다는 장점을 이용하여 그를 구역과 교회에 거침돌이 되게 하려는 사탄의 역사가 지금도 있습니다.

때로는 자신의 연령보다 젊게 보이는 장점이, 혹은 다른 이들보다 좀 더 잘생겼다는 미남, 미녀 성도이기 때문에 그 장점을 이용하여 넘어지게 하는 일을 자행하며, 그로 인하여 많은 성도들에게도 낙심과 실망을 주게 만드는 사탄의 역사가 지금도 진행되고 있음을 영분별의 은사가 조금이라도 있는 분은 볼 수 있고 또한 느낄 수 있는 것입니다. 물론 이렇게 우리들의 신앙생활을 혼미케 하거나, 무너뜨리려는 마귀는 예수님께서 십자가상에서 대속의 죽임을 당하시므로 독이 빠진 뱀 같은 처지가 되고 말았으나(창 3:15), 그럼에도 우리들의 천성적이요, 생득적인 능력으로 물리치기에는 역부족한 대상임을 부인할 수 없습니다.

그래서 주기도문을 알려 주신 주님께서 우리들에게 악에서 구해달라고 기도하는 것이 중요한 기도내용임을 강조하셨던 것입니다. 한 번 조폭세계에 들어가면 다시 나온다는 것은 죽음만큼 힘이 든다는 것입니다. 또한 한 번 돈 문제로 인하여 사창가에 팔려간 자매가 그 조직에서 탈출한다는 것은 과감히 목숨을 걸어야 할 문제인 것을 아시고 있지 않습니까?

마찬가지로 자신에게 있는 이 겨자씨만한 믿음, 또한 이 정도의 주일출석의 작은 경건이라도 무너뜨리려는 악한 역사가 얼마나 강렬하였으면 시편기자는 "여호와여 나의 대적이 어찌 그리 많은지요 일어나 나를 치는 자가 많으니이다"(시 3:1)라고 고백하였을까요? 또한 "여호와여 나와 다투는 자와 다투시고 나와 싸우는 자와 싸우소서"(시 35:1)라고 탄식하듯이 기도하겠습니까?

그러므로 성도들은 날마다 기도해야 합니다. 이 마귀와의 영적 전쟁에서 승리하기 위하여 기도해야 합니다. 마귀의 특별한 유혹이거든 시간과 장소, 그리고 그 기도제목을 가지고 작정기도를 해야 합니다. 한두 번 기도해서 안 될 것 같으면 금식기도를 해서라도 벗어나야 합니다. 동시에 기도한 것만큼 나를 넘어뜨리려고 자주 이끌어가는 그 장소, 사람, 모임에서 멀어지거나 끊어지고자 하는 행함의 결단이 있어야 합니다. 기도하시면 그런 능력을 주십니다. 구하면 분명히 받을 것입니다.

이제부터라도 아무것도 염려하지 말고 다만 모든 일에 기도와 간구로 구할 것을 감사함으로 하나님께 아뢰시기를 원합니다. 그리하면 모든 지각에 뛰어난 하나님의 평강이 그리스도 예수 안에서 먼저는 우리들의 마음과 생각을 지켜 주실 것입니다. 그런 은혜가 기도하는 가운데 임하면 지금 내가 자주 가는 그 곳, 자주 만나는 그 사람 자체가 나쁜 것이 아니요, 사탄이 그 곳, 그 사람을 통하여 나의 지금의 믿음과 교회 직분, 그리고 가족의 한 사람으로서 합당한 삶을 파괴하려고 작당하고 있음을 끔찍한 마음으로 깨닫게 될 것입니다.

그 때에는 참새가 그물에서 빠져 나오기를 간절히 원하듯이, 노루가 사냥꾼의 총에서 벗어나기를 몸서리치며 원하듯이, 그 일, 그 장소, 그 사람과 이제는 자원하여 헤어지게 될 것입니다. 멀어지게 될 것이요, 끊어지게 될 것이요, 어느덧 교회 공동체의 일원으로 깊이 동역하고 있는 자신을 발견하게 될 것입니다.

그리하여 주님과 교회를 향한 처음 사랑이 회복된 자신을 발견하게 될 것입니다. 드디어 이제는 악령이 아니요, 성령님께서 자신을 인도, 주관, 통제, 명령, 위로, 축복하고 계심을 간증하게 될 것입니다. 이 하나님의 언약이 말씀과 기도로 영적 전쟁을 치르면서 자신에게 이루어지고 있음을 경험하시기를 진심으로 축원합니다.

▲ 냉면 권사, 갈비 장로가 되고자 하지 마세요

둘째로는 예수님을 향하여 마음의 허영을 갖게 하는 마귀의 시험입니다. 40주야를 음식을 잡수지 않으시고 결행하셨던 예수님의 금식의 목적은 무엇이었을까요? 그것은 아버지 하나님께서 자신에게 부여한 사명을 감당하기 위한 권능을 받고자 하는 것이었습니다. 그래서 40일 동안 우리 주님께서 매일 드셨던 양식이 있었다면 십자가 대속의 죽음이었습니다. 매일 드셨던 음료가 있었다면 세상, 사탄, 죽음권세를 이기시고 삼일만에 부활하시는 것이었습니다.

그렇게 금식을 성공적으로 마치시고 공생애를 시작하려는 예수님을 사탄은 거룩한 성으로 데리고 가서 성전 꼭대기에 세웠습니다(마 4:5). 어떻게 마귀가 예수님을 자기 마음대로 데리고 다닐 수 있는 것입니까? 마귀에게 욥을 시험할 수 있는 권한을 일시적으로 허락하셨던 하나님(욥 1:9~12)께서 지금 그 악한 영에게 예수님을 시험할 수 있는 기회를 단회적으로 허락해 주셨기 때문인 것입니다. 아마도 주님은 그 일로 인하여 더욱 마음의 괴로움과 아픔을 당하게 되셨을 것입니다. 그분은 신성과 동시에 철저히 우리들과 같은 인성을 지니신 인자이셨기 때문입니다.

마찬가지입니다. 혹 성도님께서 지금 자신에게 일어나고 있는 그 일이, 하나님께서 사탄에게 그 일을 허락하시지 아니하고서는 도저히 이루어질 수 없는 현실이라는 확신이 있거든 낙심하지 마시기 원합니다. 그 시험은 하나님께서 성도님을 결국 넘어뜨려 멸망케 하기 위하여 사탄에게 허락한 것이 아니요, 그 시험 중에도 여전히 하나님 중심, 교회 중심, 성경 중심의 신앙을 지키면 도리어 갑절의 은혜와 복을 받아 전화위복을 체험케 될 연단인 줄로 믿으시기 원합니다(욥 42:10).

이제 성전 꼭대기로 주님을 데리고 간 그 마귀는 "네가 만일 하나님의 아들이어든 뛰어내리라"(마 4:6)며 유혹을 하였습니다. "그가 너를 위하여 그의 천사들을 명령하사 네 모든 길에서 너를 지키게 하심이라 그들이 그들의 손으로 너를 붙들어 발이 돌에 부딪히지 아니하게 하리로다"(시 91:11~12).

놀랍습니다. 마귀가 교묘하게도 구약성경을 인용하여 시험하기 때문입니다. 왜냐하면 하나님의 말씀을 끄집어내어 권면하고 강권하면, 예수님을 넘어뜨릴 수 있다는 확신이 있었기 때문이었습니다.

특히 그 당시 유대인들은 오실 메시아에 대한 기대와 확증을 그가 행할 표적과 이적으로 확인하기를 원하고 있다는 것을 마귀는 잘 알고 있었습니다(행 8:9). 그러므로 유대인 예수를 향하여 이 높은 곳에서 안전하게 뛰어 내리므로 자신이 메시아임을 증명하여 온 천하와 민족들에게 인정을 받을 수 있는 좋은 기회를 놓치지 말 것을 강하게 권면하고 있는 것입니다. 아니, 마치 자신이 주님을 해하려 하는 것이 아니요, 도리어 예수님의 처지와 성공을 도와주려는 동역자처럼 교묘히 역사하고 있는 것이었습니다.

그리하여 예수님 마음속에 헛된 영화와 허영적 명예심을 집어넣으려는 시험이었습니다. 이런 시험은 예수님 제자의 길을 걸었던 과거 믿음의 선진들과 현재 우리들에게도 찾아오고 있습니다. 그래서 과거 초기 교부들, 종교개혁자들, 그리고 청교도들이 멀리 하면 멀리 할수록 유익한 신앙생활을 할 수 있는 원동력이 될 것으로 단정한 치명적인 일곱 가지 죄의 목록을 아시고 계시는지요? 그것은 '자만, 시기, 분노, 게으름, 탐욕, 폭식, 그리고 정욕' 이었습니다. 이 모든 죄악들은 물론 마음의 헛된 영화를 기초로 하여 이루어지는 죄악들입니다.

또한 비록 마하트마 간디의 삶이 우리 주님께 중심을 두고 있지 않았으나, 그가 말하는 일곱 가지의 치명적인 죄의 목록도 눈여겨 보면 자신에게 유익할 것 같습니다. 그것은 '일하지 않고 얻는 부요함, 양심이 없는 쾌락, 성품이 없는 지식, 도덕성이 없는 상업, 인간성이 없는 과학, 희생이 없는 예배, 그리고 원리가 없는 정치'인 것입니다. 이런 죄악들 역시 그 근원지는 바로 마음의 허영인 것이 분명합니다.

이런 치명적인 죄악의 역사가 바로 다른 사람들이 아니요, 바로 기독교인이요 하나님의 자녀를 자처하는 우리들에게 사단의 간교한 장난으로 인하여 임할 수 있습니다. 그리고 우리 안에 이미 자리해 있을 수도 있습니다. 마치 헛된 영화와 욕심이 마음에 강하게 들어온 가룟 유다가 그런 역사에 휘말렸듯이 말입니다. 그래서 악한 영의 도구가 되었듯이 말입니다.

이와 같이 현대교회 교인들의 마음에 있는 허영심을 채워서 우리들을 자신의 도구로 사용하려는 마귀의 여러 가지 악한 역사 중 한 가지 방법이 바로 임직 투표입니다. 한국 장로교회는 전통적으로 장로님과 권사님을 교인들의 투표로 피택하고 있습니다. 그래서 일부 교회에서는 장로 및 권사투표가 있기 전에 이상한 일들이 벌어지게 되고, 결국 갈비 장로님 또는 냉면 권사님들이 만들어지고 있다고 합니다. (갈비 장로, 냉면 권사가 무슨 뜻인지 아직도 잘 모르겠다면 아마도 저처럼 지능지수가 두 자리 수의 교인이 아닐까 추측해 봅니다.)

그런데 서울 영락교회(담임목사 이철신)에서는 2001년 부활절을 앞두고 교회 내부에서 발생한 문제에 대하여 회개하는 21일 간의 새벽기도회를 개최하여 교계 안팎에 신선한 충격을 주었습니다. 영락교회는 3월 26일부터 부활절인 4월 15일까지 매일 새벽 6시에 '회개와 영적 회복을 위한 전교인 기도회'를 개최하였습니다. 그 기도회는 3월에 열린 교회 내 장로, 안수집사 선거가 향응 제공 등의 물의를 일으키면서 시작되었습니다.

즉 영락교회는 지난 3월 11일에 장로님 12명, 안수집사님 24명을 뽑는 2차 선거를 열려고 했으나, 개표 도중 일부 후보들이 선거 기간에 식사대접 등 향응을 베풀어 물의를 빚은데 대한 논란이 일어나 격론이 벌어지자 선거를 중단하였으며 담임목사는 결국 선거무효를 선언하게 되었던 것이었습니다.

그래서 영락교회는 이 같은 세속화된 모습을 회개하고 영적인 순수성과 믿음을 회복하고 나라와 교회를 위한 21일간 다니엘의 새벽 기도회를 갖기로 결정하였습니다. 그 기도회는 매일 약 1,500여명이 참석하는 큰 모임이 되었습니다. 그 기도회가 너무나 귀한 모임이었던 까닭은 현대교회가 교회 내부의 문제에 대하여 솔직히 반성하는 기도회를 개최하는 일이 그리 흔하지 않았기 때문입니다.

그 결과 극한 대치상황으로 내몰리게 될 뻔하였던 교회는 안정을 되찾기 시작하였습니다. 교회를 흔드는 악한 여우, 사탄의 역사는 물러갔고 다시 하나 되게 하시는 성령의 역사가 이슬비처럼 임재하는 은총을 체험하게 된 것입니다.

잘못된 것을 하나님과 교회 앞에 회개하는 모습은 순수하고 아름다운 것입니다. 그리고 회개한 흔적이 분명한 성도를 다시 얼싸 안고 품어주는 사랑이 있는 곳이 바로 교회공동체일 것입니다. 이런 영락교회의 모습을 아버지 하나님께서 얼마나 기뻐하실까 생각하며 그런 모습이 한국교회를 향한 긍정적인 면에서의 전염병이 되기를 소원해 봅니다.

그러나 만일 한 번 해병은 영원한 해병이듯이, 과거 한 번 실수하였으나 회개한 흔적이 분명한 성도를 영원히 이방인처럼 취급한다면 교회가 아닐 것입니다. 또한 그런 성도는 성도가 아닐 것입니다. 즉 몇 년 전 일이 아니라, 수십 년이 지나 그 성도의 과거도, 그가 자기보다 좋은 직분이나 많은 칭찬을 받게 되면 "아니, 옛날 그 때 그런 일을 했던 성도에게 그런 직분을 맡겨도 되는 건가?"라고 침을 튀기며 비난하는 성도들이 바로 성도님이 다니고 있는 교회현실입니까?

빨리 회개기도하지 아니하면 자신이 비판하고 있는 그 성도의 일을 자신이나, 자기 자식이 결국 똑같이 행할 수 있다는 것을 성경이 예언하고 있습니다. 즉 "그러므로 남을 판단하는 사람아, 누구를 막론하고 네가 핑계하지 못할 것은 남을 판단하는 것으로 네가 너를 정죄함이니 판단하는 네가 같은 일을 행함이니라"(롬 2:1).

그러므로 성도 서로에게 이런 아픔이 없도록 하기 위하여 교회 및 총회 내에서 '제비뽑기 선거'를 주장하는 이들이 설득력을 가지는 것 같습니다. 저의 동창 중에 박광재 목사님이 계십니다. 그 분은 총회 및 교회선거를 성경이 말씀하시는 대로 제비뽑기로 해야 한다(행 2:23~26)는 주장에 몸을 던진 목사님이십니다. 어느 월요일에 그 분 교회를 방문하였더니 강대상 앞면에 이런 표어가 부착되어 있었습니다. "오직 믿음, 오직 말씀, 오직 은혜, 오직 제비."

만일 한국교회가 이제라도 '오직 제비뽑기'를 교회와 총회선거 때 실시한다면 갈비장로님, 냉면권사님들이 온전히 사라지게 될 것입니다. 그리고 총회 및 교회선거로 인한 많은 아픔이 치유될 것이 확실합니다. 그 박 목사님이 시무하는 교회의 강대상이 지금 다시 생각납니다. "오직 제비!"

▲ 하나님의 말씀은 활자가 아닙니다, 능력입니다.

그 외에 섬기기보다는 섬김 받기를 원하는 마음, 대접하기보다는 대접받기 원하는 마음, 주님을 위하여 사용받기 보다는 예수님을 자신의 목적을 위하여 선용하고 싶은 마음, 또한 주님의 몸 된 교회를 위하여 희생하기를 작정하는 마음보다는 나의 공로와 노력, 그리고 희생을 목사 및 성도들이 몰라주고 있기에 낙심된다는 헛된 허영심이 내게 들어온 것을 그 누구는 몰라도 분명, 자기 자신들은 알고 있습니다. 그런 자신을 보면서 새롭게 결단하며 다시 잡아야 할 영적 무기가 있습니다.

그것은 우리 주님께서는 헛된 허영심을 키우는 사단의 악한 작전을 오직 하나님의 말씀으로 물리치셨다는 것입니다. "또 기록되었으되 주 너의 하나님을 시험치 말라 하였느니라"(신 6:16, 출

17:1~7). 아멘! 특히 마귀의 계략이 담긴 말 중에, "하나님의 아들이어든"이라는 가정을 눈여겨 보아야 합니다.

왜냐하면 그 악한 영은 예수님이 하나님의 아들이심을 뻔히 알면서도 가정법을 사용하면서 유혹하고 있기 때문입니다. 마치 우리 교회가 대체로 좋은 소문이 난 교회라는 것을 너무나 정확히 알고 있는 어느 교회 성도가 "집사님의 교회가 좋은 교회이거든, 그것을 증명해 보시지!"라는 사람의 시험과 같은 것입니다.

그럴 때에 그 성도에게 자세히 설명할 이유가 없습니다. 그리고 그런 설명을 한 후, 헛된 자부심을 키울 필요도 없습니다. 다만 "다 아시면서 뭘 그래요! 한 번 기회가 되어지면 우리 교회 예배를 참석해 보세요!"라고 대답하면 되는 것입니다. 마찬가지입니다. 예수님이 성전에서 뛰어 내려 하나님의 아들임을 증명할 필요가 없는 것입니다. 즉 마귀의 말에 순종할 필요가 없는 것입니다. 다만 하나님에 대하여는 순종하는 삶이 중요한 것이지, 자신이 구주로 이 땅에 보냄 받은 분이심을 증명할 필요는 없다고 단호히 대답하시자, 마귀는 물러가고 말았습니다.

이와 같이 우리들 안에 있는 사탄이 주는 헛된 영광, 영화, 즉 교회 안에 들어와서까지 자신과 자기 가정의 우월성을 증명해 보려고 하는 시도를 파괴해 버릴 수 있는 강력한 다이너마이트가 있다면 오직 하나님의 말씀입니다.

또한 "세상의 헛된 신을 버리고 하나님 이름 높여 기리세 온 천하 백성 모두 나와서 다같이 하나님만 섬기세 세상의 헛된 우상 버리고 인간의 모든 부귀영화와 거짓과 불의 모두 버리고 온전히 하나님만 섬기세 주님의 백성 서로 헤아려 시기와 미움 아주 버리고 하나님만을 홀로 섬기는 천국을 어서 이뤄 줍소서."(찬송 322장)라는 찬송이 자신의 교회생활의 간증이 되는 삶을 살아갈 수 있는 비결도 역시 하나님의 말씀인 것입니다.

왜냐하면 "하나님의 말씀은 살아있고 활력이 있어 좌우에 날선 어떤 검보다도 예리하여 혼과 영과 및 관절과 골수를 찔러 쪼개기까지 하며 또 마음의 생각과 뜻을 감찰하나니"(히 4:12)라고 히브리서 기자는 말씀하고 있기 때문입니다.

이 말씀 중에 "찔러 쪼갠다"는 뜻은 하나님의 말씀이 우리들 깊은 내면 세계를 꿰뚫어 악하고 헛된 생각과 계획뿐 아니라, 잠재된 의식까지 들추어내어 바로 잡게 하는 능력이 있다는 것입니다. 특히 "감찰한다"는 말은 법정용어로서 '판단한다'는 의미입니다. 즉 하나님의 말씀은 우리들의 가장 깊은 곳까지 판단하며, 또한 헛된 욕심과 다툼을 버리고 오직 하나님께 영광, 교회에 기쁨과 유익이 되어 살아가기를 원하는가의 여부를 판단하여, 우리를 향한 상급과 징계여부를 결정한다는 것입니다.

그러므로 이 예언의 말씀인 성경을 읽는 자와 듣는 자들과 그 가운데 기록한 것을 지키는 자들이 결국 복이 있는 것(계 1:3상)입니다. 바로 그들이 사단을 이길 수 있는 승리자인 성도인 것입니다. 분명, 주님 재림의 때가 가까워지고 있습니다(계 1:3하). 말세지말이 다가올수록 사단은 할 수 있거든 믿는 우리들까지 넘어지도록 역사하고 있는데, 그 궤계에 넘어진 소문들이 각 교회, 성도들을 통하여 들려오고 있습니다. 이럴 때일수록 그 사특한 영에 대한 방어 및 공격용 무기는 오직 말씀의 검인 것을 믿는 성도들이 되시기 원합니다.

기도와 순종, 그리고 순종과 기도의 두 수레바퀴를 잘 굴려서 하나님께 인정받고, 교회에서 충성된 일꾼 되시며 악령이 아닌 성령의 이끌림을 받으며, 자신의 영혼과 육신, 그리고 현세와 내세의 삶을 구원의 길로 인도해 주시는 하나님과 그의 몸된 교회를 위하여 신앙생활하는 증거를 교회의 후진과 가정의 자손들에게 보여드리는 나실인의 삶을 살아가시기를 원합니다. 하나님의 말씀은 활자가 아닙니다. 자신을 통하여 하나님을 시험케 하려는 마귀의 권세를 이기고 승리를 그분께 바칠 수 있는 능력입니다.

마지막 세 번째 예수님을 향한 마귀의 시험 내용입니다. 그것은 주님을 향한 마귀의 점진적 시험의 결정판이었습니다. 즉 신앙적인 시험인 것이었습니다. 그래서 마귀는 예수님을 이끌고 지극히 높은 산으로 가서 천하 만국과 그 영광을 보여 주면서 이렇게 유혹을 하였습니다. "만일 내게 엎드려 경배하면 이 모든 것을 네게 주리라."

"경배한다"란 말은 절대자를 향한 종교적 숭배와 예배를 의미하며, 동시에 꿇어 엎드리는 동양적인 의미를 포함하고 있습니다. 그런데 마귀에게 주님께서 천하만물을 얻기 위해 그런 경배를 해야 한단 말입니까? 그 마귀는 이 세상 창조주도 아닙니다. 또한 지금 이 땅에서 일어나고 있는 모든 일들을 섭리하는 섭리주도 아닙니다. 물론 종말론적인 왕국의 새 하늘과 새 땅의 통치자는 더욱 아닙니다.

그저 잠시 행사하고 있는 지금의 그 능력과 세력도 극히 시간과 공간적으로 제한되어 있는 존재일 뿐입니다. 그리고 곧 멸망되어 무저갱의 세계로 빠져 영원히 저주받을 수밖에 없는 존재입니다. 그런 마귀가 자기에게 절하면 이 세상의 모든 권한과 능력을 다 주겠다고 약속하고 있습니다. 즉 이 천하 만국의 왕으로서 등극하는 기회를 주겠다는 것입니다.

이런 마귀 유혹의 최종적인 목적은 예수님을 자신의 수하로 두어, 그 주님에게 언약된 천하 만국의 왕으로서의 영광을 자신의 것으로 만들고자 하는 것이었습니다. 이는 마치 힘든 사냥이 끝나면, 사냥개를 잡아먹겠다는 야욕과 버금가는 더러운 간계였습니다.

이런 유혹은 예수님뿐 아니라, 지금도 그 주님의 제자들인 우리들에게까지 어김없이 다가오고 있습니다. 즉 세상 속에서의 신앙적인 유혹인 것입니다. 하나님만을 경배하는 것도 좋지만, 내 말을 한 번 들어 보라고 유혹하고 있습니다. 하나님 말씀대로 사는 것도 좋지만, 그렇게 해서는 이 험한 세상에서 처자식을 먹여 살릴 수 없을 것이라고 유혹하고 있습니다. 당신만 유달리 그렇게 믿고 있는 것이지, 내가 만난 교회 다니는 다른 사람들은 다 합리적으로 살아가고 있으니 유별나게 그러지 말라고 유혹합니다.

그러므로 우리 믿는 사람들에게 이 세상은 마치 지뢰밭과 같습니다. 마귀가 이 곳, 저 곳, 특히 자주 갈 수밖에 없고, 어쩔 수 없이 자주 만날 수밖에 없는 사람들 곁에 지뢰를 묻어 놨습니다. 우리 성도들이 조금만 믿음의 발을 잘못 딛거나, 신앙의 눈을 잘못 두면 여지없이, 그리고 어김없이 터질 수 있도록 말입니다.

이 시험과 유혹의 지뢰밭 속에서 큰 어려움 없이 늘 즐겁게 신앙생활을 하겠다는 것은 마치 모든 것이 귀찮아 죽어버리겠다는 것과 같은 어리석은 생각입니다. 즉 무덤으로 빨리 들어가고 싶다는 말과 일맥상통하는 것입니다. 그러므로 시험거리와 유혹이 없기를 바라기보다는 그 시험과 유혹을 정면으로 돌파하는 영권을 사모해야 합니다. 정당하지 못한 돈이 우리들에게 한 번만 절해 보라고 하기 때문입니다. 불의한 권력, 명예가 지금도 한 번만 경배해 보라고 속삭이기 때문입니다. 한 달에 네 번의 일요일 중, 한 번만 내게 바쳐보라고 유혹하고 있기 때문입니다. 평생하는 교회봉사인데, 한 해만 내게 선물해 보는 것은 어떠냐고 시험하고 있기 때문입니다.

그 외에 지나친 술, 담배, 마약, 화투, 거짓말, 취미활동 및 잘못된

이성관계를 미화시키는 각종 드라마와 영화를 통하여 그런 주인공
이 되어보고 싶은 환상, 혹은 그런 관계로 발전된 자신의 현실을 정
당하게 여기도록 역사하기 때문입니다. 이와 같이 우리 신앙인들에
게 아침에 눈만 뜨면 믿음생활을 무너뜨리거나 떠나게 할 엄청난 지
뢰밭이 기다리고 있습니다.

▲ 예수의 이름으로 명하노니 사탄아 물러가라!

이런 악한 역사를 이기며, 승리자의 신앙생활을 하기 위해서
는 오직 주님의 대처방법을 따르는 것밖에 없습니다. "사탄아 물
러가라 기록되었으되 주 너의 하나님께 경배하고 다만 그를 섬기
라!"(마 4:10)고 말입니다. 그리고 이 말씀 속에서 우리들이 발견
할 수 있는 대처방법은 무엇입니까? 결코 더 이상 사탄과 머리를
맞대고 협상이나, 타협할 가치가 없다는 단호하고 결의에 찬 결단
과 행동입니다.

다시 말씀드려서, 대적자인 사탄(마 12:26, 막 3:23, 눅 22:3,
요 13:27)이 하나님께만 드릴 경배와 찬양생활을 흔들리게 하며,
동시에 하나님의 권위까지 침범해 오자 거룩한 분노가 예수님의 입
에서 터져 나오는 것을 발견하게 됩니다. 예수님은 그 순간, 자신
의 사견을 한 마디도 말씀하시지 않았습니다. 다만 기록된 말씀, 즉

"주 너의 하나님께 경배하고 다만 그를 섬기라!"는 말씀으로 물리치셨습니다.

그러자 더 이상 마귀는 예수님을 괴롭힐 수 없었습니다. 할 수 없이 마귀는 패배자로서의 힘없는 뒷모습을 보이면서 예수님을 떠나가고 말았고, 천사들이 나아와서 주님을 수종드는 복된 장면을 볼 수 있지 않습니까?(마 4:11) 그러므로 우리들도 주님의 제자들로서 마귀의 유혹과 시험을 향하여 하나님의 말씀으로 이겨내는 훈련을 받아야 합니다.

특히 그 무엇보다도 그 악의 영은 예수님의 이름을 싫어할 것입니다. "예수의 이름으로 명하노니 마귀, 사탄아 물러가라!" "오직 하나님께 경배하고 그분만 섬기고자 하는 나를 괴롭히는 악한 영아, 내가 예수의 이름으로 명하노니 물러가라!"며 예수님의 이름을 앞장세우는 성도, 또한 이미 받은 하나님의 말씀대로 하나님만 선택의 최우선 순위에 두고자 하는 성도 앞에서 마귀는 힘을 잃어버릴 것입니다. 한 길로 왔다가 일곱 길로 혼비백산하여 도망하게 될 것입니다.

작은 이야기 같으나 결코 작지 않은 이야기 한 가지를 들려드리고자 합니다. 예수님을 영접한 후, 그분의 이름을 높이며, 하나님 말씀대로 살려고 하던 어느 조선족 자매의 이야기입니다. 그 자매는 1992년 한국과 중국이 수교하므로 백두산 관광단이 밀물처럼 밀려

올 때 관광가이드를 하던 자매였습니다.

백두산 정상에서 자기를 위하여 눈물로 기도해 주던 목사님, 장로님들의 기도 소리에 아멘이란 뜻이 무엇인지도 모르며 "아멘!"하였던 자매였습니다. 또한 그 관광객들 중 한 분이 "평신도"란 깃발을 들고 있기에 '아! 남조선에는 황해도, 함경북도, 평안남도처럼 평신도라는 지역이 있는 모양이구나!' 하고 생각하였던 자매였습니다.

그 일행 중 한 분이 자기를 삼촌이라고 부르라고 하며 접근해 올 때 관광객을 가장한 정보원인 줄 알고 피하기를 계속하였는데, 떠날 때 성경책이라는 것을 선물로 주길래 평생 처음으로 성경을 손에 쥐게 되었던 자매였습니다. 그 후 중국에 와서 고아와 노인들을 위하여 좋은 일을 하시는 어느 한국 사장님의 선행에 감동되어 그를 작은 삼촌처럼 따르게 되었습니다.

그 후, 그 자매는 큰 삼촌, 작은 삼촌들이 한국의 목사님들이라는 것을 알고 깜짝 놀라기도 하였으나 하나님의 은혜로 예수님을 구주로 영접하여 하나님의 자녀가 되었고, 인천 남동공단으로 입국하여 일을 하며 돈을 벌게 되었습니다. 그리고 자기를 보며 "떼놈! 떼놈!"하는 한국직원들이 너무나 싫었으나, 자기도 조선족으로서 중국에서 한족들을 향하여 "떼놈!"이라고 하던 때를 생각하며 이겨내었습니다.

그러던 어느 날 선한 분을 만나 국비장학생으로 대학에서 공부할 길이 열릴 것 같아 교육위원회를 찾아갔더니 담당 직원께서 이렇게 농담처럼 말씀하시더라는 것입니다. "아가씨, 일이 잘되어 국비 장학생이 되면 나한테 술 한잔 사주겠나?"라고 말입니다.

그 순간, 이 곳은 한국이라는 생각이 들었습니다. 중국에서는 신변의 위협과 그 동네 공동체에서 소외될 가능성이 많아 결코 할 수 없었던 신앙적인 고백을 이 곳에서는 할 수 있다는 기쁨에 이렇게 대답을 하였다는 것입니다. "저는 예수 믿는 사람이기에 술을 대접할 수 없습니다. 만일 장학생으로 선발된다면 다른 것으로 대접하면 어떨까요?"

그 한 마디는 결국 그 자매가 국비로 서울에 있는 대학원을 다닐 수 있는 기회를 얻게 되는 지름길이 되었습니다. 왜냐하면 자기는 교회를 다니지 않고 있지만 자신이 평소 존경하는 목사님이 시무하시는 교회를 이 자매가 다니고 있다는 사실을 알게 되었기 때문이었습니다. 지금은 일반 대학을 마치고 신학 대학원을 다니는 그 자매, 이제는 약 10여 년을 중국 선교를 위하여 기도하시던 한국 목사님과 결혼하게 된 그 자매, 모든 공부를 마치면 중국으로 가서 하나님의 복음을 북한까지 선포하기를 기도하고 있는 그 자매는 작은 거인과도 같았습니다.

"나는 예수 믿는 사람이기에..."라는 말을 이방 땅에서, 그 중요한 결정을 해야할 순간에 할 수 있는 것은 믿음입니다. 예수 이름을 높이는 믿음입니다. 오직 하나님만 경외하고 그에게만 경배하겠다는 믿음입니다. 말씀대로 행하다가 어려움을 당해도 조금도 부끄럽지 않고 후회스럽지 않음은 예수님께서 자신을 결국 보호해 주실 것이라는 믿음입니다.

하나님을 높이면 그분께서 그 성도를 높이실 것입니다. 그러나 마귀의 뜻에 순종하면 그 녀석이 그 사람을 악용한 후, 쓸모가 없게 되면 분명히 내어 던져 버릴 것입니다.

4. 다만 악에서 구하시옵소서

때때로 영화나 납량 특집 드라마에 나오는 귀신이 하나도 무섭지 않을 때가 있습니다. 언제 무섭지 않을까요? 달려드는 귀신들 중, 금빛시계를 찬 귀신을 우연히 보게 되면 무섭기보다는 웃음이 터져 나옵니다.

또한 달빛이 희미한 밤에, 관에서 일어나는 귀신이 직각으로 일어나지 못하고 관을 잡고 어그적 거리며 일어날 때, 여자 귀신이 입은 소복이 너무나 커서 소매를 옷핀으로 줄였는데 그 옷핀이 조명에 반짝거리는 것이 보일 때, 주인공을 향하여 달려오다 한 바퀴 도는 순간에 치마 속으로 청바지가 보일 때, 영화 진행 중에는 벽을 뚫고 다니며 신출귀몰하던 귀신이 막상 결정적인 장면에서는 주인공이 문을 닫으니 못 나오며 씩씩댈 때, 그리고 원래 귀신은 얼굴이 창백해야 하는데 거꾸로 매달린 귀신의 피가 얼굴로 몰려 안색이 빨개졌을 때는 폭소를 금하지 않을 수 없습니다.

그런 영화, 혹은 드라마에 나오는 귀신들의 모습은 무섭다기 보다는 우습다는 생각을 갖게 되듯이 우리들도 악의 세력에 대한 경계가 너무나 느슨해진 현실 속에서 살고 있지는 않은지요? 그래서 다만 나를 악에서 구하여 달라는 기도의 필요성을 느끼지 못하도록 하는 비성경적인 분위기에 편승하고 있는 자신을 발견해 보신 적은 없으신지요?

(1) 악에 대한 해석

우리 주님께서는 악의 실체를 인정하며, 그 악에서 구함을 받는 삶이 바로 우리 성도들의 성화의 과정임을 주기도에서 증거하고 계십니다. 이 주님이 말씀하신 '악'에 대한 해석은 크게 두 가지로 나눌 수 있습니다.

그 첫째는 악이란 마귀, 사탄 같은 악한 인격체로 해석하는 것입니다(Tertulian, St.Cyril, Cyprian). 그러므로 본 기도문을 "악한 마귀, 사탄에게서 우리를 구원하여 주옵소서!"로 해석합니다. 둘째는 악이란 "악한 생각, 언어, 행동, 사상, 죄악 등에서 우리를 지켜 주옵시고, 물들지 않도록 인도하여 주옵소서!"라고 해석합니다.

그러나 우리들은 이 두 가지 해석을 동시성 있게 받아들여야 할 것입니다. 왜냐하면 이 두 가지 해석은 마치 실과 바늘처럼 떨어질 수 없는 관계이기 때문입니다. 즉 악한 영과 악한 언행은 상호보완적이며, 상호의지적인 관계이기 때문입니다.

마치 수레의 두 바퀴와 같은 이 악한 관계에서 구원 받고 하나님의 자녀로서, 그리스도의 제자로서의 삶을 살아가고자 하나님께 간구하는 것은 참으로 중요한 기도제목인 것입니다. 왜냐하면 우리들의 삶은 그 자체가 불신자들에게 그리스도의 향기와 편지요, 거울이 되기 때문입니다. 지금은 지하철 역 입구에서 피켓을 들고 '예수 천 당, 불신 지옥'을 전하는 것보다 자신의 생활을 통하여 복음을 증거 하는 생활전도가 더 큰 영향을 미치는 시대이기 때문입니다.

다시 말씀드리면 우리 성도들의 삶 자체가 하나님을 선히 반사하는 시청각 교육 자료이며, 동시에 '걸어다니는 교회'와 같기 때문입니다. 마치 구약시대에 하나님께서 이스라엘 사람들 중에 나실인을 준비해 놓으시고(민 6:1~5) 옷단에 술을 달게 하여(민 15:37~40) 이스라엘 사람들과 이방 사람들에게 성별된 삶을 시청각 교육으로 가르치셨듯이 말입니다.

그러므로 성도들은 세상과 불신, 사회조직과 불신자들을 향하여 '차별된 마음'을 가지지 말고, 오직 '구별된 마음'을 가지고 자신의 삶을 영위해야 할 것입니다. 즉 세상 속에 살면서도 세속화되지 않은 삶을 추구해야 할 것입니다. 그리하여 우리들에게 있는 거룩한 세속성이 그들의 마음과 삶에 영향을 주어 하나님께 무릎을 꿇도록 해야 합니다. 더 나아가 보이지 않는 곳에서 그들을 조정하던 악한 세력들이 물러가고, 결국 그 예비신자들이 하나님 앞에 무릎을 꿇도록 해야 할 것입니다.

"그런즉 너희는 하나님께 복종할지어다 마귀를 대적하라 그리하면 너희를 피하리라"(약 4:7). 그러면 그 악한 영을 대적하는 방법,

그래서 그 마귀가 우리 성도들 곁을 슬금슬금 피해가게 하는 방법은 무엇입니까? 사회생활하면서 만나는 사람들이나, 불신가족을 향하여 주문을 외우듯이 "이 마귀 새끼들..." 혹은 "이 사악한 세상 같으니라고..." 하며 중얼거리는 것일까요? 자칫 잘못하면 도리어 하나님의 영광과 이름을 욕되게 하거나, 정신병자 취급을 받을 수 있을 것입니다.

다만 성경적인 방법은 자신의 생활 속에서 하나님께만 복종하는 삶을 사는 것입니다. 그리하여 악이 침투할 틈을 주지 않는 것입니다. 그래서 결국 악한 마귀가 한 길로 왔다가 일곱 길로 물러가며 땅을 치며 통곡하게 하는 것입니다. 그 일을 위하여 우리들을 부르셨음을 늘 기억하고 삶 속에서 하나님의 말씀 안에서 만족하는 삶을 살아가는 지혜자들이 되어야 할 것입니다. 그것이 바로 악에서 구해달라는 기도에 응답을 받을 수 있는 성화의 삶입니다.

(2) 악에서의 승리

"끝으로 너희가 주 안에서와 그 힘의 능력으로 강건하여지고 마귀의 간계를 능히 대적하기 위하여 하나님의 전신갑주를 입으라 우리의 씨름은 혈과 육에 대한 것이 아니요 통치자들과 권세들과 이 어둠의 세상 주관자들과 하늘에 있는 악의 영들을 상대함이라"(엡 6:10~12). 이 사도 바울의 말씀은 성도들을 끊임없이 괴롭히고 넘어뜨리려는 악의 세력이 분명히 존재함을 말씀해 주고 있습니다.

이러한 외부적인 악의 역사도 있지만, 동시에 우리 성도들 안에서는 기회만 주어지면 하나님을 욕되게 하며, 주님이 말씀하시는 십자가를 짊어지지 않으려는 타락한 본성이 아직 남아 있습니다. 그런 내적인 자아가 악의 세력과 손을 잡고 우리를 넘어뜨리려고 여러 가지 방법을 동원하기에 사도 바울은 이렇게 자신의 상태를 표현하고 있습니다.

"내가 행하는 것을 내가 알지 못하노니 곧 내가 원하는 것은 행하지 아니하고 도리어 미워하는 것을 행함이라 만일 내가 원하지 아니하는 그것을 행하면 내가 이로써 율법이 선한 것을 시인하노니 이제는 그것을 행하는 자가 내가 아니요 내 속에 거하는 죄니라... 그러므로 내가 한 법을 깨달았노니 곧 선을 행하기 원하는 나에게 악이 함께 있는 것이로다"(롬 7:15~17, 21).

이는 칼 쓰는 법을 제대로 배우지 못한 사람에게 쌍칼을 능숙하게 사용하는 사람이 달려드는 것과 별다름이 없는 상황인 것입니다. 또한 태권도라고는 군대에서 기초를 배운 것밖에 없는데, 유단자 두 명이 한꺼번에 달려드는 상황과 별다름이 없는 성도의 위기적 상황을 대변하고 있는 바울 사도의 말씀인 것입니다.

저 자신도 그런 상황에 처한 때가 있었습니다. 담임목사로 부임한 후, 교회를 양적, 질적, 그리고 구조적으로 성장시켜야 한다는 중압감이 있을 때, 그것을 빌미로 하여 악한 세력이 도전해 왔습니다. 그런 마귀에게 대항하는 것도 참으로 힘이 들었는데, 엎친 데 덮친 격으로 악한 영에게 미혹되어 저의 담임으로서의 위치를 인정하지 않으려는 세력과 함께 싸우는 일은 그리 쉽지가 않았습니다. 때로는 너무 힘들어 일부러 넘어지고 싶을 때도 있었습니다. 요나처럼 잠시 피신과 피난을 위한 배를 타고 싶은 유혹도 있었습니다.

물론 기독교인이면 그 양과 질의 차이일 뿐, 이런 양면공격적인 악의 역사에 직면하게 되는 것은 당연할 것입니다. 그러면 과연 이런 악에서 우리가 구함을 받을 수 있을까요? 또한 그 악한 영에게 이용당하는 사람들을 이겨 승리할 수 있을까요? 승리할 수 있습니다. 승리하게 될 것입니다. 아니, 승리자가 되어야 합니다. 다른 결과는 있을 수 없습니다. 만일 그 성도가 예수 그리스도를 구주로 영접한 분이라면, 결국에는 최후 승리자가 될 수밖에 없을 것입니다. 즉 예수님 때문에 승리자가 될 수밖에 없을 것입니다.

물론 내 힘만 의지하려면 패할 수밖에 없을 것입니다. 그러나 내 주는 강한 성이요, 방패와 병기 되셔서 큰 환난에서 자신을 구하여 내실 것을 믿는 성도는 승리할 수 있습니다.

이 땅에 마귀 들끓어 우리를 삼키려 하나 겁내지 말고 서서 힘있는 장수이신 하나님을 앞장 세우면 그분께서 우리를 대신하여 싸워 이기게 하실 것을 믿는 믿음으로 기도하며 승리하시기 원합니다.

▲ 행주대첩과 마귀대첩

임진왜란 때 권율 장군이 행주산성에서 왜군을 대파한 싸움을 행주대첩이라고 합니다. 이여송의 명나라 군사가 평양성을 탈환하고 서울을 향하여 내려올 때, 수원 가까이에 있었던 전라 순찰사 권찰인 권율은 군사를 모아 한강을 건너 행주산성으로 진군하였습니다. 관군 2,300명과 승병 500명을 데리고 행주산성으로 도착한 권율은 준비를 갖추고 이여송의 명군을 기다렸습니다. 왜냐하면 그 군사들과 합세하여 서울에 모인 일본군과 전투를 하기 위함이었습니다. 그러나 권율 장군의 이런 계획은 수포로 돌아가고 말았습니다. 벽제관 싸움에서 이여송의 명군이 일본군에 패하여 평양으로 도망하고 말았기 때문이었습니다. 그러나 권율은 용기를 잃지 않고 일본군을 맞아 일대 격전을 치를 각오로 전투준비를 시작하였습니다.

우선 행주산성의 맨 꼭대기 산 둘레에 말뚝을 튼튼하게 박아 목책을 세우고 화살과 돌을 모았습니다. 그리고 물을 담을 독과 항아리를 거두어들인 후 왜군들이 쳐들어 올 것을 대비하고 있었습니다. 행주산성에 조선군이 주둔해 있다는 소식을 들은 왜군들은 선조 6년(1593년) 2월 12일 새벽에 3만 명의 정예부대를 이끌고 벌판을 까맣게 메우며 밀려들어오기 시작하였습니다.

여러 겹으로 산성을 포위한 왜군은 군사를 3진으로 나누어 9차례에 걸쳐 하루 종일을 맹공격해 왔습니다. 그러나 높은 산성에서 방어하는 권율의 군대는 끄덕하지도 않았습니다. 특히 부녀들은 자기들의 긴치마를 짧게 잘라 만들어 입고 앞치마를 만들어 돌을 잔뜩 담아 날랐습니다. 석전(石戰)을 돕는 지혜였습니다. 결국 그 날 일본군들은 약 24,000명이나 되는 시체를 남기고 처절한 패잔병의 모습으로 퇴군하고 말았습니다.

퇴각하는 왜군을 향한 권율의 추격전은 대단하였습니다. 그래서 퇴군하는 군사들 중에 약 130여명의 목을 베었으며 적장 우키타 히데이에, 이시다 미쓰나리, 킷카와 히로이에 등에게도 중상을 입혔습니다. 이런 행주산성의 전투는 임진왜란 3대첩의 하나로 우리 전사에 기록되어 있지 않습니까?

2,300명 군사를 가지고, 3만명의 대군을 쳐부순 대승의 원인은 무

엇이겠습니까? 두 가지로 요약할 수 있을 것입니다. 그 첫째는 이미 높은 산성의 정상을 차지하였기 때문입니다. 그리고 훌륭한 지도자 권율 장군이 있었기 때문입니다. 마찬가지입니다. 우리 성도들의 악의 세력과의 싸움도 승리할 수밖에 없는 원인이 있습니다. 그 첫째는 주님께서 십자가에서 원수 마귀를 정복하셨으므로(창 3:15), 우리들은 이미 승리의 고지 꼭대기에 서서 기어올라오는 악한 세력을 향하여 창과 돌, 즉 성경과 말씀을 던지기만 하면 되는 좋은 위치를 선점하였기 때문인 것입니다.

둘째는 우리들의 영적인 전투에는 권율 장군과 비교할 수 없을 정도로 위대한 장군이요, 대장이신 예수 그리스도가 계시기 때문인 것입니다. 그래서 성경은 이렇게 우리의 위치와 승리할 수 있는 이유를 말씀하고 있습니다. "끝으로 너희가 주 안에서와 그 힘의 능력으로 강건하여지고"(엡 6:10), "그러나 내가 나 된 것은 하나님의 은혜로 된 것이니 내게 주신 그의 은혜가 헛되지 아니하여 내가 모든 사도보다 더 많이 수고하였으나 내가 한 것이 아니요 오직 나와 함께하신 하나님의 은혜로라"(고전 15:10), "나를 떠나서는 너희가 아무 것도 할 수 없음이라"(요 15:5), "무릇 하나님께로부터 난 자마다 세상을 이기느니라 세상을 이기는 승리는 이것이니 우리의 믿음이니라"(요일 5:4).

우리들의 영전은 결코 혼자 외롭게 싸우는 것이 아닙니다. 우리들의 사령관되시는 예수님께서 진두 지휘하시고, 우리들은 그 예수님의 명령이신 말씀대로 행하기만 하면 승리할 수 있는 싸움인 것입니다. 그러므로 그분의 성경말씀이 우리들의 모든 결정과 결단에 최우선 순위가 되어지는 새로운 피조물로서의 새로운 삶이 전개되어지기를 소원해야 할 것입니다.

왜냐하면 우리들의 세상 삶의 성공과 승리의 기준은 세상 분들과 분명 다르기 때문입니다. 혹 일부 세상 사람들의 성공관은 개처럼 벌어 정승처럼 사는 것일 수도 있습니다. 그러나 우리 성도들의 인생 성공관은 성경말씀이 허락하는 범위 내에서의 삶을 살아가느냐의 여부에 달려 있습니다. 그런 삶을 살아가기 때문에 짊어져야 할 십자가를 잘 지고 갈 때, 예수님의 이름과 그분의 말씀을 제일 두려워하는 악한 세력은 우리들 곁을 무서워서 떠나게 될 것입니다. 그리고 성령님과 천사들이 우리들의 삶의 앞길을 인도해 주실 것입니다.

▲ 지는 것이 이기는 것입니다.

그러면 이 악에서 구함을 받아 승리를 얻는 삶의 구체적인 증거는 무엇이라고 생각하십니까? 말끝마다 예수님의 이름을 들먹이며, 눈을 부릅뜨고, 사람들을 모두 마귀의 앞잡이로 보는 말을 함부로 하는 것이라고 생각하십니까? 결코 아닙니다. 도리어 성경은 승리자들의 삶을 말씀하실 때, 이렇게 표현하고 있습니다. "선으로 악을 갚는 것"이라고 말입니다. "아무에게도 악을 악으로 갚지 말고 모든 사람 앞에서 선한 일을 도모하라"(롬 12:17).

즉 믿는 사람들이 이 악한 사회 속에서 자신의 생활을 경영할 때에, 대처할 수 있는 방법은 대개 두 가지입니다. 그 첫째는 더 강한 악으로 악을 대응하는 것입니다. 즉 내가 그 악한 사람보다 더 악해져서 그를 이기는 것입니다. 그러나 이런 방법을 사용하다가는 악을 파괴하기보다는, 더 큰 악을 조장하고 자행하는 사람이 될 수밖에 없을 것입니다.

둘째는 악을 선으로 대응하는 것입니다. 왜냐하면 악은 결국 악을 낳고, 선만이 악을 이기고 선을 낳을 수 있기 때문입니다. 이런 성경적인 방법을 사용하고자 하는 분들에게는 제일 먼저 언어적인 면의 변화를 갖게 될 것입니다. 즉 악한 사람의 그 행위를 보면서 더 큰 악으로 갚지 아니하고, 도리어 그를 위하여 기도하는 말과 축복하는 말을 전할 수 있게 될 것입니다(마 5:44). 동시에 '...때문에'가 아니요, '그럼에도 불구하고'의 선을 행하게 될 것입니다. 그 결과 악한 세상과 사람들이 그런 성도들을 보고 잠시 비웃을 것이나, 때가 차매 우리들의 그 선한 언행을 보고 하늘에 계신 하나님께 영광을 돌리게 될 것입니다(마 5:16).

이 말씀을 세상에서 흔히 하는 이야기로 대신한다면 아마도 "지는 자가 이기는 자!"라는 말일 것입니다. 그렇습니다. 신앙의 논리는 역설적일 때가 많이 있습니다. 즉 하나님께서는 가장 사랑하는 성도에게, 다가오는 악을 선으로 갚게 인도하므로 혹독한 시련을 당하게 하실 수 있습니다. 그러나 동시에 그 어려움을 믿음으로 잘 이긴 그 성도에게 갑절의 복을 예비해 놓으시는 하나님이심을 욥기는 분명하게 보여 주고 있습니다(욥 42:10).

교회와 사회생활을 하면서 "나는 나의 권리가 있습니다. 나를 그렇게 취급하는 사람을 너무나 쉽게 용서해서는 안 된다고 생각합니다!"라고 말하고 싶을 때가 많이 있지 않습니까? 그런데 그런 우리들에게 예수님은 참으로 역설적인 말씀을 하시고 계십니다. "나는 너희에게 이르노니 너희 원수를 사랑하며 너희를 박해하는 자를 위하여 기도하라"(마 5:44). 우리들의 현실과 형편을 모르시는 주님이 아니실 것인데 말입니다.

그러나 신앙의 원리가 때론 역설적일 수 있음을 인정하는 분들의 삶이 성경에 기록되어 있습니다. 즉 아주 기본적이요, 정당한 자기 권리까지 하나님의 말씀에 순종하기 위해 포기하는 분들 말입니다. 그래서 아브라함은 자신의 권리를 포기하고 조카 롯에게 가나안 땅 중에 자신이 원하는 땅을 먼저 선택하도록 하였습니다(창 13:5~12).

요셉은 과거에 형님들이 자기를 이방인의 노예로 팔아 버린 것에 대한 정당한 보복을 할 수 있는 기회를 얻었건만 그 권리를 행사하지 않았습니다(창 50:19~20). 다윗 왕은 자신을 죽이기 위해서 산과 들을 헤매던 사울을 죽일 수 있는 호기를 얻었건만 결국 죽이지 않았습니다(삼상 24:1~5). 또한 바울은 로마 시민권자로서 정당한 재판을 받아 수치를 피할 수 있는 권리가 있었지만 말 없이 복음을 위하여 매질을 당하며 죽음의 문턱까지 가셨습니다(행 16:22~24).

그리고 우리 예수님도 십자가 상에서 자신을 조롱하는 사람들에게 보복하시기 위하여 천사들을 부를 수 있는 권리를 행사치 않으셨으며(마 26:53~54), 우리 죄인들을 대속하시기 위하여 십자가에 친히 못 박혀 돌아가시므로(벧전 2:22~25) 정당한 자기권리 포기가 무엇인지를 시청각 교육으로 보여 주셨습니다.

혹시, 세상에 바보천치들의 이야기를 기록한 것이 성경이라는 생각이 안드십니까? 그리고 세상물정 모르는 사람들의 이야기가 성경이라는 생각도 드시지 않는지요? 그러나 세상 사람들이 볼 때에 역설적인 행동을 보여 주었던 성경 인물들의 그 다음의 삶은 어떠하였습니까? 놀라운 결과가 있었습니다. 즉 아브라함은 주위 사람들에게 하나님의 사람들끼리 서로 싸우는 모습을 보여 주지 않는 아름다운 삶을 만들어 갔습니다. 요셉은 결국 애굽의 국무총리가 되었으며, 다윗은 통일 이스라엘의 대왕이 되었으며, 바울은 신약성경을 제일 많이 기록하는 은총을 받았으며, 우리 예수님은 부활의 영광을 체험하게 되었습니다.

수확을 위하여 씨를 뿌려야 하는 것처럼 성도들은 개인적인 권리와 소유를, 도리어 복음의 씨를 뿌리고 영적인 수확을 위해 희생하는 분들입니다(요 12:24~26). 그리고 그런 분들을 보시면 복을 내려주고 싶으셔서 하늘 보좌에 가만히 앉아 계시지 못하시는 분이 바로 우리가 믿는 하나님이십니다.

또한 그런 삶을 사시고 계신 분들에게는 이미 악에서 자신을 구해달라는 주기도의 응답을 받은 성도의 반열 위에 올라가게 된 것입니다. 그런 반열 위에 이미 올라가셨으며, 몇 번에 걸쳐 악을 선으로 이긴 후에 승리의 월계관을 써 보셨던 성도들이 이 자리에 구름처럼 앉아 계심을 하나님께 찬양과 영광을 돌립니다. 그리고 계속 선을 악으로 갚지 않음이 자신에게 도리어 복이 됨을 자주 경험하는 승리의 성도가 되시기 위해 쉼 없이 기도하시고, 기도한 후 실천하는 여생이 되시기를 진심으로 축원합니다.

▲ 원수 갚는 일은 우리 몫이 아닙니다.

주기도의 이 부분은 다만 악에서 구하여 달라고 기도할 것이지, 내가 원수를 갚게 해달라는 기도가 아님을 결론적으로 명심해야 할 것입니다. 사도 바울의 권면입니다. "내 사랑하는 자들아 너희가 친히 원수를 갚지 말고 하나님의 진노하심에 맡기라 기록되었으되 원수 갚는 것이 내게 있으니 내가 갚으리라고 주께서 말씀하시니라"(롬 12:19). 이 말씀은 악한 영에게 사로 잡혀 하나님의 자녀들을 영육 간에 괴롭히는 사람들을 향한 대응의 방법을 말씀해 주시고 계시는 것입니다. 즉 자기 자신보다는 자신을 향하여 악하게 행동하는 사람들에게 더 관심을 가지라는 것입니다.

그 관심을 구체적으로 표현하기를 "원수를 갚지 말고 하나님의 진노하심에 맡기라"는 것입니다. 다시 말씀드리면 원수 갚는 것이 하나님께 속하였다는 것입니다. 그러므로 그 하나님께서 그 분의 때에, 그분의 방법으로 갚으실 것이라는 언약입니다. 그러므로 성도는 자신의 판단과 권위에 의하여 보복을 해서는 결코 안될 것이며, 이런 진리에는 예외 조항이 있을 수 없다는 것입니다.

그 까닭은 하나님은 창조주요, 섭리주로서 인생들의 범백사의 감독이요, 주관자이시기 때문입니다. 그러므로 그 하나님께서는 결코 놓치시거나, 못 보신 일이 없으시며, 그분의 판단에는 실수함과 오류가 없으시기 때문입니다. 그러므로 보복은 결국 하나님 앞에서의 무례함입니다. 월권입니다. 권위에 대한 도전입니다. 무식함입니다. 이제라도 우리에게 보복의 권세를 주신 적이 없음을 깨닫는 복을 받아야 할 것입니다. 이 은총은 방언, 입신, 예언, 영 분별의 은사보다 더 중요하고 필요한 것입니다.

혹시 이 시간 자신을 바라볼 때 자신의 허리에 실탄이 장전된 권총을 담고 있는 가죽벨트가 보이지 않으신지요? 그렇다면 이제는 그 권총벨트를 푸시기를 원합니다. 그런 후에 권총 속에 담긴 실탄을 제거해야 합니다. 그리고 원수 갚는 것이 내게 있는 것처럼 방종하였던 자신을 향한 회개의 기도를 하나님께 드려야 할 것입니다. 그리하면 이 시간에 용서의 은총을 받게 될 것입니다. 그리고 복수심에서 해방의 기쁨을 누리게 될 것입니다. 하나님께서 그 보복해야 할 현실을 통하여 도리어 하나님의 복음과 사랑을 그 사람과 만방에 전하실 것입니다.

한국의 기독교인이면 누구나 잘 알고 있는 순교자 손양원 목사님의 묘지가 있는 예양원을 2002년도 장로수련회 때 찾아가 보았습니다. 눈에 들어가도 아프지 않을 두 아들, 동인이와 동신이를 죽인 청년을 도리어 양자로 삼으셨던 사랑의 원자탄 손 목사님이야말로 원수 갚는 것이 하나님께 있다는 말씀을 몸소 실천하신 분이신 것입니다.

그 예양원에는 그 어르신의 유품과 사진이 전시되어 있었는데, 저의 눈길을 오랫동안 머물게 하였던 것은 두 아들을 잃고 하나님께 감사한 내용의 글이었습니다. "두 아들을 잃고…"

1. 나같은 죄인의 혈통에서 순교의 자식이 나게 하셨으니 하나님께 감사드립니다.

2. 허다한 성도 중에서 어찌 이런 보배를 주께서 하필 내게 맡겨 주셨는지 주께 감사드립니다.

3. 3남 3녀 중에서도 가장 아름다운 두 아들 장자, 차자를 바치게 된 나의 복을 감사드립니다.

4. 또한 한 아들의 순교도 귀하다 하거든 하물며 두 아들의 순교이리요, 감사합니다.

5. 예수 믿다가 와석종신하는 것도 큰 복이라 하거든, 하물며 전도하다 총살 순교 당함이리요, 감사드립니다.

6. 미국 가려고 준비하던 내 아들을 미국보다 더 좋은 천국 갔으니 내 마음 안심되어 감사합니다.

7. 나의 두 아들을 총살한 원수를 회개시켜 내 아들 삼고자 하는 사랑하는 마음 주신 하나님께 감사드립니다.

8. 내 두 아들의 순교의 열매로 말미암아 무수한 천국의 아들들이 생길 것이 믿어지니 우리 아버지 하나님께 감사드립니다.

9. 이 같은 역경 속에서 이상 여덟 가지 진리와 신애를 찾는 기쁜 마음, 여유 있는 믿음을 주신 우리 주 예수 그리스도께 감사드립니다.

물론 사람들에게 주어진 믿음의 분량이 다 다르기 때문에 모든 성도들이 손 목사님 같을 수는 없습니다. 또 같아야 한다고 주장한다면 그것도 과격한 소리일 것입니다. 그럼에도 불구하고 한 가지는 분명히 해야 합니다. 그것은 원수 갚는 일, 혹은 보복하는 일은 결코 내 소관이 아니라는 것입니다. 모든 것의 결과를 오직 하나님께 맡기고, 그 괴로운 현실 가운데에서라도 먼저 감사할 조건을 찾을 수 있는 영적인 광부가 되어야 할 것입니다.

| 7 장 |

송영

7장 송영

1. 나라와 권세와 영광이 아버지께 영원히 있사옵나이다

(1) 대개

주기도의 결론 부분을 통하여 은혜를 받고자 합니다. 마태복음과 동일한 주기도의 교훈을 담은 누가복음이나 고대의 유명한 성경 사본에는 마지막 부분인 송영(Doxology)이 기록되어 있지 않습니다. 그러므로 이 송영부분은 모든 기도를 꼭 송영으로 끝내던 당시 유대인들의 경건 습관에 따라, 초대 기독교회가 주님께서 가르치신 기도를 온전한 기도문으로 완성하기 위하여 삽입한 것으로 알려지고 있습니다.

이 송영 부분에서 우리들이 제일 먼저 유심히 바라보아야 할 단어는 "대개"입니다. 이는 접속사로 "왜냐하면"이란 의미를 담고 있습니다. 그러므로 "왜냐하면 나라와 권세와 영광이 아버지께 영원히 있사옵나이다."라는 기도로 주님께서 우리들에게 알려주신 모범적인 기도문은 끝나게 되는 것입니다.

즉 하나님의 자녀들이 주기도에 나타난 6가지의 기도 내용대로 기도를 드린 후, 어떻게 자신의 기도를 끝내는 것이 성경적인지를 "대개"라는 단어는 알려주고 있습니다. 다시 말씀 드리면 그렇게 6가지의 기도내용을 중심으로 기도해야 할 것은 나라와 권세와 영광이 아버지 하나님께 영원히 있기 때문이라는 것입니다.

참된 기도는 아버지 하나님께 드리는 것으로 시작이 되며, 동시에 아버지 하나님께 영광을 돌리는 기도로 끝이 나는 기도입니다. 왜냐하면 주기도는 "하늘에 계신 우리 아버지여"로 시작되어, "영광이 아버지께 영원히 있사옵나이다"로 마치기 때문입니다. 그러므로 "대개"는 우리들의 지금까지의 기도내용을 분명하게 수정하고 있는 위대한 단어입니다. 혹 지금까지는 의식적, 혹은 무의식적으로 자기 자신을 위한 기도를 드렸다면, 이제는 자신을 통하여 하나님의 나라와 권세와 영광이 나타나기를 위한 기도로 전환하는 것이 하나님의 뜻이라는 것입니다.

즉 '하나님, 이번 이 기도제목을 안 들어 주시면 저는 더 이상 교회

출석을 하지 않을 것입니다!' 혹은 '다른 종교로 개종할 것입니다!' 또는 '자식들 교회 다니는 것을 중지시킬 것입니다!' '더 이상 헌금할 생각이 없습니다!' 라는 식의 기도를 소리내어 기도드리지 않았으나, 그런 식의 기도를 은연중 마음에 품고 있었다면 우리들의 외모 뿐 아니라 중심을 보시고 계시는 하나님 앞에서 회개해야 할 것입니다. 그리고 이제라도 자신의 기도 내용과 기도드림의 최종적인 목적을 수정해야 할 것입니다.

그러면 어떻게 수정해야 할 것입니까? 예수님께서 그 해답을 겟세마네 동산에서 이미 알려주셨습니다. "이르시되 아버지여 만일 아버지의 뜻이어든 이 잔을 내게서 옮기시옵소서 그러나 내 원대로 마시옵고 아버지의 원대로 되기를 원하나이다 하시니 천사가 하늘로부터 예수께 나타나 힘을 더하더라"(눅 22:42~43). 왜 내 원대로 마시옵고 아버지의 원대로 되기를 위한 기도를 드려야 합니까? 왜냐하면 나라와 권세와 영광이 아버지 하나님께 영원히 있기 때문입니다. 즉 기도응답은 그분의 작정 안에 있기 때문입니다. 그리고 진정한 기도응답은 하나님의 뜻이 자신을 통하여 이루어지는 것이기 때문입니다.

▲ 굴복이 아닙니다. 다만 함께 하는것입니다.

그러므로 많이 기도하는 것보다, 올바르게 기도하는 것이 더 중요한 것입니다. "아버지 하나님의 원대로 되기를 원하나이다." 혹은 "하나님의 원대로 행하겠습니다."라고 기도하는 것이 기도의 법칙이고 생명인 것입니다. 이는 결코 하나님께 비굴하게 굴복하는 기도법이 아닙니다. 다만 하나님의 자녀로서 하나님 아버지와 함께 하는 기도요, 일치하여 드리는 기도인 것입니다. 이런 기도는 결국 좋은 응답을 받게 될 것입니다.

우리는 네덜란드 출신인 축구대표팀 히딩크 감독을 잘 알고 있습니다. 그는 우리나라 축구를 월드컵 준결성까지 올려 놓았던 신화적인 감독이었습니다. 그가 우리나라 축구대표팀에게 요구하였던 것은 기술이 아니었습니다. 한 선수가 여러 포지션을 잘 소화해 낼 수 있는 체력을 소유하는 것을 목표로 하여 대표 선수들의 입안에서 단내가 날 정도로 체력훈련을 시켰습니다. 물론 일반 국민들 뿐 아니라, 일부 축구전문가들도 그의 훈련방식에 의문과 불평을 쏟아내었습니다.

그러나 히딩크 감독은 월드컵 때에 전 세계가 깜짝 놀랄 일을 볼 것이라고 하였는데, 결국 그의 예언과 같은 말은 적중하고 말았습니다. 그리고 대표 선수들은 국민적인 영웅대접을 받게 된 것입니다.

혹 그 선수들 중에는 히딩크 감독의 체력훈련에 마지못해 굴복하며 따라한 선수도 있을 것입니다. 그러나 그의 훈련방식에 자원하여 함께한 선수들, 또한 히딩크 감독의 지시에 일치한 마음으로 그 정한 체력훈련에 동참한 선수들이 대부분이었을 것입니다.

그리고 그 대표 선수들은 감독의 마음과 일치하여 강력한 체력훈련을 감당한 결과를 실제 시합을 통하여 엄청난 기쁨과 감격 속에 누리게 되었습니다. 즉 폴란드, 미국, 포르투갈, 스페인 등을 연파하며 4강까지 올라가게 되었습니다. 꿈이 현실이 된 것입니다. 왜냐하면 히딩크 감독에게 굴복한 것이 아니오, 그분의 권위와 능력을 인정하며 그의 훈련방식에 함께 하였기 때문입니다.

그러나 모세는 하나님의 뜻과 함께하기 보다는 약속의 땅에 들어가기를 원하는 기도를 드렸습니다. 바울도 한 때 육체의 가시를 제거해 달라고 특별기도를 3번이나 드렸습니다. 다윗도 밧세바가 낳은 어린 아들을 살려달라고 왕의 체면을 버리고 강청하듯 기도를 드렸습니다. 그럼에도 불구하고 그들의 기도는 응답되지 않았습니다. 하나님의 뜻과 역행하는 기도였기 때문이었습니다. 다시 말씀드리면 주님의 겟세마네 동산에서의 기도와 같지 않았기 때문입니다.

한때의 모세, 바울, 다윗이나 예수님은 모두 극도의 환난과 고독, 그리고 삶의 슬픔이 그들의 영육을 육중하게 누르고 있던 시절이 있었습니다. 그러나 그 3명과 예수님과의 차이점은 무엇입니까? 그들은 그 힘든 시절을 당하면서 어서 속히 지금 당하고 있는 고통의 잔이 자기들 곁에서 떠나가기를 원하였습니다. 그러나 주님께서는 결국 그 고난의 잔을 마시기를 원하셨습니다. 즉 자신의 뜻보다는 하나님 아버지의 뜻이 이루어지기를 원하였던 것입니다. 하나님의 나라와 권세와 영광이 자신을 통하여 이루어지기를 원하였습니다. 그러자 하나님께서 주님의 기도의 첫 번째 기도응답으로 천사를 보내주셨습니다. 그리고 그 천사는 주님의 기도와 십자가 지심을 도와주시기 시작한 것입니다.

그 결과, 가장 쓴 독소와 독약이 들어 있는 것 같은 십자가를 담대히 지셨습니다. 고통과 저주스러운 연단의 도가니에 스스로 들어가셨던 것입니다. 왜냐하면 그것만이 아버지 하나님의 뜻을 온전히 이루어드리는 것임을 아셨기 때문입니다. 이와 같이 온 인류를 위한 대속의 십자가를 지시는 예수님을 향하여 하나님은 드디어 두 번째 기도응답을 주셨습니다. 그것은 삼 일만에 사망과 죄악, 사탄의 권세를 이기시고 부활하시는 응답이었습니다. 그리고 마지막 세 번째 응답은 승천과 하나님 보좌 우편에 앉아 계시는 것이었습니다.

지금 당하고 있는 고통에는 하나님의 뜻이 있는 것을 믿으십시오. 그래서 아무리 고통스러운 현실을 가지고 기도하더라도 그 불같은 연단의 때를 어서 속히 지나가게 해 줄 것을 기도하기 보다는, 도리어 "고난 당한 것이 내게 유익이라 이로 말미암아 내가 주의 율례를 배우게 되었나이다"(시 119:71), "고난당하기 전에는 내가 그릇 행하였더니 이제는 주의 말씀을 지키나이다 주는 선하사 선을 행하시오니 주의 율례로 나를 가르치소서"(시 119:67~68)라며 고백하시기 원합니다.

즉 "저에게 그 고난과 아픔을 주시는 하나님의 뜻과 목적에 굴복하기보다는 함께하겠습니다. 일치하는 마음으로 겸손히 순종하겠습니다. 이제는 지금의 이 고통과 상관없이 하나님께 더욱 순종하겠습니다. 더욱 말씀대로 살아보려고 노력하겠습니다. 하나님, 이 고난 당하는 것이 도리어 내게 유익합니다!"라고 고백하시고 감사하시기 원합니다. 그리하여 부활과 승천을 선물과 기도응답으로 받으셨던 예수님의 은총이 그리스도의 제자들인 우리 모든 성도님들에게 재현되시기를 진심으로 원합니다.

이 겟세마네 동산에서의 주님의 기도 속에 담겨져 있는 진리를 깨닫는 성도는 기도를 더 해야 할 시점에서 당하는 고통 때문에 자신의 기도를 멈추지 않을 것입니다. 도리어 이 고난 때문에 더욱 기도하게 될 것입니다. 드디어 먼저 그 고난의 끝을 보기보다는, 그 고난 속에서 자신이 하나님께 바칠 회개기도와 자신의 삶으로 행함이 있는 회개를 바치게 될 것입니다. 그래서 자신이 당하고 있는 고난의 제거 유무와 상관없이 그 고난 속에 담겨져 있는 하나님의 뜻을 발견하고 더욱 하나님과 그의 몸된 교회, 그리고 사역을 사랑하게 될 것입니다.

그 결과 그 고난의 끝에 하나님이 주시는 전화위복의 기도응답을 받으시고, 많은 이들에게 자신이 받은 넘치는 은총을 간증할 수 있는 삶이 되기를 원합니다.

▲ 나는 결코 '아멘' 할 수 없으리라

만약 나의 모든 관심과 목적이 세상적인 것들 뿐이라면 나는 결코 "하늘에 계신(우리 아버지)"라고 기도할 수 없으리라.

만일 내 믿음이 나 자신만을 위한 것이어서 이웃을 돌아볼 줄 모른다면 나는 결코 "우리(아버지)"라고 기도할 수 없으리라.

만일 내가 매일매일의 생활 속에서 하나님을 믿고 모든 것을 하나님께 맡기지 못한다면 나는 결코 "(우리)아버지"라고 기도할 수 없으리라.

만일 예수 그리스도의 이름으로 구원받은 내가 거룩하게 살지 못한다면 나는 결코 "이름을 거룩하게 하옵시며"라고 기도할 수 없으리라.

만일 내가 내 자신의 주인처럼 교만하게 행하며 의로우신 하나님께서 나를 온전히 주관하고 다스리도록 겸손하지 않는다면 나는 결코 "나라이 임하옵시며"라고 기도할 수 없으리라.

만일 내가 하나님의 뜻에 순종하며 살기를 못마땅하게 생각하고 싫어한다면 나는 결코 "뜻이 하늘에서 이루어진 것같이"라고 기도할 수 없으리라.

만일 내가 매일매일의 생활 속에서 주님의 뜻을 섬기며 봉사하지 못한다면 나는 결코 "땅에서 이루어지이다"라고 기도할 수 없으리라.

만일 내가 일용할 양식을 위하여 열심히, 그러나 정직하게 일하지 않고 이웃이 경제적으로 어려움을 당할 때 눈감아 버린다면 나는 결코 "오늘날 우리에게 일용할 양식을 주옵시고"라고 기도할 수 없으리라.

만일 내가 어떤 사람에 대한 원한을 버리지 못하고 계속 간직한다면 나는 결코 "우리가 우리에게 죄 지은 자를 사하여 준 것 같이 우리 죄를 사하여 주옵시고"라고 기도할 수 없으리라.

만약 내가 시험이나 유혹에 빠지기 쉬운 장소를 떠나지 않고 의도적으로 계속 머물러 있기를 원한다면 나는 결코 "우리를 시험에 들지 말게 하옵시고"라고 기도할 수 없으리라.

만일 내가 마귀와의 영적 싸움에서 이기기 위하여 열심히 기도하여 무장하지 않는다면 나는 결코 "다만 악에서 구하옵소서"라고 기도할 수 없으리라.

만일 내가 왕 되신 하나님께 잘 훈련되고 충성된 종으로서 순종하지 않는다면 나는 결코 "나라가 아버지께 있사옵나이다"라고 기도할 수 없으리라.

만일 내가 세상 사람들을 무서워하고 두려워한다면 나는 결코 "권세가 아버지께 있사옵니다"라고 기도할 수 없으리라.

만일 내가 매일매일의 걱정 근심으로 인하여 몹시 불안해 한다면 나는 결코 "영원히 있사옵나이다"라고 기도할 수 없으리라.

만일 내가 "주여, 아무리 힘들고 어려울지라도 지금 드린 이 기도대로 살기를 간절히 원합니다"라고 기도할 수 없다면 나는 결코 "아멘!" 할 수 없으리라.

〈작가 미상〉

(2) 나라와

즉 '하나님 나라'에 대한 기도문입니다. 만일 교회를 출입하는 성도가 하나님을 영적 아버지로 모시고, 본인이 그 하나님의 자녀인 것을 고백하며 신앙생활하신다면 당연히 하나님의 나라에 대한 소망과 열망이 있게 될 것입니다. 아니 있어야 합니다. 이 하나님 나라에 대한 관심은 바로 복음서의 관심이요, 주님의 관심이셨기 때문입니다.

즉 하나님 나라의 다른 표현인 천국이라는 단어는 예수님의 중요한 가르침으로 마태복음에 36회, 마가복음에 13회, 누가복음에 28회가 기록되었으며, 요한복음에는 1회만 사용되어 있으나, 천국과 동등한 표현의 단어인 영생이 요한복음에 자주 등장하는 것을 볼 수 있습니다. 이런 통계를 살펴볼 때, 우리 주님의 가르침의 궁극적인 목표는 하나님의 나라, 즉 천국임을 분명하게 알 수 있습니다.

성도님은 이 천국의 존재를 믿고 있습니까? 또한 실제적으로 대망하며 신앙생활을 하고 있습니까? 아니면 있어도 좋고 없어도 그리 낙심치 않을 정도의 여유를 가지고 있다고 속으로 생각하고 있습니까? 성경에서 반복적으로 기록되는 단어는 우리들에게 믿음생활의 주위를 다시 한 번 환기시키는 것이라는 것은 알고 계시겠지요?

▲ 성장의 은총을 사모합니다.

그런데 이 천국은 모든 이들에게 알려지는 것이 아닙니다. 다만 얼마의 사람들에게만 알려진 비밀인 것입니다. "천국의 비밀을 아는 것이 너희에게는 허락되었으나 그들에게는 아니되었나니"(마 13:11, 눅 8:10). 이 말씀 속에는 천국을 신비(mystery)로 명명하신 예수님의 뜻이 담겨져 있습니다. 이 신비라는 단어는 헬라어의 미스테리온(mysterion)에서 온 것으로 '알아야 할 그 어떤 것이지만, 평범한 교육과정을 통해서는 알려지지 않는 지식' 이라는 뜻이 담겨져 있습니다.

그러므로 천국은 그 사람 개인의 지식으로 알 수 있는 것이 아닙니다. 오직 지혜의 성령님께서 알게 하시고, 소망케 한 사람들에 한하여 알 수 있고, 대망할 수 있는 것이 하나님 나라, 천국인 줄로 믿으시기 원합니다. 그런데 그 천국에 대한 비밀을 우리들 주위에 있는 그 많은 사람들을 뒤로 하시고, 여러 가지로 부족하고 무지한 나 자신에게 먼저 알려 주시고, 믿게 하시며, 소망케 하신 하나님께 큰 영광과 감사를 드리는 성도가 되어야 할 것입니다.

"저 건너편 강 언덕에 아름다운 낙원 있네 믿는 이만 그곳으로 가겠네 황금문을 들어가서 주님 함께 살리로다 너와 날 위해 황금종 울린다 저 울리는 종소리와 천사들의 노랫 소리 영광일세 할렐루야

기쁘다 빛나는 저 강 건너편 아름답고 영원한 곳 너와 날 위해 황금 종 울린다"(찬송가 237장 1절).

그런데 이 천국이라는 비밀을 알게 된 분들에게 성령님께서 주시는 복은, 그 비밀을 더 깊고, 높고, 넓게, 그리고 확실하게 알아갈 수 있는 '성장의 은총' 을 주신다는 것입니다. 그 성장의 진리를 "또 비유를 들어 이르시되 천국은 마치 사람이 자기 밭에 갖다 심은 겨자씨 한 알 같으니 이는 모든 씨보다 작은 것이로되 자란 후에는 풀보다 커서 나무가 되매 공중의 새들이 와서 그 가지에 깃들이느니라"(마 13:31~32, 눅 13:18~19)라는 말씀이 확인하고 있습니다.

이는 마치 나무가 땅 속으로 자신의 뿌리를 내리고 있지만 동시에 하늘을 향하여 자신의 가지를 계속 뻗어나가는 것처럼 어느 한 사람이 성도가 되어 예수님과 성경을 알게 된 년수가 지나면 지날수록 하나님 나라에 대한 확신과 소망이 강렬해진다는 것입니다. 그런 후에, 그 천국을 모르는 사람에게 하나님 나라를 알려주고 싶은 선한 열망이 점점 성장하게 된다는 것입니다.

그래서 전에는 교회를 다니는 목적이 내가 불안하거나, 병들었거나, 힘든 일이 있거나, 사업이 다시 발전해야 하기 때문이었습니다. 또한 예수님을 믿었더니 나의 그 불안하였던 마음이, 병들었던 몸이, 힘들었던 일이 회복되고, 또는 사업이 성공하였다는 것을 기뻐하거나 간증하였습니다. 물론 그런 것이 잘못된 교회생활이라는 말은 아닙니다. 적지 않은 부분에서 여호와의 선하심을 맛보아 알게 된 복된 체험인 것입니다.

그러나 이제는 교회 다니는 목적과 이유가 더 성장하는 단계가 된 것입니다. 여러 가지 죄악으로 인하여 영원히 지옥 형벌을 받아 마땅한 자신의 영혼을 대속의 십자가를 통하여 구원해 주신 예수님을 위하여 작은 것이라도 보답해 드려야 한다는 영적 채무자의 심정으로 교회생활과 봉사생활을 하게 된 것입니다. 그로 인하여 "내 너를 위하여 몸 버려 피 흘려 네 죄를 속하여 살 길을 주었다 널 위해 몸을 주건만 너 무엇 주느냐 널 위해 몸을 주건만 너 무엇 주느냐"(찬송가 311장 1절)하는 찬송가사에 회개와 결단의 눈물을 주저 없이 보이게 된 것입니다.

동시에 전과 달리 주위에서 살고 있는 삶의 모든 질이 좋아 보이는 가족이나 이웃을 보더라도 그가 하나님 나라, 즉 천국에 들어갈 수 있는 믿음이 없음을 보면서 불쌍해 보이게 된 것입니다. 그래서 많은 수모를 당하면서도 긍휼히 여기는 마음으로 그들에게 예수님을 소개하며, 지옥 피할 길을 소개하는 믿음으로 성장하게 된 것입니다.

그런 성도의 일평생 언어의 발달과정은 대략 이와 같습니다. "천국이 있긴 어디 있어, 눈에 보이는 것도 못 믿을 세상인데 말이야!" 그 다음은 "교회 다녀 봐, 뭐 나쁠 것은 없어. 좋은 이야기만 해 주시거든…" 그리고 "야, 이제는 너도 예수님 믿어 나와 같이 천국을 소망하며(이제는 희망이라는 단어를 잘 사용하지 않습니다.) 노년을 보냈으면 좋겠어!" 마침내는 "저의 마지막 소원은 오래 아프지 않다가 죽을 때 찬송과 기도 가운데 천국으로 들림 받는 것입니다. 목사님!" 실제로 이 말씀을 보고 있는 성도님들이나 새신자들에게 이런 성장의 은총이 계속되어지기를 사모합니다.

▲ 하나님 나라 백성의 특징은?

이르시되 "진실로 너희에게 이르노니 너희가 돌이켜 어린 아이들과 같이 되지 아니하면 결단코 천국에 들어가지 못하리라 그러므로 누구든지 이 어린아이와 같이 자기를 낮추는 사람이 천국에서 큰 자니라(마 18:3~4, 막 9:35~37). 그러면 도대체 어린이가 어른과 무엇이 분명하게 다르기에 주님께서 이런 극단적인 말씀으로 비유를 하셨을까요?

요새 우리 어린이들의 영악함과 계산성, 그리고 어른들을 뺨치는 듯한 지혜와 지식은 어린이들을 위한 텔레비전 퀴즈 방송에 출전한 어린이들을 통하여 이미 입증이 되었습니다. 그래서 이런 이야기도 있습니다. 어느 선생님께서 학급 수업시간에 제일 앞줄에 앉아 있는 학생에게 썩은 고기를 주면서 이런 질문을 하였습니다. "무슨 냄새가 나느냐?" "썩은 냄새가 나네요!" "그 이유는 너의 마음이 썩었기 때문이란다. 부모님에게 거짓말을 많이 하지 말아요!"

그리고 그 선생님은 두 번째 줄에 앉은 어느 학생에게 김 한 장을 주면서 또 질문을 하였습니다. "그래, 너는 이 김이 무슨 색깔이라고 생각하니?" "네, 검은색입니다." "어허, 그 이유는 너의 마음이 너무나 검기 때문이란다. 짝꿍 여학생에게 너무 이상한 마음을 품지 말아야 해요. 알았어요?" 마지막으로 선생님은 세 번째 줄에 앉아 수업을 받고 있던 반에서 제일 똑똑하다는 학생에게 간장 한 사발을 주면서 이렇게 질문을 던졌습니다. "그 간장이 무슨 맛인 것 같나?" 그러자 매사에 지혜롭기로 소문난 그 학생은 그 간장을 마시는 척 하더니 "선생님, 이럴 수가 있습니까? 저는 이 간장에서 너무나 단 맛을 느끼고 있습니다!" 그런 대답을 드린 후 칭찬을 기다리고 있던 그 학생에게 선생님은 힘주어 명령을 하셨습니다. "그래? 그러면 원 샷! 단숨에 다 마셔라!"

그렇습니다. 이제는 누가 어린 아이이고, 어른인지를 분간 못할 정도가 되었는데, 그럼에도 불구하고 혹 차이점이 있다면 그것은 무엇이라고 생각하십니까? 그것은 어린이들은 그들의 마음으로 느끼고 판단한 것을 그대로 얼굴과 외부로 드러낸다는 것입니다.

즉 아직은 자신의 마음과 외모 사이에 감춤과 외식, 그리고 분열이 거의 없다는 것입니다. 초등학생 자녀를 둔 부모님들 뿐 아니라, 심지어 중고등학생을 자녀로 둔 부모님들도 그들의 표정을 한 번만 보고도, 또 말을 몇 마디 듣기만 해도 거짓말인지 여부를 쉽게 알 수 있지 않습니까? 그래서 그 녀석들이 경탄해 마지 아니하며 하는 말, "엄마, 어떻게 내가 거짓말하는 것을 아셨어요? 와~아, 귀신 같아, 정말 아줌마 귀신이야!"라며 호들갑을 떨지 않습니까?

그러나 일부 어른들은 어떻습니까? 그렇게 내면과 외면이 다를 수 있을까 할 정도로 자신을 철저히 감추고 있지 않습니까? 그래서 소환을 당하여 검찰청 정문 사진기자 라인에 서 있는 그분들의 표정이 정말 죄를 지은 사람들의 표정 같던가요? 아닙니다. 무슨 월드컵 4강에 들어간 선수들이 개선하는 것처럼 당당합니다. 그러나 몇 십 시간, 혹은 며칠 동안 심문을 받고 나올 때의 표정은 어떻습니까? 잘못을 시인하는 표정입니다. 그리고 누구든지 구치소로 가는 호송 차량에 타기 전 늘 하는 말, "국민들 앞에 죄송하게 생각합니다!"

검찰청에 들어갈 때의 표정과 나올 때의 표정은 백 팔십도 다릅니다. 그렇게 자신을 감출 수 있고, 감추고자 애를 쓰면 자칫 죄 없는 사람의 일평생을 망치는 일을 검찰들이 한다고 동정을 보낼 수 있을 정도의 연기자들이 바로 어른들입니다. 그러나 어린 아이들은 그렇게 할 수도 없고, 하지도 못합니다. 그 차이점이 바로 그가 천국백성이라는 분명한 외부적인 증거인 것입니다.

그래서 하나님 나라 백성들은 자신이 받은 구원의 은총을 감사하는 마음의 표현이 그의 얼굴과 언행 가운데 나타납니다. 정말 숨겨지지 않고, 숨기지도 않습니다. 또한 지난 한 주간, 혹은 일 년간 삶을 임마누엘로 지켜 주신 하나님 아버지에 대한 감사의 마음이 그의 삶과 교회생활 가운데 나타납니다. 보통의 영분별의 은사만 있는 분도 그런 성도를 너무나 쉽게 알아 낼 수 있습니다. 왜냐하면 숨겨지지 않고, 숨기지도 않기 때문입니다. 그리고 그 언젠가 아버지 하나님께서 자신을 하나님 나라에서 부르실 때, 작은 상급이라도 받고 싶은 열망이 담긴 마음이 그의 봉사사역과 전도와 선교 및 구제사역에서 숨김 없이 나타나는 것이 특징입니다.

"우리가 만일 미쳤어도 하나님을 위한 것이요 정신이 온전하여도 너희를 위한 것이니 그리스도의 사랑이 우리를 강권하시는도다 우리가 생각하건대 한 사람이 모든 사람을 대신하여 죽었은즉 모든 사람이 죽은 것이라"(고후 5:13~14).

"이 때에 제자들이 돌아와서 예수께서 여자와 말씀하시는 것을 이상히 여겼으나 무엇을 구하시나이까 어찌하여 저와 말씀하시나이까 묻는 자가 없더라 여자가 물동이를 버려 두고 동네에 들어가서 사람들에게 이르되 내가 행한 모든 일을 내게 말한 사람을 와서 보라 이는 그리스도가 아니냐 하니 그들이 동네에서 나와 예수께로 오더라"(요 4:27~30).

그러나 어린아이와 같은 신앙인의 제일 큰 특징은 하나님의 말씀인 성경에 대한 신뢰성과 확신성이 어린아이가 아니라, 심지어 유아의 모습처럼 순수하다는 것입니다. 즉 깨달았기에 믿는 것이 아니라, 어미의 품이기에 아무런 의심 없이 안기는 유아처럼 하나님 말씀이기에 아무런 의심과 판단, 그리고 비판 없이 받아들이는 것입니다. 이는 결코 무지가 아닙니다. 순진한 것입니다. 이런 순진함은 하나님 품에서 안전히 보호받는 원인이 되며, 그 순진한 마음으로 받아들인 성경말씀에 기록된 대로의 은혜와 복을 체험하는 것입니다.

성도님은 혹 유대인 같은 신앙생활을 하시고 있지는 않은지요? 즉 마음에 품은 지식과 감정을 겉으로 표현하는 것을 극도로 자제하다가 이제는 메마른 목초와 같은 신앙생활을 하고 계시지는 않은지요? 반면, 성도님은 사마리아 사람들처럼 신앙생활을 하고 있지는 않은지요? 즉 자신의 하나님을 향한 감정표현은 풍부하고 정열적인데 말씀에 대하여는 너무나 무지한 심령을 지니고 있지는 않은지요?

한쪽으로 너무 치우치는 것은 부족함만 못합니다. 하나님의 성령의 은총과 도움으로 신령과 진정으로 예배드리며 신앙 생활하는 성도들이 되어야 할 것입니다(요 4:23~24). 즉 하나님을 향한 열정이 성령의 인도와 통제 속에 나타나되, 말씀에 기초를 둔 감격적인 예배와 신앙생활이 지속되는 성도 말입니다.

하나님 나라는 아직 도래하지 않은 내세의 천국을 가리키는 것과 동시에 이미 임한 하나님 나라도 증거하고 있음이 바로 성경의 내용인 것입니다. 그래서 우리 주님께서는 "하나님 나라는 너희 안에 있느니라"(눅 17:21)고 선언하셨던 것입니다. 즉 예수님을 영접한 마음과 삶이 바로 천국생활의 그림자임을 증거하고 있는 것입니다.

성령 충만함에는 분명한 외부적 증거가 있듯이, 이미 임한 하나님 나라와 아직 임하지 않았으나, 결국 자신의 것이 될 하나님 나라에 대한 소망이 담긴 신앙생활은 자신이 먼저 경험하고 또 다른 이들도 이해가 가능한 영적 실체요, 임재인 것입니다. 실제적인 감사와 감동인 것입니다. 그래서 자다가도 벌떡 일어나 그 은총을 주신 예수님께 다시 무릎을 꿇고 감사의 기도를 드릴 엄청난 사건인 것입니다. 그로 인하여 그 나라를 소개하는 삶이 주업이고, 자신의 생업은 부업이 되는 새로운 삶의 방향을 선물로 받는 복이 있게 되기를 원합니다.

(3) 권세와

▲ 하나님의 권세

이제 우리는 하나님의 권세를 찬양하며 기도해야 할 시간입니다. 그러면 하나님의 권세, 혹은 권능은 어느 정도입니까? 하나님을 하나님답게 믿고 기도해야 하기 때문에 하나님의 권능을 아는 것은 참으로 중요한 문제입니다. 첫째, 우리 하나님은 창조의 권세를 가지신 분이십니다. 여러분은 주일예배를 드릴 때마다 "전능하사 천지를 만드신 하나님 아버지를 내가 믿사오며"(창 1:1)라는 신앙고백을 주문처럼 외우십니까? 아니면 진정 자신의 신앙으로 고백하고 계십니까?

"천지"란 문자 그대로 하늘과 땅, 그리고 우주 전체의 구조와 그 속에 있는 모든 만물을 가리키는 말입니다. 그 모든 것을 창조하시고, 다스리시는 권세가 계신 분이 바로 우리 하나님이십니다. 즉 무에서 유를 창조하는 권세를 지니신 분이 바로 우리들의 하나밖에 없는 하나님이십니다. 또한 자신의 때가 되시면, 그 천지를 폐하시고 심판하실 수 있는 권세가 계신 분이 바로 우리 하나님이십니다. 그런 하나님이 바로 우리들의 영적 아버지이십니다. 이 얼마나 감격스럽고 든든한 일입니까?

때로는 전방에 있는 장교와 부사관들이 거하시는 사택 아파트에서는 아이들도 부모님의 계급에 영향을 받는다는 이야기를 들었습니다. 이런 현상은 공무원 세계, 일반 회사 및 각종 크고 작은 공동체에서도 재현되고 있음을 부인할 수 없을 것입니다. 그러나 성도들이 이제 더욱 어깨를 펴고, 이 험한 세상을 헤쳐나갈 수 있는 진리가 있습니다. 그것은 이 세상을 창조하시고 섭리하시는 높고 높으신 하나님이 우리들의 아버지라는 사실입니다.

혹 내 신앙의 모습이 '요 모양 요 꼴'이 되어 가는 것은 내 믿음의 분량 때문이지, 결코 하나님의 권세와 능력문제가 아님을 고백해야 할 것입니다. 그 권세 있는 하나님을 의지하는 믿음만큼, 그 분의 사랑을 받게 될 것입니다. 또한 그분의 권세가 자신의 삶의 영역에서 역사하실 것입니다. 유아의 어미를 향한 동심적 신뢰와 같은 믿음을 아버지 하나님께 보여드리는 신앙인이 되기 위한 기도를 드리시기 원합니다. 그로 인하여 여호와 하나님의 선하심을 맛보아 알게 되는 복과 체험이 있기를 원합니다.

둘째, 하나님은 인간을 창조하시고 섭리하시는 권세를 가지고 계십니다. 무신세계에서는 진화론을 증거합니다. 즉 아무것도 없는 무(無)에서 우연히 작은 운동이 일어나고, 또 공간이 생기고, 또 시간이 경과되면서 아메바가 생성되고, 그 아메바가 원숭이로 진화되고, 그 원숭이가 사람으로 진화되었다는 학설은, 우리 인간들이 명절 때

동물원 원숭이에게 가서 제사를 지내야 한다는 우매한 학설인 것입니다.

현혹되지 말아야 합니다. 우리들은 성경이 말씀하는 대로 믿으며, 성경이 말씀하시는 선까지만 따라가야 할 하나님의 자녀입니다. 성경은 오직 하나님만이 인간을 창조하시고 복을 주시며 섭리하심을 증거하고 있습니다. 그 말씀대로 믿어야 할 것입니다. 영원 전부터 스스로 계신 아버지 하나님, 지음을 받은 분이 아니오, 시작도 없고 끝도 없으신 영원하시며 스스로 계신 하나님께서 우리를 창조하셨습니다(출 3:14). 그리고 인도하십니다.

우리들의 눈을 만드시고, 귀를 지으시고, 심장을 만드신 권세 있는 하나님이 우리들의 아버지이십니다. 그러므로 그 아버지 하나님께서 자신의 권세 있는 눈으로 우리들을 바라보시며, 권세 있는 귀로 우리들의 기도를 들으시며, 권세 있는 심장으로 우리들의 생명을 사망에서 건지시고 합력하여 선을 이루는 길로 인도하셨고, 하실 것을 믿는 믿음을 가지고 기도하면 그분의 보호와 권세를 체험하게 될 것입니다.

▲ 예수님 권세

아버지 하나님께서는 아들 예수님에게 자신의 권세를 주셨습니다. 이 진리는 예수님의 말씀 선포 속에 나타나 있습니다. "예수께서 나아와 말씀하여 이르시되 하늘과 땅의 모든 권세를 내게 주셨으니"(마 28:18). 우리 예수님은 하나님의 권세를 온전히, 그리고 완전히 지니신 분이셨습니다.

아버지 하나님처럼 인간들의 죄를 용서하시는 권세가 아들 예수님에게 있습니다. 자신의 죄를 용서받은 자들이 영생과 천국을 소유할 수 있는 길을 여시는 권세가 아버지 하나님께 있고 동시에 아들 주님에게 있습니다. 동시에 가난한 자를 넉넉히 먹이실 수 있으며, 각색 병자들 중에, 특히 난치병과 불치병에 걸린 사람들을 향하여 다시는 재발하지 않는 온전한 치유의 복을 주실 수 있는 권세가 있으신 우리 예수님을 찬양하고, 그분의 이름으로 기도하는 것을 자랑스럽게 여겨야 할 것입니다. 믿음으로 기도해야 할 것입니다. 자신이 표현하는 믿음만큼 응답받을 것입니다. 믿음대로 될 것입니다. 왜냐하면 예수님은 영으로 우리들 가운데 동거하시며, 그런 성도들의 믿음을 금 쟁반에 받으시고 응답하시는 분이시기 때문입니다.

결코 예수님을 과소 평가하는 일에 동참하지 말아야 합니다. 즉 그분을 위대한 선생, 도덕가, 의사, 혁명가 및 세계 4대 성자로 모시는 일에 동참하지 말아야 합니다. 그것은 불경건이요, 이단적 행동인 것입니다. 예수님은 하나님과 같은 권세를 가지신 하나님이십니다. 전지전능하십니다. 영원하십니다. 불변하십니다. 무소부재하십니다.

우리들이 기억해야 할 한 가지는 기독교 교육뿐 아니라, 모든 교육의 기본은 반복이라는 것입니다. 참된 진리는 반복적으로 전해지므로 그 진리를 전달받은 사람에게 완전히 적용되고, 그것이 그의 능력이 되는 것입니다. 만일 하나님의 권세가 예수의 권세임이 믿어지지 않는 분은 저의 이 부분의 강론을 몇 번이고 반복적으로 읽어야 할 것입니다. 그리고 찬송가 96장을 반복적으로 찬양해야 할 것입니다. 성령님께서 지혜의 영으로 함께하사 믿어지고, 고백되어질 때까지 말입니다.

▲ 성도의 권세

즉 하나님의 자녀들 안에 있는 권세인 것입니다. 그 진리를 예수님께서 자신의 12제자들에게 하신 말씀을 통하여 확인해 보도록 합니다. "예수께서 나아와 말씀하여 이르시되 하늘과 땅의 모든 권세를 내게 주셨으니 그러므로 너희는 가서 모든 민족을 제자로 삼아 아버지와 아들과 성령의 이름으로 세례를 베풀고 내가 너희에게 분부한 모든 것을 가르쳐 지키게 하라 볼지어다 내가 세상 끝날까지 너희와 항상 함께 있으리라 하시니라"(마 28:18~20).

"믿는 자들에게는 이런 표적이 따르리니 곧 그들이 내 이름으로 귀신을 쫓아내며 새 방언을 말하며 뱀을 집어 올리며 무슨 독을 마실지라도 해를 받지 아니하며 병든 사람에게 손을 얹은즉 나으리라"(막 16:17~18). 또한 "오직 성령이 너희에게 임하시면 너희가 권능을 받고 예루살렘과 온 유대와 사마리아와 땅 끝까지 이르러 내 증인이 되리라"(행 1:8).

이와 같은 성경말씀은 예수님께서 자신의 제자들에게 하나님의 뜻을 행하며, 하나님의 능력을 행할 수 있는 권세를 부여하셨음을 증명하고 있습니다. 즉 성도들은 예수님께서 시작하시고 온전히 이루실 구원사역에 동역하기 위한 능력과 권세를 하나님으로부터 받은 분들입니다. 즉 하나님을 자신의 삶을 통하여 밝히 나타낼 수 있는 능력, 예수님이 인류구원의 구주이시며 천국의 왕이심을 전도 및 선교할 수 있는 권세, 하나님의 교회의 정결성과 역동성을 지켜나갈 수 있는 능력, 그리고 주님의 복음이 더욱 확실하게 선포되어지도록 귀신과 질병을 제압하거나, 치료할 수 있는 권세를 받은 분들이 바로 성도들입니다. 바로 우리들입니다. 아니, 여러분 한 사람, 한 사람입니다.

그리고 그런 권세를 받을 수 있는 여러 가지 통로 중, 중요한 통로가 바로 기도입니다. 그런데 그런 영적 전투인 기도생활을 통하여 우리들이 하나님이 주시는 권능을 받는 것을 지극히 싫어하는 사단의 방해공작이 있음을 부인하지 말고 경계해야 할 것입니다. 그래서 사도 바울은 "우리의 씨름은 혈과 육을 상대하는 것이 아니요 통치자들과 권세들과 이 어둠의 세상 주관자들과 하늘에 있는 악의 영들을 상대함이라"(엡 6:12)고 증거하셨던 것입니다.

그러므로 첫째로 기도하되, 간절히 기도하여 능력을 얻어야 합니다. 개인적으로는 3년 6개월의 지독한 가뭄이 끝나기를 바라던 엘리야의 기도처럼 간절히, 즉 간이 저릴 정도로 기도해야 할 것입니다. 그리고 교회적으로는 베드로가 옥에 갇혔을 때 초대교회 성도들이 그 교회지도자 베드로의 안전과 구출을 위하여 간절히 기도하였듯이 기도해야 할 것입니다. 적당한 기도는 주문에 불과할 수 있습니다. 이 기도제목을 응답해 주시면 살고, 응답하시지 않으시면 나는 죽을 수밖에 없을 것이라는 생사를 걸어놓은 기도는 하나님의 권세를 맛볼 수 있는 복된 통로인 것입니다.

그런 기도자는 기도하다가 어느새 잠을 자게 하는 악한 역사, 기도하면서도 각종 근심과 염려를 같이 하게 하는 마귀의 역사, 소망 가운데 기도하다가 쉬 낙심케 만들어 어느새 기도 모임에서 제외케 하는 사단의 역사, 때로는 기도하면서도 다른 교인들의 기도 소리와 기도방법 때문에 도리어 시험들고 불평만 쌓이게 하는 역사들이 물러가는 것을 체험하게 될 것입니다.

둘째는 기도하되, 담대히 기도하여 권세를 얻어야 할 것입니다. 즉 간절한 기도를 마쳤을 때 우리들의 마음과 생활 속에서 자신의 기도를 향한 하나님의 응답에 대한 확신이 있어야 하는 것입니다. 즉 기도하고도 계속 자신의 지난날의 경험을 통한 판단과 예견을 중시하면서 불안해 하거나, 불평을 하는데 시간을 허비하지 말아야 할 것입니다.

혹 기도한 후에도 의심과 낙망을 계속하는 것이 성령의 역사이겠습니까? 아니면 영적 전투인 기도생활을 혼미케 하는 사단의 전술이겠습니까? 이런 질문에는 대답할 필요와 대답을 들을 필요가 없을 것입니다. 다만 마치 어린 아들이 화장실에서 아버지에게 "화장지 좀 주세요!"라고 담대히 소리치듯이 기도해야 할 것입니다. 분명 아버지가 화장지를 주실 것을 믿고 소리치는 그 어느 어린 아들과 같은 기도를 아버지 하나님은 요구하고 계십니다.

기도 후에 하나님이 기도자에게 주시는 마음은 두려워하는 마음이 아니오, 능력과 사랑과 근신하는 마음인 것(딤후 1:7)을 믿으시기 원합니다. 예수 그리스도는 하나님과 우리 성도들 사이의 중보자이십니다. 그러므로 우리들이 하나님을 아버지로 부르며 담대히 기도할 수 있는 것은 우리들에게 이미 이루어 놓은 선행과 고행의 흔적이 있기 때문이 아닙니다. 다만 오직 그리스도 예수님의 의와 그분께서 우리들의 죄악을 대속하기 위하여 십자가에서 죽임을 당하신 그 은혜로 가능한 것입니다. 즉 예수 안에서 새롭게 만들어진 우리들의 지위 때문에 하나님 앞에 담대히 나아가 기도할 수 있는 것이요, 그 응답을 소망하고 확신할 수 있는 것입니다.

"우리에게 있는 대제사장은 우리의 연약함을 동정하지 못하실 이가 아니요 모든 일에 우리와 똑같이 시험을 받으신 이로되 죄는 없으시니라 그러므로 우리는 긍휼하심을 받고 때를 따라 돕는 은혜를 얻기 위하여 은혜의 보좌 앞에 담대히 나아갈 것이니라"(히 4:15~16). "그를 향하여 우리가 가진 바 담대함이 이것이니 그의 뜻대로 무엇을 구하면 들으심이라 우리가 무엇이든지 구하는 바를 들으시는 줄을 안즉 우리가 그에게 구한 그것을 얻은 줄을 또한 아느니라"(요일 5:14~15).

물론 그런 담대한 기도의 응답의 때는 하나님께서 정하시고 역사하실 것입니다. 그렇습니다. 그래서 때로는 담대히 기도하고 소망하면 열두 해 혈루증으로 고생하던 여인처럼 당장에 응답을 받을 수 있을 것입니다. 혹은 나아만 장군이나, 갈멜산에서의 엘리야 선지자처럼 몇 번 기도한 후에 받을 응답도 있을 것입니다.

때로는 한나처럼 몇 달이나 일 년 후에 받을 응답도 있을 것이요, 혹은 포로로 잡혀가 기도하였던 이스라엘 백성들처럼 70년이 지난 후 응답되는 기도도 있을 것입니다. 그리고 출애굽하였던 선민들의 기도가 몇 대를 지나서 응답되었듯이, 자신의 자녀 혹은 손주 대에 가서 응답될 기도도 있을 것입니다. 다만 어느 때에 응답이 되더라도 그 기도응답의 때는 하나님 편에서 보실 때 최선의 때임을 부인하지 말아야 합니다.

그러므로 우리는 기도할 따름입니다. 그리고 그 기도에 대한 응답의 때는 하나님이 결정하실 것입니다. 혹 자신의 생각과 소망과 달리 더딜지라도 결코 응답되지 않는 것은 아닙니다. 다만 더딘 것이 아니라, 응답되는 과정인 것을 영분별의 은혜로 깨달아야 할 것입니다. 그리고 간절히, 담대히 기도하는 것을 쉬는 죄를 범치 아니하는 것이 바로 권세요, 권능입니다.

그리고 셋째는 기도하되, 겸손히 기도하여 능력을 얻어야 할 것입니다. 즉 간절히, 그리고 담대히 기도한다는 것은 결코 자신에게 어떤 권리나 주권이 있기 때문이 아니라는 것입니다. 착각하지 말아야 할 것입니다. 무엇인가를 하나님께 미리 맡겨 놓고 이제는 내놓으시는 것이 하나님 신상에 좋을 것이라는 식의 기도는 무식함이요, 무지의 소치입니다. 또한 이번 기도에 응답하지 않으시면 십일조를 중단할 것이라든지, 더 이상은 기도회에 참석하지 않을 것이라든지, 잠시 교회봉사나 신앙생활을 중단할 의향이 있다는 식의 기도를 하지 말아야 할 것입니다.

다만 권세 있는 기도는 간절함, 담대함과 동시에 겸손함이 있어야 합니다. 다시 말씀드린다면 겟세마네 동산에서 최후의 기도를 드리시던 주님께서 내 원대로 마옵시고 아버지의 원대로 되기를 바라시던 심정이 바로 겸손함이 담겨져 있는 기도입니다. 그리고 결국 부활과 승천의 응답과 회복을 경험하게 될 권세 있는 기도입니다. 이런 겸손이 겸비된 기도자는 모든 자신의 기도를 모두 마친 후 어쩌면 이런 찬송을 부르게 될 것입니다.

"내 주여 뜻대로 행하시옵소서 온 몸과 영혼을 다 주께 드리니 이 세상 고락간 주 인도하시고 날 주관하셔서 뜻대로 하소서 내 주여 뜻대로 행하시옵소서 큰 근심 중에도 낙심케 마소서 주님도 때로는 울기도 하셨네 날 주관하셔서 뜻대로 하소서 내 주여 뜻대로 행하시옵소서 내 모든 일들을 다 주께 맡기고 저 천성 향하여 고요히 가리니 살든지 죽든지 뜻대로 하소서"(찬송가 549장).

이런 겸손함이 결여되거나, 혹은 사단에게 빼앗긴 기도자는 결국에는 기도하였기에 불행한 미래를 맞이하게 될 것입니다. 차라리 간절히, 담대히 기도하는 기도생활을 하지 않는 것이 더 좋았을 것 같은 결과를 초래하게 됩니다. 왜냐하면 교회의 분쟁 및 시험의 원인자들이 되는 분들의 대부분이 그 교회에서 기도를 꽤나 한다는 성도들이기 때문입니다.

즉 담임목사님뿐 아니라, 이제는 마치 하나님도 말할 수 없을 정도로 영적으로 교만해진 분들의 대부분이 기도를 꽤나 한다는 분들이기 때문입니다. 어디로 튈지 모를 럭비공 같은 그런 분들에게 부족한 부분이 있었다면 바로 이 겸손함입니다. 물이 높은 곳에서 낮은 곳으로 흐르듯이, 하나님의 은총과 제대로 된 권세도 겸손함이 겸비된 기도자에게 임하는 것입니다.

짖지 못하는 개는 개가 아니오, 울리지 않는 종은 종이 아닙니다. 마찬가지로 예수님께서 주시는 하나님의 자녀로서의 권세를 기도로 대망하며 응답 받지 못하는 성도 또한 종이 호랑이요, 겉과 속이 다른 무덤이요, 한편만 익은 빈대떡과 같은 성도일 따름입니다. 이제 우리 모두 최소한 좋은 대학에 들어가거나, 좋은 직장에 취직하는 것을 사모하는 것만큼, 그리고 돈과 명예, 그리고 건강을 사모하는 것만큼만이라도 주님께서 우리에게 허락하신 권세를 기도로 소유하는 것을 사모해야 할 것입니다.

물론 하나님 나라 확장사역과, 하나님 말씀대로 살고자 하는 간절한 심정과 목표를 가지고 말입니다. 이제 더욱 더 간절히, 담대히, 그러나 겸손하게 기도하시다가 권세 있는 성도의 삶을 체험하면서, 먼저 하나님의 나라와 그 의를 자신을 통하여 이루어 드리고자 하다가 자신의 개인적 기도제목을 하나, 둘, 응답해 주시는 은총을 감사하는 날이 앞당겨 지기를 원합니다.

(4) 영광이 아버지께

즉 '하나님께 영광' 입니다. 모든 것을 아버지 하나님께 영광을 돌리며 살아가기를 기도해야 한다는 것입니다. 영광이란 단어의 일반적인 의미는 능력과 부요함, 그리고 넉넉한 소유를 통한 명예를 의미합니다. 그러나 기독교적인 의미에서의 영광은 그 이상의 것입니다. 그래서 히브리어에서 '영광'과 일치되는 뜻은 '덩어리' 혹은 '무게'로서 그 무엇보다도 중요하고 고귀한 것을 의미할 때 사용합니다.

그러므로 하나님께 영광을 돌린다는 것은 인생들에게 그 무엇보다도 중요하고 무게 있는 사역인 것입니다. 왜냐하면 무한히 초월하신 하나님께서 죄악된 우리들을 위하여 이 천지만물과 사람들을 창조하시고, 오늘까지 섭리하시며 인도하시기 때문입니다(시 113:4). 우리 하나님은 이 세상과 인간을 창조하신 후, 관심을 기울이지 않거나, 혹은 그 관리를 연약하고 능력 없는 인간들에게 맡기신 분이 아니십니다.

오히려 지금도 졸지도 아니하시고 주무시지도 않으시며 우리를 위하여 섭리하시며 우리 가운데 동행하시는 사랑의 하나님이십니다. 물론 일부 시어머님처럼 상식 밖의 간섭을 하시기 위함이 아니요, 또한 외국 근로자를 향한 일부 악덕 사장들처럼 우리들을 의심, 혹은 무시하거나 괴롭히지 못하여 안달하시기에 우리 가운데 오기를 품고 함께 하시는 것은 결코 아니십니다. 오직 우리를 사랑하시며 보호하시려는 목적으로 임마누엘 하시는 하나님이십니다.

그 임마누엘의 모습을 우리에게 알려주시는 최고의 증표가 바로 주님의 십자가입니다. 즉 하나님은 사랑의 하나님이십니다. 그래서 인간이 자신의 죄의 삯으로 사망과 지옥 형벌에 처하는 것을 그대로 볼 수 없으셨습니다. 결국 하나밖에 없는 아들 독생자 예수님을 하늘 영광 보좌를 버리고 이 땅에 보내셨습니다. 그리고 십자가에서 인류의 죄악을 단번에 그리고 영원히 대속하기 위한 죽임을 당하게 하셨습니다. 그 순간, 하나님은 지그시 눈을 감으시고 아들의 죽음을 못 본 척, 알지 못하는 척 하셨습니다.

우리들은 우리 아들에게 그 누가 욕을 한 번만 해도 그 사람을 향하여 독기를 품고 달려들고 있는데 말입니다. 아들을 사랑한다는 미명 아래 말입니다. 하나님은 우리를 사랑하시기에 예수님의 죽으심을 허락하셨습니다. 그 결과로 예수 그리스도의 대속의 십자가를 바라보는 자에게 구원과 하나님의 자녀의 권세와 성화, 그리고 영화로운 천국에 넉넉히 입성할 수 있는 특권과 복을 주셨습니다.

이런 사랑의 신이 그 어느 곳에 또 계시다면 그 곳으로 가셔도 좋습니다. 이 시간 가셔도 좋습니다. 미련 없이 하나님과 교회를 떠나도 좋습니다. 아니, 지난 날 그 무슨 결정보다도 잘하는 일일 것입니다. 결코 후회하지 않을 것입니다. 그러나 그렇지 않다면 더욱 더 그 하나님께 영광을 돌리는 일에 충성하는 성도들이 되어야 할 것입니다. 모든 피조물과 인간들은 그 하나님 안에, 또 그 하나님을 위해 존재함을 인정하는 삶이 되어야 할 것입니다. 왜냐하면 그 사랑의 하나님께서 이렇게 선포하셨기 때문입니다. "나는 여호와니 이는 내 이름이라 나는 내 영광을 다른 자에게, 내 찬송을 우상에게 주지 아니하리라"(사 42;8).

그러므로 "그런즉 너희가 먹든지 마시든지 무엇을 하든지 다 하나님의 영광을 위하여 하라"(고전 10:31)는 말씀을 우리들의 삶으로 입증해야 할 것입니다. 왜냐하면 지금의 나의 나된 것은 오직 하나님의 은혜요, 복이기 때문입니다. 그러므로 우리가 예배를 드리거나 교회봉사를 하는 것도 하나님께 영광을 돌리기 위함입니다. 공부를 하거나 성공을 해야 하는 것도 궁극적으로는 하나님께 영광을 돌리기 위함인 것입니다. 건강해야 하고, 가정이 평안해야 하는 것도 역시 그 목적 때문인 것입니다.

또한 사회생활 속에서 절제와 인내를 통하여 사람들을 섬겨야 하는 것도 그들에게 하나님이 선하게 반사되어 하나님이 영광을 받으셔야 하기 때문입니다. 그런 자아를 자원하여 만들어가기 위하여 "영광이 아버지 하나님께"라는 기도내용이 필요한 것입니다. 결코 소홀히 여기지 말아야 할 기도제목인 것입니다. 그리고 그렇게 기도하면, 하나님께서 그런 삶을 살아가도록 인도해주실 것을 믿음으로 기도해야 할 것입니다.

▲ 자신의 삶 속에서 하나님께 영광 돌리는 사람들

서울 올림픽에서 세계에서 제일 빠른 여자로 인정받은 그리피스 조이너스 선수의 미국 NBC 방송 사회자와의 인터뷰 내용은 참으로 우리 믿는 이들에게 주는 교훈이 컸습니다. "조이너스, 당신은 최종 골인점을 향하여 달려갈 때 무슨 생각을 하고 있습니까?" 이런 질문을 받은 그녀는 "나는 오직 하나님께 영광을 돌리기 위해 달립니다!"라고 답하였습니다. 즉 자신의 경기와 언행, 그리고 삶을 통하여 하나님이 영광을 받으시고 하나님의 이름이 널리 전파되기 위하여 육상선수가 되었다는 고백인 것입니다.

저는 한일 월드컵 결승전을 보면서 브라질이 우승할 수밖에 없는 여러 가지 원인 중에 아주 큰 이유를 알게 되었습니다. 우승이 결정되는 후반전 휘슬이 울리자, 모든 브라질 선수들이 쏟아지듯이 운동장으로 달려 나왔습니다. 그 환희의 순간, 전 세계의 사람들이 지켜보는 그 순간 3~4명의 브라질 선수들은 유니폼을 벗어 던지고 새로운 티셔츠를 입고 나왔습니다. 그리고 그 옷에는 "예수님은 당신을 사랑하십니다."라는 문구가 전세계 사람들이 알 수 있는 영어로 기록되어 있었습니다.

특히 "나는 예수님께 속해 있습니다"라는 문구는 저의 마음을 감동시키기에 충분하였습니다. 감격과 흥분의 우승 축하연이 진행되는 중, 저의 눈을 의심할 수밖에 없는 장면을 보게 되었습니다. 브라질의 모든 선수들, 그리고 임원진들이 운동장 한가운데 모여 손에 손을 잡고 기도하는 모습이었습니다. 결코 자신들의 잡신에게 감사드리는 의식이 아니었습니다. 하나님께 감사 기도하는 모습이었습니다. 그때 저는 알게 되었습니다. 월드컵 남미 예선전을 턱걸이로 통과한 브라질이, 본선에 올라오니 마치 다른 팀이 된 것처럼 막강한 실력으로 우승컵을 차지하게 된 이유를 말입니다.

특히 우리나라 축구대표팀 선수들 중, 송종국, 최태욱, 이천수, 차두리 및 이영표 선수등이 운동장에서 무릎을 꿇고 드리는 감사기도는 이 모든 영광을 하나님께 돌린다는 신앙고백이 담겨져 있었습니다. 그리고 그 운동장에 있는 수많은 관중들과 텔레비전을 시청하는 수많은 국민들에게 하나님과 교회를 선하게 반사하고자 하는 선교적인 열정의 결과임을 부인할 기독교인이 없을 것입니다. 참된 성도는 하나님의 영광을 깨닫고, 그것을 인정하는 행위와 삶을 보여드리는 분들입니다.

1808년에 하이든(Franz J. Haydn)이 작곡한 불멸의 오라토이로 '천지창조'가 연주되었는데 그 연주가 발표되는 공연장에 작곡가인 하이든도 참석하게 되었습니다. 감동적인 연주가 종료되자, 사회자는 이 곡의 작곡자가 이 자리에 참석하고 있다는 광고를 하였습니다. 그러자 그 자리에 참석한 수많은 관객들이 일제히 그 자리에서 일어나 열광적이며, 결코 끊어지지 아니할 정도의 박수로 감사와 존경을 표시하였습니다.

그때 하이든은 조용히 하늘을 우러러 보면서 이런 말을 하였습니다. "이 작품은 결코 내가 작곡한 것이 아닙니다. 하나님께로부터 온 것입니다!" 위대한 신앙, 교만해지지 않을 신앙, 다른 사람들에게 복음의 영향을 끼칠 신앙, 그리하여 결국 그들의 영혼을 구원하는 지남철이 되는 신앙은 바로 하나님께 영광을 돌리는 신앙입니다.

그러나 사람들은 그 하나님의 영광을 빼앗으려는 시도를 끊임없이 하고 있습니다. 물론 그 결과는 실패요, 아픔이요, 저주임을 성경은 증거하고 있습니다.

우리들은 바벨탑 사건을 알고 있습니다. 그 탑이 결국 무너지고 언어가 혼잡해져서 모든 사람들이 흩어지게 되는 원인이 무엇이었습니까?

그것은 단 한마디로 "우리들의 이름을 나타내자!"는 교만 때문이었습니다. 그래서 고고학자들 중에 바벨탑을 연구하시는 분들은 그들이 쌓아 올린 벽돌에는 자기와 자기 가족들의 이름이 기록되어 있었다고 말하고 있습니다.

이제 우리는 이런 성구를 생활의 좌우명으로 삼아야 할 것입니다. "여호와여 영광을 우리에게 돌리지 마옵소서 오직 주는 인자하시고 진실하시므로 주의 이름에만 영광을 돌리소서!"(시 115:1) "주께서 행하신 일을 주의 종들에게 나타내시며 주의 영광을 그들의 자손에게 나타내소서 주 우리 하나님의 은총을 우리에게 내리게 하사 우리의 손이 행한 일을 우리에게 견고케 하소서 우리의 손이 행한 일을 견고하게 하소서!"(시 90:16~17).

영광과 존귀를 하나님께 돌리면(시 29:1) 그분이 기뻐하시며 우리 손의 행사를 견고케 하실 것입니다(대상 17:23~24, 시 68:9). 때마다 일마다 우리와 동행하시며(살후 3:16), 교회 안팎에 있는 사람들이 자신에게 하나님이 선을 베푸시는 것을 보게 될 것입니다(행 2:46~47). 그리하여 그들도 하나님께 영광과 찬송을 돌리게 될 것입니다(마 5:16). 이것이 바로 여호와 하나님의 언약입니다.

(5) 영원히 있사옵나이다.

▲ 유한은 무한에 미칠 수 없습니다.

요한 칼빈은 "유한은 무한에 미칠 수 없다"고 선언하였습니다. 그렇습니다. 한정된 시간 내에 갇혀 있는 우리들은 영원을 온전히 이해할 수 없고 영원하신 하나님을 제대로 깨달을 수도 없습니다.

그러므로 "영원히"라는 단어는 그저 '오랜 시간'이라는 의미를 담고 있는 정도가 아닙니다. 또한 '세상이 존재하며 움직이는 한'이라는 의미도 결코 아닙니다. 이 "영원히"라는 말의 의미는 이 세상에서 보다, 우리들이 죽게 될 때 더욱 분명하게 이해될 문제입니다. 동시에 이 세상의 종말이 와서 행하여지는 주님의 최후 백보좌 대심판 후에 더욱 명백하게 이해되고 경험하게 될 문제입니다(시 90:1~2, 히 9:8~10, 눅 1:33). 그리고 개인적이든 우주적이든 종말이 오면, 나라와 권세와 영광이 아버지께 영원히 있을 것이라는 주기도문의 참된 열매를 맛보아 알게 될 것입니다.

그때에는 유한한 입술과 언어로 표현할 수 없는 감격이 있을 것입니다. 그리고 영원은 오직 하나님의 시간인데, 부족한 우리들의 과거와 현재 속에 찾아오셔서 이미 적용하여 주셨고, 미래에도 동행해 주실 것이라는 언약을 지키신 그분을 향하여 이런 고백을 하게 될 것입니다. "그렇습니다. 나라와 권세와 영광이 아버지께 영원히 있음을 확인하였습니다. 그리고 감사합니다. 진심으로 감사합니다. 부족한 제가 예수 그리스도의 대속의 죽임당하심을 믿음으로 받아들이게 하시고 하나님을 아버지로 여기며 이 곳에 오게 하심을 말입니다!"

"이 세상도, 그 정욕도 다 지나가되 오직 하나님의 뜻을 행하는 자는 영원히 거하느니라"(요일 2:17). "그들은 영벌에 의인들은 영생에 들어가리라 하시니라"(마 25:46). 시계는 순간을 가리킵니다. 그러나 영원은 영생을 가리키고 있습니다. 그리고 그 영생을 임마누엘 예수님 안에서 '이미' 누리게 하셨습니다. 물론 '아직은' 완성된 영생은 아닙니다. 그러므로 그 날이 올 때까지 우리를 구원해 주신 예수님을 위한 일이라면 작은 일이라도 은밀히, 그러나 끝까지 충성하는 하나님의 자녀가 되어야 할 것입니다. 동시에 그런 충성된 삶을 살아갈 수 있는 능력을 얻기 위하여 끊임 없이 기도해야 할 것을 주기도는 우리에게 권면하고 있습니다.

또한 "있사옵나이다!"라는 기도제목을 통하여 확신 있는 신앙을 가져야 할 것을 교훈하여 주고 있습니다. 즉 하나님은 그런 영원한 나라를 창조하시고 소유하고 계시며, 그 누구와 감히 비교할 수 없는 권세를 소유하신 분이시며, 우리들을 통하여 마땅히 영광을 받으시기에 합당한 하나님이심을 신념이 아니라, 믿음을 가지고 고백해야 할 것입니다. 동시에 그분께서 원하시면 그 누구라도 그분의 나라와 권세와 영광에 동참할 수 있는 특권을 주실 수 있음을 고백해야 할 것입니다.

그리고 그런 특권을 우리 곁에 있는 수많은 사람들을 뒤로 하시고 우리들에게, 아니 나에게 주님을 통하여 먼저 누리게 하심을 감사해야 할 것입니다. 동시에 성령의 권능을 기도생활과 말씀을 사모하는 경건을 통하여 받아, 아직 그런 영적 특권을 모르는 분들에게 소개하며 나누어 드리는 삶을 살아가야 할 것입니다.

내게 부여된 그 영생의 특권을 생활전도를 통하여 나누어 주면 줄수록 더욱 자신에게 새로운 감동으로 다가올 것입니다. 그러나 나혼자만 간직하는 기간이 길게 되면, 그 특권이 도리어 가치가 없어 보이며 부담이 되어 불평이 생기게 되는 원인이 될 것입니다.

그분의 나라와 권세와 영광에 이미 동참한 삶을 사시며, 동시에 완성될 영원한 나라와 권세와 영광에 동참할 그 날을 대망하며 살아가는 분들에게는 오늘의 어려움을 그 소망 때문에 넉넉히 이겨낼 수 있을 것입니다.

왜냐하면 그 영원하신 나라와 권세와 영광이신 아버지 하나님께서 우리들이 거하고 있는 이 시간 속에 임마누엘로 찾아오셔서 동거하고 있음을 믿기 때문입니다(마 1:23).

2. 아멘!

(1) 아멘은 아무나 하나?

교회 코미디의 고전과 같은 이야기입니다. 주인이 외치는 "할렐루야"와 "아멘"이라는 구호에 익숙한 어느 말이 있었습니다. 그 말은 주인이 할렐루야를 외치면 즉시 달리기 시작합니다. 그러나 아멘이라고 말하면 금방 그 자리에 멈추는 말이었습니다.

어느 날, 그 말의 주인이 넓은 초원으로 나가 승마를 하게 되었습니다. 주인이 "할렐루야!"를 외치니 동네에서만 거닐던 이 말은 너무나 신바람이 나서 쏜살같이 달려나가는 것이 아닙니까? 그러나 한참 달리며 앞을 보니 이게 웬일입니까? 낭떠러지가 보이는 것이 아닙니까? 당황하기 시작하였습니다. 그리고 죽음에 대한 공포로 인하여 자기의 말을 멈추어야 할 구호인 아멘이 생각나지 않는 것이었습니다.

여러분들도 너무 당황하다가, 자기 집 전화번호를 말하지 못한 적이 있지 않으셨는지요? 하기야 어떤 분은 다그치는 경찰 앞에서 자기 이름을 말하지 못하였다고 하니 얼마나 당황하였으면 그랬을까요? 좌우간 드디어 낭떠러지가 바로 눈앞에 나타났습니다. 그러나 하나님의 은혜였습니다. 떨어지기 바로 직전에 아멘이 생각난 것이었습니다.

"아~멘! 이 녀석아, 아멘이라니까?!" 그러자 감사하게도 그 말이 낭떠러지 바로 앞에서 멈추는 것이 아닙니까? 살았다는 생각에 슬그머니 낭떠러지 밑을 쳐다보니 현기증이 날 정도의 깊은 계곡이었습니다. 생명을 보존케 된 그는 너무나 감사하였습니다. 그 위기의 순간에 아멘을 생각나게 하신 하나님께 말입니다. 그래서 그 자리에서 당장 좋으신 하나님을 향하여 감사의 마음을 표현하고 싶었습니다. "할렐루야!" 라고 말입니다. 그래서 큰 목소리로 할렐루야를 외쳤습니다. 아주 큰 소리로 말입니다. 그 주인은 어떻게 되었을까요?

물론 할렐루야를 외치면 죽고, 아멘을 소리쳐 고백하면 산다는 흑백논리를 전하려는 것이 저의 지금의 마음은 아닙니다. 다만 한 때, "사랑은 아무나 하나"라는 노래가 유행이었듯이 "아멘은 아무나 합니까?" 그럴 수 없습니다. 오직 선택된 하나님의 자녀만 할 수 있는 신앙고백이 "아멘!" 입니다.

현대의 한국 불교가 기독교의 많은 것들을 본받아 따라하고 있습니다. 그래서 절들이 세속 밖에서, 세상 안으로 들어오고 있습니다. 찬송가를 본받아, 찬불가를 만들었습니다. 교회 본당의 피아노를 보며, 풍금 혹은 피아노를 법당에 들여 놓았습니다. 설교하는 것을 유심히 보더니, 설법을 제대로 하기 시작하였습니다. 심지어 여름성경학교를 열심히 연구하더니, 여름 불경 학교를 만들었습니다. 교회

버스 운행을 한참 바라보더니 절에서도 대형버스를 운행하기 시작하였습니다.

그러나 한 가지 따라 하지 못하는 것이 있습니다. 그것이 바로 "아멘!"인 것입니다. 아멘은 하나님의 자녀 외에 그 누구도 감히 할 수 없는 경건입니다. 그러므로 하나님의 말씀이 선포되어지는 곳, 혹은 시간에 아멘으로 화답하는 것은 성도의 선택과목이 아닙니다. "아멘!", 즉 "지금 선포되는 말씀대로, 혹은 지금 드리고 있는 기도 내용대로 진실로, 그대로 될 줄로 믿습니다!"라는 신앙고백인 아멘은 성도가 지녀야 할 경건 중에 필수과목입니다.

물론 일부 목사님들의 말씀 선포 중, 욕설과 저주하는 것 같은 쌍소리에도 아멘으로 화답하는 것은 참으로 문제 있는 성도일 것입니다. 그러나 아멘을 마땅히 해야 할 순간, 혹은 장소에서 아멘을 하지 못하는 이성주의적인 성도들도 문제입니다. 일단, 아멘으로 선포되는 말씀을 인정하는 경건을 포기하지 마시기 원합니다. 왜냐하면 아멘으로 받아들인 말씀의 응답의 시기는 하나님께서 정하여 역사하실 것이기 때문입니다.

또한 개인기도, 합심기도, 혹은 대표기도이든 상관없이 아버지 하나님께 드린 기도는 분명히 응답될 줄로 믿는 믿음을 아멘으로 표현하는 것은 귀한 경건입니다. 물론 마음속으로 하는 것이 아닙니다. 소망은 입으로 시인할 때 응답될 줄로 믿고 마음을 담아 소리내어 아멘 해야 할 것입니다. 그러면 하나님이 보시기에 최선의 때에 우리들의 기도를 응답하시고 영광을 받으실 것입니다. "하나님의 약속은 얼마든지 그리스도 안에서 예가 되니 그런즉 그로 말미암아 우리가 아멘 하여 하나님께 영광을 돌리게 되느니라"(고후 1:20). "주 예수의 은혜가 모든 자들에게 있을지어다 아멘!"(계 22:21)

(2) "아멘"은 기도를 인봉(seal)하는 말입니다.

아멘의 뜻은 부사로 쓰일 때 '참으로' 혹은 '진실로'라는 뜻을 가지고 있습니다. 그리고 설교가 선포될 때나, 혹은 기도를 드릴 때나 또는 드린 후에 아멘은 '전적으로 동의합니다.' '저도 찬성합니다' 라는 뜻으로 고백되어집니다. 아멘이라는 단어는 마태복음에 가장 많이 기록되었고, 공관복음에만 55회 기록되어 있는 참으로 중요한 예배용어입니다.

이렇게 주님의 행적이 기록된 공관복음에 아멘이라는 단어가 반복적으로 기록된 이유는 예수님의 말씀에 대한 우리들의 철저한 신뢰와 복종을 강조하기 위함인 것입니다. 동시에 예수님 자신께서 자신의 말씀을 철저히 보증하는 도장과 같은 의미로서 아멘을 사용하신 것입니다. 그러므로 "진실로 너희에게 이르노니 천지가 없어지기 전에는 율법의 일점 일획도 결코 없어지지 아니하고 다 이루리라"(마 5:18)는 예수님의 말씀 중 "진실로 너희에게 이르노니"라는 말씀은 '아멘, 내가 말하노라!' 라는 뜻으로 해석되어야 합니다.

예수 그리스도의 말씀은 반드시 이루어졌고, 이루어질 것입니다. 그러므로 우리들은 성경의 말씀에 철저한 신뢰와 복종을 드려야 할 것입니다. 그것이 복 있는 성도의 인격이요, 복 받을 성도의 자세인 것입니다. 특히 예수님께서 친히 증거해 주신 주기도문에 대한 우리들의 신앙고백이 아멘이 되어야 합니다. "제가 지금 드린 이 주기도문대로 이루어질 줄로 믿습니다."혹은 "그렇게 될 것을 전적으로 동의합니다."라는 믿음으로 "아멘" 하면 그대로 이루어질 것입니다.

물론 그렇게 이루어질 줄로 믿는다는 것은 자기 최면을 의미하는 것은 아닙니다. 즉 이루어질 것이 아닌데 될 것이라고 믿고 아멘을 수백, 수천 번 반복적으로 고백하면 이루어지게 될 것이라는 식의 아멘은 곤란합니다. 또한 그렇게 이루어질 것을 자신이 믿는 것은 아니지만, 그저 군중심리로 아멘 하는 것도 그리 좋은 신앙 인격은 아닙니다. 그러면 왜 아멘입니까? 예수님이 증거해 주신 말씀은 결국에 다 이루어졌기 때문에 아멘인 것입니다. 주님의 예언은 반드시 이루어질 것이기 때문에 아멘인 것입니다. 그런 말씀성취의 믿음으로 아멘하는 신앙은 믿음대로 이루어질 것입니다.

그런 믿음을 가지시기 바랍니다. 신념과 집념은 자기에게서 발산되어지는 결과입니다. 그러나 믿음은 예수님의 말씀은 결국 성취된다는 마음에서 발산되어지는 결과인 것을 잊지 마시기 바랍니다. 그리고 "믿음대로 될지어다!"(마 9:29)라는 주님의 선포를 믿으시기 원합니다. 그리고 그런 믿음으로 주기도를 고백해야 할 것입니다. 왜냐하면 아멘은 믿음의 소리입니다. 아멘은 하나님의 말씀에 대한 신실하심과 진실하심을 선언하는 외침입니다. 그리고 아멘은 기도를 인봉(seal)해 주는 복된 말이기 때문입니다.

동시에 주기도의 기도내용을 바탕으로 한 성화의 삶을 영위하시다가 기도 내용대로 이루어지는 현세를 경험하시기 바랍니다. 또한 주기도 내용대로 이루어진 내세에서도 감격 속에 "아멘, 할렐루야!"를 소리 높여 외치는 인생의 참된 승리자들이 되시기를 우리 예수님의 이름으로 축원합니다.

즐거움으로 읽고 은혜 받고 다시 읽는

평신도 주기도문

개정판 1쇄 2015년 10월 25일

지 은 이　이 건 영
펴 낸 이　채 주 희
펴 낸 곳　엘맨출판사

주　　소　서울시 마포구 신수동 448~6
출판등록　제101562호(1985. 10. 29.)

TEL.　　　(02) 323~4060
FAX.　　　(02) 323~6416
e-mail　　elman1985@hanmail.net

www.elman.kr

잘못된 책은 바꾸어 드립니다.

값 14,300원